세계의 여성교육: 어제와 오늘

김정원(Jeong Won Kim)
강미아(Mia Kang)
김해순(Hae-Soon Kim)
루스 다울리-칼(Ruth Dawley-Carr)
메디하 사리(Mediha Sari)
이제 욜주(Ece Yolcu)

교육과학사

책을 펴내며

이 책은, 세계 각국에서 여성교육이 제도화되고 확산되어가는 과정을 각 사회의 정치, 경제, 사회, 문화적 맥락 속에서 살펴본 것이다. 한국, 미국, 독일, 튀르키예, 쿠바 등 총 5개국 사례가 이 책에 포함되었다. 대륙별 한 개 국가를 포함하려 하였으나 집필자 선정의 한계로 5개국에 한정되었다. 그럼에도 불구하고 되도록 다양한 국가 사례를 포함시키려 한 당초의 의도는 어느 정도 실현된 것으로 보인다.

여성교육을 주제로 한 이 책을 펴내기까지 두 차례 계기가 있었다. 첫 번째 계기는 2017년에 있었다. 그 해 나는 한국교육사회학회장을 맡고 있었는데 마침 2017년은 학회 창립 50주년을 맞이한 해였다. 이 해 기념 심포지엄에서 나는 한국교육사회학 연구 동향에 대한 글을 발표했다. 거기서 드러났던 주요 이슈 중 하나가 그즈음 교육사회학 연구에서 여성이나 성평등 관련 논문이 거의 등장하지 않고 있다는 것이었다. 교육사회학이라는 학문이 중점적으로 다루는 주제가 교육불평등이고 한국교육사회학회 학술지인 '교육사회학연구'에 1990년 이후 발표된 논문 중 교육불평등 관련 논문이 1/4을 넘었음에도 그랬다. 성평등 관련 이슈를 다루는 논문은 1990년대와 2000년대 초반에 집중적으로 나타나다가 2010년 이후에는 몇 년에 한 건 정도 발표되는 수준이었다. 나는 발표문에 그 이유를 분명히 밝히기 어려웠고, 관련 질문이 학술대회장에서도 있었지만 그것을 추후 연구 주제로 남겨 둘 수밖에 없었다.

두 번째 계기는 다음 해 2018년에 있었다. 2018년은 이전 해에 미국에서 진행된 미투 운동이 한국에 불꽃처럼 번진 해였다. 스쿨미투가 한국사회 미투 운동 대부분을 차지했다고 해도 과언이 아니었다. 이 문제에 대한 논의에 한국교육사회학회도 함께 참여해야만 한다는 판단에 2018년 가을 학회 주제를 '젠더와 교육'으로 설정하고 발표자를 찾았다. 그러나 발표자 찾기가 너무도 어려웠다. 진행된 연구들이 별로 없다는 것이 문제였다. 정작 논의할 공간을 만들어도 발표할 내용이 많지 않았던 것이다. 겨우 겨우 3명의 발표자로 한 세션을 꾸렸다. 이 학술대회를 마무리하면서 참석자들에게 약속했다. 내가 현직에서 퇴직하면 여성교육 관련 연구를 해 보겠다고. 당시에 그 자리에 함께 했던 이들 중 내가 했던 말을 기억하는 이가 있을지 알 수 없지만 퇴직 후 나는 약속대로 여성교육 관련 책 발간을 기획했고 4년째 되는 지금 그 결실을 이렇게 내놓게 되었다.

시간적으로나 공간적으로나 포괄하는 범위가 매우 넓은 이 책은 여성교육 입문자나 관련 전문연구자 모두에게 읽힐 만한 책으로 기획되었다. 여성교육 입문자들에게는 여성교육의 주요 쟁점이 어떤 사회적 맥락에서 형성되고 변화되어 왔는지에 대한 큰 그림을 그리는 데에 도움이 될 것이다. 전문연구자들은 이 책을 통해 여성교육 관련 다양한 연구 주제를 포착할 수 있을 뿐만 아니라 해당 주제가 전체 그림 속에서 차지하는 위치를 이해하는 데에도 도움을 받을 수 있을 것이다.

시간이 오래 걸렸지만 이 작업이 마무리될 수 있었던 것은 순전히 이 일의 의미를 공유하면서 어려운 가운데에도 의지를 꺾지 않았던 동료 집필자들 덕분이다. 우리는 화상회의로 각자가 계획한 원고 방향을 공유하고 함께 토론했으며, 이후에도 수시로 소통하며 집필한 원고들을 수정해 나갔다.

원고 작업이 한창 진행되던 2023년 2월 튀르키예-시리아 지역에 대지진이 강타했다. 투르키예 집필진으로 작업 중이던 메디하 사리(Mediha Sari) 박사와 이제 욜주(Ice Yolcu) 박사가 재직 중이던 대학교, 집, 고향이 모두 강진의 영향권에 있었고, 안타깝게도 두 사람 모두 폐허가 된 직장과 집을 뒤로 하고 어렵게 마련된 임시 대피소에서 몇 개월을 보내야만 했었다. 인터넷도 끊기고 도서관 자료도 접근할 수 없는 어려운 상황 속에서도 최선을 다해 원고 작업을 마쳐서 보내 준 두 저자에게 특히 감사한 마음을 전하고 싶다. 이들은 튀르키예어로 된 자료를 읽고 영어로 원고를 작성하는 수고까지 해야만 했다.

김해순 박사, 루스 다울리-칼(Ruth Dawley-Carr) 박사는 각각 독일어, 스페인어로 된 자료들을 읽고 한국어, 영어로 원고를 작성해야만 했다. 특히 다울리-칼 박사는 쿠바의 현재 교육시스템이나 여성교육 관련 최신 동향을 글에 담아내기 위해 현지 학자나 지인들의 도움을 많이 받았다고 했다. 지구 반대편에서 도움을 주신 그분들께도 감사드린다.

한글 번역을 맡은 강미아 박사는 번역 과정에서 한동안 스페인어와 튀르키예어 사전을 열어 두고 지내야만 했었다고 한다. 영어 원고 번역이었지만 중간중간 인용된 전문 용어나 지명, 인명 등을 정확하게 번역하기 위해서였다. 특히 튀르키예의 역사에 대한 배경 지식이 많지 않을 국내 독자들을 위해서 저자들의 확인을 받고 별도로 관련 자료들을 찾아 정리하여 추가하는 등 원고의 가독성을 높이기 위한 수고를 아끼지 않았다.

이 책이 세상에 나오게 된 것은 어려운 출판 환경 속에서도 이 책 주제가 갖는 의미 하나만으로 출판을 결정해 준 교육과학사 덕분이다. 한정주 대표, 정경식 부장께 진심으로 감사드리며 정성스럽게 책 모양을 만들어 준 이정호 편집실장께도 감사드린다. 이분들이 아니었으면 우리 원고는 아직 컴퓨터 안 파일로 남아 있었을 것이다.

여러 사람이 많은 노력을 기울인 책이지만 포괄하는 범위가 넓은 만큼 미진함도 클 수 있다. 향후 또 다시 수정 기회를 가질 수 있도록 독자의 날카롭고도 비판적인 평가를 기대한다.

집필진을 대표해서

2024년 8월

김정원 씀

목차

I

서문

김정원(Jeong Won Kim) & 강미아(Mia Kang)

[His-story: 역사라고 불리는 그들만의 이야기]에서 저자 닉 테일러(Talyor, 2013)는 세계 어느 나라, 어떤 시대에서든 기록된 역사의 주체는 남성들이었음을 강조한다. 기존 역사는, 권력을 가진 소수 남성들이 자신들의 업적을 부각하면서 동시에 사회적 약자들의 역사를 모두 지우거나 억압하는 방식으로 기술되어 왔다는 것이다. 실제로 세계사를 '세계 남성사'로 바꾸어 불러도 별다른 차이가 느껴지지 않을 만큼, 세계사에서 여성들의 이야기를 찾아내기는 쉽지 않다. 세계 교육의 역사도 마찬가지다. 시대적으로 주목할 만한 교육 관련 주요 변화를 기록한 역사에서 남성과는 서로 다른 삶을 산 여성들의 이야기는 대부분 빠져 있거나 주변화 되어 있다.

이 책에서는 세계 여러 국가 사례를 통해 여성교육 이야기를 집중적으로 다루었다. 특히 근대적 학교교육에 한정하여 여성을 위한 학교교육이 제도화되고 변화, 확대되어 가는 전체 흐름을 각국의 정치, 경제, 사회, 문화적 맥락과 연결하여 이해해 보고자 했다. 다시 말해 이 작업은, 각 사회 속에서 여성을 위한 근대적 제도교육이 어떤 맥락에서 출발해서 확대되어 갔는지, 확대된 교육이 여성들의 삶을 어떻게 바꾸어갔는지를 거시적으로 살펴본 결과라 할 수 있다.

이 작업을 시작하면서 우리는 근대적 학교교육이 한 사회에서 지배적 위치를 차지하게 됨으로써 만들어내는 사회 변화를 여성의 위치에서 바라볼 수 있게 해 줄 것이라 기대했다. 동시에 이 작업을 통해 사회변화가 학교교육에 만들어내는 변화를 여성의 자리에서 확인하는 것도 가능할 것이라고 보았다.

교육을 근대적 학교교육에 한정하여 보겠다는 것은 학교교육만을 교육으로 이해하겠다는 의미는 물론 아니다. 인간 전체 삶에서 이루어지는 가르치고 배우는 영역의 활동에서 '학교'라는 이름으로 제도화된 근대적 형식의 교육은 그중 한 부분을 차지할 뿐이기 때문이다. 가르치고 배우는 행위는 인류 역사 이래 다양한 차원에서 계속 이어져 왔다. 교육을 위한 별도 기관이 만들어져 운영된 역사는 학력이라는 증명서가 발행되어 사회적으로 통용되어 온 역사보다 훨씬 길 수 있다. 이 중에서 우리는 '학교교육'이라 불리는 근대적 제도교육에만 논의 범위를 한정하고자 했다.

근대적 여성교육이 제도화되었다는 것은 여성에게 '학교교육'이라는 공적 제도 영역으로 발을 들여놓을 수 있는 기회가 제공되기 시작했음을 의미한다. '여자들이 집 밖을 나와 남자들과 함께 학교에 다닌다.'는 일견 단순해 보이는 행위가 가능해진 것은 전체 세계사를 통해 볼 때 비교적 최근의 일이다. 남성 중심 가부장적 사회에서 여성들의 활동 범위는 가정이라는 사적 영역에 제한되어 여성들은 정치적 권리를 누리거나 주체적 개인으로 자율적 의사결정을 내릴 수 있는 기회 자체를 갖지 못했다(정희진, 2013). 그러므로 제도화된 교육기관인 학교에 여성들이 발을 들여놓을 수 있게 된 바로 그 순간은 한 사회 여성에게 새로운 역사가 시작된 커다란 사건일 수밖에 없었다.

이 책이 포괄하는 범위는 한국, 미국, 독일, 튀르키예, 쿠바 등 5개 국가들이다. 비록 5개국에 한정된 작업이지만 다양한 역사, 문화적 배경을 지닌 국가들을 대상으로 하고 있어 이 책을 통해 여성교육 변천 과정에 대한 비교적 시각을 획득하는 데에 큰 무리가 없을 것이다. 비록 각국의 역사적 맥락 차이에 의해 각 장의 원고 서술 방향에 차이가 있다 할지라도 무엇이 여성교육에 있어 세계적 공통 쟁점인지 독자들은 쉽게 판단할 수 있을 것이다.

먼저 제2장 '한국의 여성교육: 추격과 반전의 아이러니'(필자 김정원)는 유럽에서는 수백 년 간 진행되어 온 근대적 교육제도 형성과 확산 과정이 단 100여년 만에 진행된 한국교육의 주요 흐름을 여성교육 차원에서 재조명한 글이다. 한국 여성교육을 양적 확대 과정, 교육이념의 변화, 사회진출 기회 변화 등 세 차원에서 분석한 이 글에서는 한국의 여성교육은, 양적인 면에서 남성을 뒤따르는 추격의 역사였다가 최근 대학진학률이나 학업성취도에서 남녀 반전이 일어나고 있음에도 불구하고 많은 교육받은 여성들이 여전히 가정에 묶여 있을 뿐만 아니라 노동시장 내 성차별 구조도 해결되지 않는 상황을 한국사회의 거시적 변화 맥락과 연결하여 그려내고 있다. 1908년 한국에서 여성교육이 제도화될 당시 통용되었던 여성교육이념은 민족을 구하는 사명으로서의 '교육하는 모' 양성이었다. 이것은 일제강점기를 거치면서 '가정관리의 주체('현모양처')' 양성으로 그 의미가 축소되어 1945년 해방 이후 확대되는 초중등교육에서 여성교육의 주요 방향으로 유지되었다. 이후 1990년대 후반 본격적으로 확산된 성평등 정책은 한국의 사회구조 변화와 함께 진행됨으로써 심각한 젠더갈등으로 연결되었다. 이 시기 경제위기를 거치면서 한국 노동시장은 양극화되어 갔고 분배구조는 보다 불평등해졌다. 이 과정에서 급격히 확대된 고등교육기회를 남성보다 여성이 보다 많이 점유하였지만 대졸자가 기대하는 일자리는 늘지 않는 가운데 여성의 사회진출은 양극화된 형태로 진행되었고 대졸 남녀 임금격차는 1990년대보다도 악화되었다. 변화된 사회구조는 '가정관리'가 아닌 '자녀교육관리'에 전념하여 자녀의 학업성취, 나아가 사회적 성취를 높이는 어머니 역할에 대한 요구를 확대시켰고 이는 성차별적 노동시장 구조와 함께 고학력 기혼 여성들이 취업을 중단하는 주된 이유가 되고 있다. 그러나 이전보다 늘어난 사회진출 여성들과 경쟁해야 하는 1990년대 이후 출생 한국 청년남성들은 남성을 마이너리티로 인식하며 축소되는 남성 우대 정책에 반발하면서 청년세대 중심으로 젠더갈등이 깊어지고 있다. 여느 사회와 마찬가지로 한국여성의 학교교육기회 획득에는 남성보다 계층 영향력이 더욱 강하게 작동해 왔음에도 하층여성이 지닌 이중적 취약성 문제는 기존 성평등 논의에서 부각되지 않았음을 강조하는 필자는, 젠더갈등을 해결하고 누구나 자신이 원하는 방향의 삶을 지향하는데 성이 제약 조건이 되지 않기 위해서는 성평등 정책뿐만 아니라 한국사회 전반의 방향 전환 노력이 필요하다고 말하고 있다.

제3장 '미국의 여성교육: 은밀하고, 이상하고, 심오한 변화의 역사' (필자 강미아)에서는 다양한 문헌 분석을 토대로 근대 이후 미국 사회에서 여성교육에 대한 담론이 확산되는 과정, 여성교육이 제도교육 밖에서 제도교육 안으로 수용되어 가는 과정 등을 정밀하게 들여다보면서, 각 시대별 경제적, 사회적, 정치적 맥락들이 여성교육에 미친 영향들과 그 시사점에 대해 정리하였다. 1776년 미국 건국 직후 교육은 일부 백인 중상층들의 사적이고 개인적인 전유물로서 치부되고 있었다. 하지만 1830년대 초등보통교육의 토대가 마련되면서 제도교육으로 성장하였는데, 공교육 구축 초기부터 여성들은 별다른 무리 없이 제도교육에 편입되었던 것으로 보인다. 이후 1950년대를 거쳐 현재까지 초중등, 대학, 및 대학원까지 여성들의 교육기회는 점진적으로 확대되었으며, 1964년 시민권리운동(The Civil Rights Movement) 및 1972년 수정헌법 제9조(Title IX)가 제정되면서 여성

들이 공교육에서 차별받지 않도록 하는 제도적 장치 역시 마련되었다. 하지만 수학, 과학, 의학 영역 포함 사회 전반의 젠더격차를 없애는 것은 여전히 사회적 당면 과제로 남아 있으며, 여성들이 다양한 영역에서 공평하게 교육을 받고 남성들과 동등하게 사회에 진출하여 공정한 조건에서 사회적 성취를 이룰 수 있도록 다양한 방법을 모색 중이다.

제4장 '독일의 여성교육: 여성 인문중등(김나지움)교육과 고등교육을 중심으로'(필자 김해순)에는 근대교육의 출발지인 유럽 역사와 함께 하는 독일 역사에서 근대교육의 역사가 갖는 깊이만큼이나 그것에 여성이 참여하기까지 과정은 힘겨웠음이 잘 나타나 있다. 14세기에 독일 최초의 대학이 설립되고 16세기에 인문중등교육기관 김나지움이 설립되었음에도 독일에서 여성 김나지움 설립은 그로부터 수백 년이 지난 19세기 말(1893년), 여성의 대학 입학은 20세기(1900년)에 와서야 가능했다. 이러한 강고한 남성 중심성을 깨고 독일에서 여성의 인문중등교육, 고등교육 참여 기회가 확장되는 데에는 전쟁이 큰 기여를 했다는 점은 또 다른 역사의 아이러니가 아닐 수 없다. 전쟁이 여성에게 고통과 함께 새로운 사회적 역할에 도전하게 되는 계기가 되었다는 주장(Thebaud, 1994; 이임하, 2010, p. 252에서 재인용)처럼 제1, 2차 세계대전으로 인해 독일 대학의 남학생들이 전쟁에 징집되자 만들어진 대학의 빈 공간에 여성이 진입할 수 있었다. 여성 고등교육에 공식적으로 반대했던 나치 정권의 정책도 이런 상황에서는 무력할 수밖에 없었다.[1)]

---

1) 이러한 독일의 경험은 전쟁 중에 이루어진 대학 재학생에 대한 징집보류조치로 이후 남성들의 대학 진학이 폭발적으로 확대되었던 한국 사례와 비교되면

제2차 세계대전 후 진행된 사회적 취약계층을 포용하기 위한 독일의 '교육확장' 정책은 독일 여성들의 중등 및 고등교육 기회를 더욱 확대시켰고 특히 유럽 통합을 위해 실시된 볼로냐 프로세스는 독일여성들의 고등교육 기회를 크게 확장시켰다. 현재 독일 대학에는 여성이 남성보다 많다. 일반적으로 여성이 남성보다 더 높은 학업성취도를 보이고 있기도 하다. 그럼에도 불구하고 노동시장에서의 성별 임금격차는 여전히 존재하며 늘어난 여성 대학교육 인구에도 불구하고 여성의 선택은 여전히 언어 등 전통적으로 여성의 영역이라 간주되어 온 전공에 크게 치우쳐 있다는 점은 이 책에 포함된 여러 국가 사례들과 크게 다르지 않다.

제5장 '튀르키예의 여성교육: 격동의 역사와 오래된 미래'(필자 Sari & Yolcu)는 유목 생활로 시작하여 오스만이라는 거대한 제국의 역사를 거쳐 공화국으로 이어지는 유구한 역사를 지닌 튀르키예의 여성교육 변천 과정을 추적하였다. 필자들은 기원전 역사에서부터 현재에 이르는 방대한 튀르키예 전체 역사를 이 글에 포함함으로써 남성 중심 가부장적 문화가 지배적이며 이슬람의 전통이 여전히 강한 현대 튀르키예에서는 전혀 상상할 수 없는, 남녀 역할이 거의 구분되지 않던 시대가 역사 속에 있었음을 강조하고 있다.

'역사란 현재와 과거의 끊임없는 대화'라는 Carr(2015)의 명언을 증명이라도 하려는 듯, 필자들은 여성이 군대에 들어가 전쟁에 참전하는 등 남성들과 동등한 사회적 역할을 담당하던 튀르키예 고대사에서 출발하여, 이슬람 채택 이후 특히 오스만 제국 시기 여성들이 모든

서 한국에서 교육받은 남성이 지녔던 특권이 그 어느 사회보다 컸었음을 간접적으로 짐작할 수 있게 한다.

사회적 지위를 박탈당하고 하렘이나 집안에 갇히게 되는 과정, 이후 공화국 시대가 도래 하면서 근대적 형태의 학교가 설립되고 국가적 아젠다였던 문해교육을 중심으로 여성의 교육기회가 확대되는 과정을 면밀하게 살폈다. 격동의 역사를 살아 내는 가운데 교육받고 교육할 기회를 확대하여 사회적 성공을 거둘 수 있는 교두보를 어렵게 마련했음에도 불구하고, 경제적 불안정, 정치적 갈등, 종교의 보수화에 의해 여전히 어려움을 겪고 있는 튀르키예 여성들의 이야기를 필자들은 매우 압축적으로 전하고 있다. 앞으로 튀르키예 시민들은 이슬람 사회의 전통과 문화를 유지하면서도 동시에 실질적인 양성평등 사회를 구현했던 고대사의 한 장면을 현대 사회에 되살려 낼 수 있게 될까?

제6장 '쿠바의 여성교육: 독립, 혁명, 전환의 역사'(필자 Dawley-Carr) 편은 1500년대부터 현재까지, 특히 1959년 쿠바 공산혁명 이후 쿠바 여성교육의 발전 궤적을 기술하고 있다. 특히 여성들이 노동시장에서 자신들이 받은 교육을 활용하는 과정에 당대 사회 규범과 정치 체계가 미친 영향을 탐색했다. 필자는 특히 시민으로서의 정치적, 경제적, 사회적 권리를 추구하여 북남미 전체에서 여성들에게 가장 진보적인 법안들이 통과될 수 있는 기틀을 마련해 온 쿠바 여성들의 끝없는 노력의 과정을 집중적으로 보여준다. 특히 문해교육은 쿠바 혁명 이후 가장 중요하고 사회적으로도 크게 성공을 거둔 핵심 아젠다였는데, 튀르키예에서와 마찬가지로 쿠바에서도 문해교육은 소정의 교육을 받은 여성들이 교사가 되어 학생들을 직접 가르칠 수 있는 기회를 제공했다.

한때 중남미에서 가장 진보적인 여성교육 정책을 구현했던 쿠바였지만 소비에트 몰락 이후 쿠바 경제는 직격탄을 맞았고 어려운 경제 상황에서 쿠바 시민들은 더 이상 학교교육에서 성공을 거두고 공공의 영역에서 국가나 지역공동체에 봉사하는 것을 중요한 가치로 여기지 않게 되었다. 지하경제를 통해 더 많은 수익을 창출할 수 있게 되면서 남학생들은 일찌감치 학교를 떠나 지하경제에서 성공을 도모하려 하게 되었고 공산주의 시스템 유지를 위해 존속되어야만 하는 제도교육의 빈자리를 여성들이 채우는 형편이 되었다. 사회적 성공과 연결되지 않아 학교교육의 가치가 저평가되어 버린 쿠바에서 여성들이 학교에 오래 남고 대학에도 진학하는 현상이 향후 쿠바의 역사에서 어떠한 의미로 기록될지 가늠하기는 쉽지 않다.

이처럼 국가별로 여성교육 변천 과정을 살피는 과정에서 집필진들은 역사적 인물에 대한 소개를 최대한 배제하기 위해 노력했다. 처음부터 이 책은, 역사 속에서 부각되는 특정 인물보다는 일반적으로 나타나는 경향성 기술에 초점을 맞추도록 기획되었다. 선구적으로 제도교육 기회에 접근했던 몇몇 대표적인 인물에 초점을 맞추는 인물사적 접근은 그 시대 여성들의 삶을 왜곡해서 보여주기 쉽다고 판단했기 때문이다. 지위와 명망을 획득했던 소수 여성들에 대한 사회적 평가는 당대 남성들의 기준에 의해 평가된 것이 대부분일 수밖에 없었다는 점에서 특히 그렇다(정현백, 1994, pp. 376-377).

더불어 이 작업이 모든 인간을 여성과 남성으로 구분하고 양성 간의 경계를 분명히 하려는 의도에서 시도된 것이 아님을 분명히 할 필요도 있다. 사실 이 책이 여성에 초점을 맞추고 있다는 점 자체가 이런 오해로 연결될 가능성을 매우 크게 한다. 그러나 이 책의 집필진들은 모두 어떤 고정된 타고난 '성차'의 존재를 인정하지 않으며 모든 인간이 여성과 남성으로 분류될 수 있는 것도 아님을 인정하는 이들이다. 우리는 각국의 교육사에서 여성과 남성으로의 구별이 어떠한 방식으로 교육 영역에서 작동해 왔는지를 드러내는 데에 관심이 있었다. 이러한 문제의식이 독자에게 충분히 전달될 수 있기를 기대해 본다.

역사적인 접근은 역사 발전 단계들을 나열하는 것이 아니다(Marrou, 2019, p. 201). 이는, 역사 속 문제 상황을 추출하여 전체 맥락 내에서 그것이 갖는 의미를 이해하려는 작업이다. 이 책의 작업 역시 각국의 교육사에서 여성과 관련된 문제적 상황들을 포착하여 그 의미를 탐색하는 일이었다고 할 수 있다. 일반교육사와는 다른 흐름을 가진 각국의 여성교육 변화 과정에 대한 기술은, 누구의 위치에서 바라보는가에 따라 역사가 달리 구성될 수 있는 것임을 다시 한 번 확인할 수 있게 해 주었다.

그러나 이 작업의 결과로 우리가 새로운 이론과 개념을 구성해 내는 데까지는 이르지 못했다. 이론화 작업은 앞으로 더 많은 공부를 통해 함께 만들어내야 할 주요 과제로 남아 있다. 일단 현재 제기되는 여성교육 관련 주요 쟁점을 정리하는 것으로 이 책의 범위를 한정하려 한다.

전체 변화 흐름을 거시적으로 살피는 접근 방식으로 인해 한 시대를 살아간 개별 여성들이 보였을 구체적인 삶의 역동성을 그려내지 못했다는 점도 이 책의 한계라 할 수 있다. 전체 흐름과는 다른 종류의 삶을 선택한 소수 여성들의 삶뿐만 아니라, 일반적인 경향성 범주에 포함되는 여성들이라 할지라도 그들 삶 내부를 들여다보면 결코 일반화할 수 없는 주체적 행위의 흔적들을 발견할 수 있을 것이다. 사실 이런 것들이 사회를 변화시키는 동력이 된다. 이 책에 포함되지 못한 이런 주제들도 다음 연구 과제가 되어야 할 것이다.

참고 문헌

이임하(2003). 한국전쟁과 여성노동의 확대. *한국사학보*, 제14호(2003년 3월), 251-278.

정현백(1994). 여성사 연구의 이론과 방법. *역사비평*, 1994년 가을호(통권 28호), 375-391.

정희진(2013). *페미니즘의 도전: 한국 사회 일상의 성 정치학*. 서울: 교양인.

Carr, E. H. (2015). *역사란 무엇인가*. (김택현, 역). 까치. (원본 출판 1967년)

Marrou, H. I. (2019), *서양 고대교육사*. (이홍우, 지정민, 구리나, & 이호찬, 역). 교육과학사. (원본 출판 1948년, 1981년)

Rury, J. L. (1984). Vocationalism for home and work: Women's education in the United States, 1880–1930. *History of Education Quarterly*, 24(1), 21-44.

Taylor, N. (2013). *His-story: 역사라고 불리는 그들만의 이야기*. (엄연수, 역). 글과 생각. (원본 출판 2011년)

II

한국의 여성교육: 추격과 반전의 아이러니

김정원(Jeong Won Kim)

...조선 정부에서 제일 급하게 할 일이 사내아이들도 가르치려니와 계집아이들을 교육할 생각을 하여야 할 터인데 조선에서는 계집아이들은 당초에 사람으로 치지를 아니하여 교육들을 아니 시키니 전국 인구 중에 반은 그만 내버렸는지라 어찌 아깝지 않으리요. 학부에서 사내아이들도 가르치려니와 불쌍한 조선 계집아이들을 위하여 여학교를 몇을 세워 계집아이들을 교육시킨다면 몇 해가 안 되어 전국 인구 반이나 내버렸던 것이 쓸 사람들이 될 터이니...[1](독립신문, 1896. 9. 5)

한국은 이미 위기 속에 있다. 이것은 한국사회 여성의 역할과 관련된 것으로 모든 한국인이 이미 알고 있는 것이다... 작년가을에 한국에 방문했을 때 얼마나 많은 훌륭한 여성들이 절대 결혼을 하지 않겠다고 맹세하고 있는지 알고는 또 한 번 놀랐다. 이것은 세 가지 측면에서 한국을 만성적 위기 상황에 있도록 만든다. 첫째는 사회의 더 높은 곳으로 나아가지 못하고 자신의 역량을 발휘하지 못하는 한국 여성들의 비극이다. 둘째는 여성의 능력에 주의를 기울이지 않고 그들과 함께 누리지 못하는 한국 남성들의 비극이다. 셋째는 국가의 비극이다. 한국은 인구 절반의 능력과 기회를 낭비하고 있다...(외교부 문화교류협력과, 2020. 12. 21)

1. 들어가며

2020년 11월 한국 강경화 외교부 장관과 미국 재레드 다이아몬드(Diamond, J. M.) 교수와의 대담이 한국 방송을 탔다. 다이아몬드 교

1) 원문을 필자가 현대어로 번역하였다.

수는 한국이 인구의 절반인 여성의 능력과 기회를 내버림으로써 한국 사회를 만성적 위기 상황으로 내몰고 있다고 비판했다(외교부 문화교류협력과, 2020. 12. 21). 이와 매우 유사한 표현이 1896년 9월 독립신문에서 발견된다. 독립신문은 당시 조선이 여자아이들을 교육시키지 않아 인구의 반을 내버리고 있다고 비판하고 있다(독립신문, 1896. 9. 5). 이 둘의 차이는 하나는 교육받은 여성을 내버린다는 비판인 반면, 다른 하나는 여성을 교육시키지 않음으로써 내버린다고 비판한다는 데에 있다.

해방 후 한국의 학교교육은 급속히 팽창해 왔고 특히 최근 제도교육을 통해 학력을 획득하는 여성 규모는 급속히 늘었다. 2020년 기준 한국의 청년 인구(25세~34세) 고등교육 이수율은 70%로 세계 최고 수준이고 고등교육을 받은 청년여성 비율은 이보다 훨씬 높은 76%에 이른다(OECD, 2020, p. 51). 한국 55세에서 64세 인구의 고등교육 이수율이 24%에 불과하다는 점(OECD, 2020, p. 52)은 한국 사회 고등교육 인구, 특히 여성 고등교육 인구가 얼마나 빠른 시간 내에 확대되어 왔는지 짐작할 수 있게 한다.

청년여성들의 학력이 남성보다 높은 것은 많은 OECD 회원국에서 나타나고 있는 세계적인 현상이다. 최근 성별 교육격차 관련 OECD의 핵심 논의도 이와 관련한 것이다. 혹자는 이러한 현상을 성평등 규범의 부상과 대졸 노동인력 수요 증가로 설명하기도 한다(Diprete & Buchmann, 2013).

그러나 대학 학력을 지닌 청년여성 비율이 세계에서 가장 높은 한국에서 대졸이상 학력을 가진 여성의 고용률은 세계 최하위 수준이라는 점은 이러한 해석에 의구심을 갖게 한다. 2021년 기준 대졸이상

학력을 지닌 여성 고용률에서 최상위 포르투칼이 90.0%인데 비해 한국은 66.4%에 불과하다(정성미 외, 2023, p. 320). 2006년부터 세계경제포럼(World Economic Forum)에서 매년 발표하고 있는 성별 격차지수(Gender Gap Index)에서 한국은 2022년 기준 전체 146개국 중 99위이며 이 중 건강과 생존이 52위, 정치적 권한은 72위인 반면, 경제적 참여와 기회 영역에서는 115위에 그치고 있다(한국여성정책연구원 성인지통계, 2023). 이는 한국 여성의 경제적 참여 기회가 두드러지게 저조하다는 것을 의미한다.

최근 한국에서는 청년세대 중심으로 젠더갈등이 주요 정치적 이슈로 부각되고 있다. 여전히 한국 노동시장에서 성별 임금격차는 크고 여성들에게 유리천장이 확실하게 존재하며 결혼 이후 취업을 중단하는 여성 비율은 높다. 그런데 이에 대응하기 위해 추진되어 온 각종 성평등 정책들이 청년남성들의 저항을 불러일으키고 있다.

이 모든 상황은 어떤 과정을 거쳐 만들어진 것일까? 여성도 학교교육을 받아야 한다는 논리는 언제 어떻게 만들어졌으며 그것은 또 어떻게 변화해 왔을까? 교육받지 못해 내버려지고 있다던 한국 여성들은 어떤 과정을 거쳐 세계 최고의 학력을 획득하게 되었을까? 현재 청년세대 중심으로 부상하고 있는 젠더갈등은 이런 역사와 어떻게 연결되어 있을까? 이런 질문들에 대답해 보기 위해 이 장에서는 한국에서 여성을 위한 제도교육이 출발하여 확대되고 팽창해 온 과정을 한국의 정치, 경제, 사회문화 변화와 연결시켜 살펴보려 한다.

이 글에서는 여성을 위한 제도교육의 역사를 크게 네시기로 나누어 기술하려 한다. 첫 번째 시기는 조선 후기 기독교 선교사에 의해 최초의 여학교가 설립된 이후 구국운동 차원에서 사립 여학교들이 설립되고 1908년 여성교육이 제도화되기까지의 일련의 시기이다. 두 번째는 근대적 초중등교육체제 내에서 여성교육이 본격적으로 시작되는 1908년부터 일제강점기 동안이다. 이때는 법령상으로는 모든 국민을 위한 보통교육이 표방되었음에도 불구하고 초중등교육 조차 극히 일부만 접근 가능했던 시기이다. 세 번째 시기는 남녀를 불문하고 초중등교육이 폭발적으로 확대되어 가던 해방 후부터 1995년 이전까지에 해당한다. 이때에는 외형상 남녀공통학제가 적용되면서 내용적으로는 남녀 교육과정이 구분되어 적용되었다. 네 번째 시기는 1995년 이후부터 현재까지이다. 1995년은 고등교육인구, 특히 여성 고등교육인구의 급속한 확대를 이끈 5.31 교육개혁안이 발표된 해이기도 하다. 동시에 가정과 기술·산업 교과를 남녀 공통으로 이수하기 시작한 해가 1995년이다. 이때부터 여성발전기본법 제정 등, 각종 성평등 정책이 본격적으로 시행되기 시작했다. 그러나 이 시기 한국사회는 심각한 경제위기를 겪으면서 급격한 사회구조 조정이 진행되고 이후 사회 불평등 문제가 본격적으로 부각되기 시작했다.

이런 시기 구분은 한국사 및 한국교육사의 주요 분기점과 연결되어 있다. 그러나 여성교육 차원에서 이들 시기에 일어난 일들을 추적해 보는 일은 일반 한국사에서나 교육사에서 미처 확인하지 못했던 쟁점들을 부각시킬 수 있게 한다. 특히 각 시기별 한국의 정치, 경제, 사회적 맥락 속에서 진행된 여성교육의 변화 양상을 살펴보는 작업은 현재 부각되고 있는 여성교육 관련 주요 쟁점들의 역사적 토대를 이해할 수 있게 할 것이다.

2. 여성교육 제도화(~1908)

해외에서 온 선교사에 의해 여학교가 최초로 운영되기 시작한 1886년 이전 한국 역사에는 여성을 위한 교육기관이 설립되었던 기록이 없다. 제도화된 교육에 여성이 참여했다는 흔적도 찾기 어렵다.

한국교육사에서 가장 먼저 제도화된 교육기관으로 등장하는 것은 고구려의 태학(太學)이다. 태학은 관학으로 귀족자제를 대상으로 하는 교육기관이자 관리양성기관이었다(한기언, 1983, p. 13). 고구려의 사학으로는 경당이 있었는데, 이는 일반평민과 지방 부호의 미혼자제들이 입학하는 초등학교부터 대학까지를 겸한 학교였다고 한다(한기언, 1983, p. 13). 이 태학과 경당을 비롯하여 신라의 국학, 고려의 국자감과 향교, 조선의 성균관과 향교 등, 한국교육사에 등장하는 여러 교육기관들에 여성이 참여했다는 기록은 찾을 수 없다.[2)]

조선 중기 이전까지는 남녀 균분 상속이 이루어지는 등, 여성의 지위가 상대적으로 높았었다고 하지만 이때 역시 사회 운용의 기본 원리는 가부장주의였다. 고려시대 불교 경전에서 여성에게 요구했던 것도 부모와 남편에 대한 공경과 순종이었다(김영미, 1997).[3)] 특히 고구려 태학을 비롯하여 전체 한국 역사 속 교육기관들이 다루었던 교육내용들은 주로 유교경전들이었다. 이 점은 시대를 불문하고 식자층의 의식을 지배했던 것은 유교적 가부장주의였음을 짐작하게 한다. 예를

2) 이를 제도교육이라 칭하는 것은 단순히 개별적인 학교가 아니라 인재를 양성하고 선발한다는 왕조의 전체 인재 양성과 선발 체제에 포함되어 있는 제도로서의 교육기관으로 기술되고 있기 때문이다.

3) 김영미(1997)에 따르면 유교적 가부장주의와의 차이는 '부(父)'만이 아니라 '부모(父母)'가 함께 강조된 데에 있을 뿐이다.

들어 "결혼하기 전에는 아버지를, 결혼해서는 남편을, 남편이 죽으면 자식을 따라야 한다."는 삼종지도(三從之道)가 등장하는 『예기(禮記)』는 고구려 태학, 고려 국자감 등에서 다룬 핵심 교과목이었다.[4] 공식적 제도교육에 여성이 포함되었다는 기록도 없을 뿐만 아니라 여성 관료 기용이 제도적으로 가능했다는 기록 역시 존재하지 않는다.

조선시대에 들어와 국가의 통치이념으로 등장한 주자의 유학, 곧 성리학은 조선 중기 이후 사회 기층 부분까지 확대 전파되면서 일반 생활규범으로 정착하게 된다. 이 시기에 유교적 가부장주의는 일상의 모든 부분에 침투되었다. 남성 주도의 강제 이혼을 가능하게 하는 칠거지악(七去之惡)이라는(한국민족문화대백과사전, 2023)[5] 법적 장치가 마련되었고, 내외법(內外法)으로 여성의 가정 밖 활동이 전면적으로 위축되었다. 조선 후기에 여성들의 책 읽기와 글쓰기가 확산되었고 한글은 물론 한문으로 글쓰기가 가능한 여성, 학문적 소양까지 갖춘 여성들이 등장했지만(이남희, 2023) 그 자질을 사회적으로 공유할 수는 없었다. 조선 시대 여성은 가정에서 책을 읽고 학식을 쌓아도 그것을 대외적으로 표현하는 것은 적절하지 않은 행동으로 간주되었다.

4) 한기언(1983)에 의하면, 고구려 태학(太學)에서 다룬 교육내용은 오경 삼사(오경(五經): 시전, 서전, 춘추, 예기, 주역, 삼사(三史): 사기, 한서, 후한서(또는 동관기))였으며, 신라의 국학에서도 논어와 효경이 필수과목이었고, 학제의 형식이 어느 정도 갖추어지기 시작한 고려의 국자감에서 가르친 학과는 대경(예기(禮記), 춘추좌씨전(春秋左氏傳)), 중경(시(時), 주례(周禮), 의례(儀禮)), 소경(역(易), 서(書), 춘추(春秋), 공양(公羊), 곡량이전(穀梁二傳)) 등이었다(p. 13, 29, 56).

5) 한국민족문화대백과사전에 의하면, 칠거 혹은 칠출(七出)이라고도 하는 이것의 내용은 ① 시부모를 잘 섬기지 못하는 것, ② 아들을 낳지 못하는 것, ③ 부정한 행위, ④ 질투, ⑤ 나병 · 간질 등의 유전병, ⑥ 말이 많은 것, ⑦ 훔치는 것이다.

> 무릇 부인의 하는 일이 안방밖을 나지 아니하므로, 비록 예와 어제 일을 통하는 식견과 남보다 나은 재주가 있더라도, 혹 문자로 표현하여 남에게 보고 듣게 하려 함은, 아름다움을 속에 품어 간직하는 이의 도리가 아니다. 하물며 나의 어둡고 어리석음으로 어찌 스스로 감히 글로 표현하는 방법을 생각하리오마는(빙허각이씨(憑虛閣李氏), 1975, p. 2)

1) 선교사에 의한 여학교 설립과 확대

성리학적 유교 질서가 내외적으로 위협받기 시작한 것은 19세기 후반에 이르러서였다. 여성교육에 대한 관심이 표방된 것도 이 때였다. 이 시기 조선은, 1882년 임오군란, 1884년 갑신정변, 1885년 영국의 거문도 점령 사건 등 대내외 문제에 시달리고 있었다. 여성교육에 대한 공식적 언급이 처음으로 나타난 것은 1888년 박영효가 고종에게 올린 상소('建白書')에서였다. 서방에 대한 완전 개방과 기독교[6] 수용을 주장한 개화파의 일원이었던 박영효는 이 상소문을 통해 국난 극복을 위해 사회 전반적인 개혁이 필요함을 강조했다. 이 중에는 "남편의 부인에 대한 폭력 행사 금지, 조혼 금지, 축첩 금지, 과부 재혼 허가" 등과 같은 여성 인권 향상을 위한 제언과 함께 "6세 이상 남녀에 대한 소학교, 중학교 교육"에 대한 주장도 포함되어 있었다(국사편찬위원회 우리역사넷, 2022). 그러나 이 주장에 대해 당시 조선 조정은 관심을 보이지 않았으며 일반 대중의 호응도 없었다(조경원 & 이배용, 2000, p. 262).

6) 가톨릭(Catholic)과 개신교(Protestant)를 포함한 의미로 '기독교'라는 용어를 사용하였다.

이 시기 조선에 들어 온 개신교 선교사에 의해 최초의 여학교가 설립되었다. 1884년 입국이 허용되었던 미국 개신교 선교사들은 직접 선교가 허용되지 않은 상황에서 학교부터 세우기 시작했다. 이 중 하나가 미국 감리교 선교사 스크랜튼 부인에 의해 1885년 만들어져 1886년부터 학생들을 가르치기 시작한 조선 최초의 여학교 이화학당이다. 다음 해인 1887년에는 북장로교 선교사에 의해 정동여학당이 설립되었다. 최초의 근대학교로 일컬어지는 원산학사가 원산 주민에 의해 설립된 것은 1883년이고 1885년에 감리교 선교사에 의해 배재학당이 설립되었으며 최초의 근대 관립학교로 일컬어지는 육영공원이 설립된 것이 1886년이었다는 점에서 여학교 설립 시기는 남학교에 비해 결코 늦지 않았다.

그러나 설립 초기 이화학당을 비롯한 개신교 선교사에 의해 설립된 여학교들은 학생 모집에 어려움을 겪었으며 교육과정도 분명하지 않았다. 예를 들어 이화학당의 경우, 서양인에 대한 부모들의 불신을 없애고자 조선 땅에서 아이들을 한발자국도 밖으로 데리고 나가지 않겠다고 서약하면서 가난한 집안의 여아들을 학생으로 모집했다(이화100년사편찬위원회, 1994, pp. 51-52). 학생들이 학교에서 했던 것도 주기도문이나 찬송가를 영어로 배우고 예배를 보는 정도였다. 이화학당이 애초에 설정했던 학교의 목적도 "가정부인으로서 모범이 되게 하며, 또한 친척과 친구들에게 십자가의 도를 전파하는 사람이 되게 하는데"에 있었다(Gilmore, 1892, p. 300; 김기석, 1997, p. 244에서 재인용). 1890년이 되어서야 이화학당에서는 조선인 교사가 학생들에게 한글을 가르치기 시작했다(김기석, 1997, p. 244).

그럼에도 불구하고 이 시기 이화학당을 비롯한 개신교 여학교들은 여아들이 가정 밖의 공간에서 외국어 등을 학습할 수 있었던 유일한 공간이었다. 시간이 갈수록 이화학당 학생 수는 점차 증가했다. 1886년 4명이었던 학생 수가 1893년에는 수용 가능 최대 인원 35명에 이르렀고 1896년에는 새 교사(校舍)를 짓기도 했다(김기석, 1997, pp. 243-244). 이즈음부터 이화학당 외에도 여러 개신교계 여학교들이 설립되기 시작했다. 1895년 정동여학당이 연동학교로(국사편찬위원회 우리 역사넷, 2023)[7] 이름을 바꾸어 다시 개교하였으며, 1898년에는 배화학당이, 이후에도 여러 학교들이 설립되었다(이수진, 2009, p. 60). 교회부속학교에 다닌 여아들을 위한 통계도 1895년부터 나타난다(서울대학교 사범대학 교육연구소, 1996, p. 42).[8] 1880년대부터 1910년까지 천주교계를 포함하여 기독교계 교회부속학교들에 재학한 학생 수는 2만 여명에 달했는데 그 중 12% 정도가 여학생들이었다.[9]

2) 보통교육 법제화(1895년)와 관립여학교 설립 요구 (1898년)

선교사에 의해 설립된 여학교 학생 수가 계속 증가하던 시기에 여성교육을 위한 법적 토대가 만들어졌다. 1895년 7월 19일 발표된 소학교령이 그것이다. 소학교령은, 바로 전 해인 1894년 갑오교육개혁의 일환으로 만들어진 것이었고 교육개혁은 갑오개혁[10]의 주요 한

7) 1909년 정신여학교로 인가를 받았다.
8) 서울대학교 사범대학 교육연구소(1996)에서는 교회부속학교를 초등학교로 범주화하고 있다.
9) 서울대학교 사범대학 교육연구소(1996), p. 42의 <표 11-3>을 토대로 계산한 것이다.
10) 갑오개혁은 조선에 대한 일본의 지배력이 강화되어 가는 가운데 진행된 국

영역이었다. 갑오개혁의 일환으로 내각제로 개편된 정부 기구 중 교육행정 기구로서 학무아문이 설립되었다. 학무아문은 설립 직후인 1894년 8월 교육에 관한 고시를 발표하고 관립한성사범학교와 부속소학교를 설립하였다(정재걸 & 이혜영, 1994, p. 15). 이후 1895년 2월, 고종은 근대적 교육이념에 기초한 '교육입국조서'를 공포하였다. 1895년 4월 학무아문은 학부로 바뀌고, 학부는 그 해 한성사범학교관제, 소학교령 등의 교육법을 제정하여 공포함으로써 조선에서 처음으로 근대적 학교교육체제가 법적으로 제도화되었다(정재걸 & 이혜영, 1994, p. 15).

1895년 10월 민비가 시해되는 을미사변이 발생하고 그 해 12월 단발령이 공포되자 전국에서 유생들을 중심으로 의병들이 봉기했다. 을미사변으로 신변의 위협을 느낀 고종은 러시아 공사관으로 거처를 옮기면서 개화파는 몰락했다. 이에 총 210건에 달하는 많은 개혁안들이 포함되었던 갑오개혁은 추진력을 잃었다. 그러나 고종은 1897년 국호를 '대한'으로 고치고 대한제국을 선포하면서 갑오개혁 내용의 상당 부분을 잇는 광무개혁을 추진하였다. 이후 소학교령을 비롯한 교육법들도 계속 효력을 지녔고 그에 기초한 학교 설립도 계속되었다(정재걸 & 이혜영, 1994, p. 16).

1895년에 발표된 소학교령은 남녀 구분 없이 모든 국민을 대상으로 동일한 내용과 체제에 의해 보통교육을 실시하겠다는 취지를 표방

가 전반의 근대적 개혁안이었다. 1894년 5월 동학농민전쟁을 계기로 조선에 출병한 일본의 영향력에 의해 그 해 7월 대원군을 수반으로 하는 새로운 정권이 만들어졌다. 이 정권 하에서 개화파를 중심으로 하는 군국기무처가 설치되었고 여기서 방대한 국가 개혁안을 차례로 만들어 발표했다(정재걸 & 이혜영, 1994, p. 15).

한 것이었다. 소학교령 제1조는 "소학교는 아동신체의 발달함에 비추어 국민교육의 기초와 그 생활상 필요한 보통지식과 기능을 부여하는 것을 근본 취지로 함"을 표방하고 있었다. 만 7세에서 만 15세까지의 학령기 아동을 위한 보통교육을 표방한 이 소학교령을 통해 여아를 위한 소학교 교육이 법적으로 가능해졌다. 소학교령에서 남녀 차이는 여아를 위한 교과로 '재봉'을 둘 수 있다고 한 점에서만 찾을 수 있었다. 이에 1895년은 조선에서 근대적 학교교육체제가 법적으로 제도화된 해일뿐만 아니라 여성이 제도교육에 진입할 수 있는 법적 토대가 마련되었던 해라고 할 수 있다.

그러나 이런 법적 기반에도 불구하고 제도교육 내에서 실질적으로 여성들에게 교육기회는 주어지지 않았다. 7세가 넘으면 남녀가 함께 자리하지 못했던 조선에서 여아들을 위한 학급이나 학교가 별도로 설치되지 않으면 여아들의 학교 취학은 기대할 수 없었기 때문이다. 소학교령이 공표된 1895년에 4개의 관립소학교가 설립되고 1898년에는 그 수가 9개로 확대되었으며 학생 수는 838명에 이르렀다(독립신문, 1898. 7. 6). 공립소학교도 1896년 전국에 38개교가 설립되었으며 1898년에는 그 수가 45개로 늘어났으나[12] 관공립 소학교 어디에도 여학생이 재학하는 경우는 없었다.

한성사범학교와 소학교를 설립한 조선 정부는 같은 시기 각종 근대적 관립교육기관을 중앙 차원에서 설립했다. 외국어학교, 의학교, 법관양성소, 무관학교 등과 관련한 관제 혹은 규정을 마련하고 관련 기관들을 설립하여 외교적 교섭과 근대적 개혁에 필요한 관리를 양성하

---

11) 소학교령 원문은 정재걸 & 이혜영(1994). 부록 pp. 247-249 참조.
12) 정재걸 & 이혜영(1994). p. 20의 <표 II-3> 참조.

고자 했다(정재걸 & 이혜영, 1994, p. 43).

이런 상황에서 1898년 여성을 위한 관립교육기관 설립을 위한 민간 여성들의 자발적 운동이 전개되었다. 황성신문 1898년 9월 8일자에는 이소사, 김소사를[13] 발기인으로 하여 같은 해 9월 1일자로 작성된 '여학교설시통문' 전문이 실렸다. 여기에는 여성이 남성과 일체의 동등한 권리를 누려야 하며 이를 위해 여아들을 교육시켜 '여중군자(女中君子)'가 되게 해야 한다는 주장이 담겨 있었다. 이 여학교설시통문(황성신문, 1898. 9. 8)에서는, "여자는 안에 있어 밖을 말하지 말며 술과 밥을 지음이 마땅하다"는 과거의 논리는 "사나이가 위력으로 여편네를 압제하려고 한갓 옛글을 빙자"한 것에 불과했기에 이러한 풍속들을 폐기할 것을 강조한다. 나아가 "문명개화한 나라"들에서 "남녀가 동등권이 있는" 것은 여자들도 어려서부터 교육을 받았기 때문이니 창설되는 여학교에 여아들을 보내어 여자도 남자와 동등한 권리를 획득해 나가기를 대중에게 요청하고 있다.[14] 여자들도 남자와 평등하게 가정 밖 직업 활동 등, 사회적 역할에 참여할 수 있는 권리를 획득하기 위해서는 교육을 받아야 한다는 것이다.

관련 연구(윤정란, 2019)에 의하면 김소사와 이소사는 이 통문을 작성하여 여러 신문을 통해 대중에게 알린 후 여성 지지자들을 모집하였다. 그리고 모집된 3-4백 명의 여성들과 이를 지지하는 남성들을 중심으로 찬양회라는 단체를 조직하고 여학교 설립을 현실화하기 위한 준비를 구체적으로 해 나갔다.[15] 이들은 연설과 토론을 위한 모임

---

13) 소사(召史)는 (흔히 성(姓)을 나타내는 명사 뒤에 쓰여) 양민의 아내나 과부를 이르는 말(우리말샘, 2024).

14) 원문을 현대어로 저자가 번역하였다.

15) 정세화(1972)에 의하면 1898년은 한국여성사의 주요 기점으로 간주되고 있

을 개최하기도 하고 학부를 직접 방문하여 여학교 설립을 청원하기도 했다.

찬양회는 같은 해 10월에 고종에게 관립여학교 설립을 요청하는 상소를 직접 올렸다. 순 한글로 된 이 상소문은, 학식이 없는 남자가 학문을 갖춘 여자보다 못함을 강조하면서 "어린 계집아이들로 하여금 학업을 닦사와 대한도 동양에 문명지국이 되옵고 각국과 평등의 대접을 받게" 해 주기를 요청하는 내용을 담고 있었다(독립신문, 1898. 10. 13).[16)]

[사진 1] 여권통문 발표(정현주, 2015)

당시 관립학교는 정부가 관리 양성을 위해 설립하여 운영하는 학교

다. 여학교 설립을 위한 찬양회라는 여성조직 결성, 관립여학교 설립을 위한 상소문 제출 등은 한국 역사상 여성의 사회적 지위에 대한 비판적 견해를 행동으로 표현했던 최초의 사례라는 것이다(pp. 297-300). 윤정란(2019)에 의하면 '여학교설시통문'을 1980년대에 박용옥이 '여권통문'으로 명명하였으며 1998년부터 이 용어를 사용하기 시작하여 이후 이 용어가 일반화되었다고 한다(p. 35). 2020년에 정부는 '여학교설시통문(여권통문)'이 발표된 9월 1일을 법정기념일로 지정하고 양성평등주간도 기존의 7월에서 9월(9.1~9.7)로 변경했다.

16) 원문을 현대어로 저자가 번역하였다.

를 의미했다는 점에서, 이 관립여학교 설립 요청은 단순한 학교 설립 요구가 아니었다. 이는, 여성도 사회에서 공적 역할을 담당할 수 있도록 관련 교육 기반을 만들어달라는 요구였다고 할 수 있다.

찬양회의 상소는 임금의 비답을 받았음에도 실현되지는 않았다. 당시 독립신문은 학부에서 여학교 관제 13조를 정하여 의정부 회의에 제출하였다면서 전체 관제 내용을 공개했었다(독립신문, 1899. 5. 26). 그러나 이 관제는 의정부 회의의 표결에서 부결되었으며(황성신문, 1900. 1. 23) 여학교 예산은 국가 예산안에서 제외되었다(황성신문, 1900. 1. 19).

상소 후 찬양회는 관립여학교 설립을 기다리며 1899년 2월 서울에 30-50명의 여학생을 모집하여 순성학교를 개교했다(윤정란, 2019, p. 50). 한국 여성에 의해 설립된 최초의 여학교로 기록되고 있는 이 학교에서는 찬양회 임원들이 직접 교육을 담당하였는데, 학교 운영자들은 설립초기부터 이 학교를 관립으로 전환시킬 계획을 가지고 있었지만 실현되지 않았다(정세화, 1972, p. 300).

찬양회의 활동은 당시 여성교육과 관련하여 가장 앞선 의식을 표방했던 독립신문보다 더욱 선명한 남녀평등론에 입각한 것이었다. 독립신문은 이 시기 존재했던 여러 신문 중에서 유일하게 교육을 통해 공적 활동에 참여할 여성을 양성해야 함을 주장했던 신문이었다. 독립신문은, 의학, 회계, 철도, 광산, 음악, 신문 등 각 분야에서 일하는 미국 여성들에 대한 정보를 전하기도 하고(독립신문, 1897. 3. 4) 여성들이 당당하게 권리를 뺏기지 말고 학문을 배워 남성과 동등하게 될 수 있어야 함을 주장하기도 했다(독립신문, 1896. 9. 5). 그러나 이 신문은 이와 관련하여 일관된 논리를 갖고 있지는 않았다. 장차 관인,

학사, 상인, 농민이 될 사내아이의 아내가 될 계집아이에게 자식을 기르는 법, 가르치는 법을 알게 하여 나라의 후생을 배양할 수 있게 하며(독립신문, 1896. 5. 12) 교육을 통해 여성이 남편을 도와 편지도 대신하고 문서도 기록하며 학문을 같이 토론하는 친구 같은 아내가 될 수 있음을 강조하기도 했다(독립신문, 1899. 5. 26). 여아들이 교육을 통해 '여중군자'가 되어야 함을 표방했던 찬양회는 독립신문보다 더 나아간 '남녀평등론'에 기초하여 관립여학교 설립을 주장했지만 사실상 그것은 관철되지 못했다.

1899년에는 중학교 관제가 마련되어 전국에 관립, 공립, 사립중학교가 설립될 수 있는 근거가 만들어졌다.[17] 그러나 여기에 여성이 고려되지 않았음은 물론이다. 중학교 관제에서는 심상과 4년, 고등과 3년으로 구분되는 7년제 중학교 중에서 고등과는 관립중학교에만 설치하고 공사립중학교는 심상과만 설치하도록 하였다.[18] 1900년에는 중학교 규칙이 발표되고 이에 근거하여 관립한성중학교가 설립되었다. 중학교 고등과를 졸업하는 자에게는 판임관[19] 등이 될 자격을 법적으로 부여함으로써[20] 고등과가 설치된 관립한성중학교가 관리를 양성하는 학교임을 분명히 하였다.

---

17) 이하 관련 칙령 원문은 정재걸 & 이혜영(1994). pp. 254-260 부록 참조.
18) 중학교 관제(칙령 제11호, 1899년 4월 4일) 제 2조, 3조, 12조.
19) 갑오개혁으로 개편된 관료제도에서 최하위 직계의 관리(한국민족문화대백과사전, 2022)
20) 중학교 규칙(학부령 제12호, 1900년 9월 3일) 제1관 총칙 제3조.

3) 사립여학교 설립 확대와 여성교육 제도화: 구국을 위한 '교육하는 모' 양성

1905년에 을사늑약이 채결된 후 대한에 통감부를 설치한 일본은 본격적인 식민통치를 시작했다. 교육 영역에서도 학제를 전면 개편하는 등, 식민화를 위한 교육정책을 본격화했다. 통감부는 소학교 명칭을 보통학교로 바꾸고 심상과 3년과 고등과 2년 혹은 3년 과정의 소학교를 4년제로 축소 통합하면서 7년 과정(심상과 4년, 고등과 3년)의 중학교도 4년제 고등학교로 일괄 축소 개편하는 동시에 일어 수업시간도 국어와 같이 주당 6시간으로 확대 편성했다(정재걸 & 이혜영, 1994, p. 21).

이렇게 일본의 강제 병합을 위한 정책이 노골화되자 전국에서 민간에 의한 사립학교 설립 열풍이 고조되기 시작했다. 1905년부터 1910년 한일합방 전까지 민간에 의해 설립된 사립학교는 수천 개에[21] 달했으며 이 시기에 설립된 사립여학교도 120여개가 넘었다.[22] 개인, 지역유지, 문중, 각종단체, 관리 등 매우 다양한 주체들이 국권 회복을 위해 인재를 양성한다는 목적을 표방하며 사립학교 설립에 참여했다. 이 시기 민간에 의해 설립된 대표적인 사립여학교들은 진명여학교(1906년), 명신여학교(1906년), 여자보학원(1907년), 정일여숙(1908년), 동덕여학교(1908년) 등이다(현경미, 1998, pp. 31-35).

---

21) 김영우(1986)는 이 시기 설립된 사립학교가 3,000여 개라고 하고 있으며(p. 124), 서울대학교 사범대학 교육연구소(1996)의 위 보고서에서는 조선총독부 자료를 인용하며 그 수가 사오천 개에 이르렀다고 하고 있다(p. 39). 정재걸 & 이혜영(1994)에 의하면 통감부 설치 이후 설립된 사립학교는 5,000여 교, 학생 수는 20만이었다고 한다(p. 203).

22) 김영우(1986). pp. 30-40에 기술된 내용을 기초로 추정 계산한 것이다.

이 시기 사립여학교 설립을 주도했던 이들의 여성교육에 대한 인식은 찬양회의 그것과는 달랐다. 찬양회는 남녀 간 일체의 평등을 강조하는 가운데 여자도 군자가 될 수 있어야 함을 주장했었다. 그에 비해 이 시기 민간사립여학교 설립을 주도했던 논리는 나라를 이끌어갈 남자를 기르는 주체가 여자이기에 여성교육이 필요하다는 것이었다. 여자도 남자처럼 '국민'의 일원으로 편입되어 구국을 위한 책임을 남성과 나누어 가지면서 건강한 아이를 낳고 그 아이를 용맹한 국민으로 키워내는 '교육하는 모'의 역할을 수행할 수 있어야 한다는 것이 그것이다. 당시 대표적인 애국계몽신문이었던 대한매일신보의 주요 여성교육담론은 이것이었으며, '여자교육회'와 같은 여성교육을 위해 설립된 단체들의 논조도 이와 같았다.

> 여자는 국민될 자의 어미될 사람이오 가정교육의 주장될 사람인즉 불가불 교육에 정통하여야 그 자녀로 하여금 문명한 국민의 지식을 계도할 모범이 될지니 어찌 여자교육이 급선무가 아니리오(대한매일신보, 1908. 8. 11).[23]

> 대저 한집에는 부처가 어진 후에야 그 집이 흥하고 한나라에는 남녀가 다문명하여야 그 나라가 문명하나니 그 이유를 말하건대 여자는 아내가 되어 가사를 맡아하고 어미가 되어 자식을 기르나니 어진 처가 없으면 그 가도가 흥하지 못하고 어진 어미가 있어야 그 자식이 어진 사람이 될지라, 그럼으로 옛적 이른 말에 집이 가난함에 어진 처를 생각한다 하였다. 맹자님이 삼천의 가르침을 받아 성인이 되셨으니, 만일 그 집의 남자는 비록

23) 원문을 현대어로 저자가 번역하였다.

어지나 처가 어질지 못하면 그 집이 쇠하고 그 나라의 남자사회는 비록 문명하였으나 여자사회가 몽매하면 그 나라가 약한지라(여자지남 제1호, 1908. 5; 정세화, 1972, p. 309에서 재인용).

자식을 교육하는 모라는 여성 역할에 대한 강조는, 가정을 기반으로 국가의식을 지닌 국민형성에 서구의 근대적 가족 논의를 활용했던 일본을 통해 조선으로 전파된 것이었다(하루키 이쿠미, 2009, pp. 319-354).[24] 이는, 이제껏 조선사회에 팽배했던 여성교육 무용론을 부정할 수 있는 주요 논거로 작동했다. 특히 을사늑약 이후 구국을 위한 애국계몽운동 차원에서 근대적 학교 설립 운동이 확산되는 분위기에서 구국의 전위대 역할을 할 남자를 키워낼 여자 역할에 대한 강조는 부정되기 어려운 것이었다. 이때 여성교육은 여성의 권리로 표현되지 않았다. 그것은, 나라를 구하기 위해 남성을 교육하는 '민족의 모'가 되라는 여성의 사명으로 부각되었다.

이러한 사회적 분위기와 연결되어 1908년 고등여학교령이 공포되고 3년제 중등학교인 관립한성고등여학교가 설립되었다(국사편찬위원회 우리역사넷, 2024). 이 관립고등여학교 설립으로 제도교육 내에서 여성교육이 실질적으로 자리잡기 시작했다. 고등여학교령에 의해 중등교육 단계 여성교육을 위한 교육과정과 그 밖의 운영 방식이 법적으로 규정되었으며 이때부터 관공립 보통학교에도 여자학급을 둘 수 있도록 했다. 1908년 대구, 함흥, 군산, 여주 등 4개 보통학교에

24) 하루키 이쿠미(2009)에 의하면, 특히 1887년 일본 초대 문부대신 모리 아리노리(森有禮)는, "국가부강의 근본은 교육에 있고, 교육의 근본은 여자교육에 있으며, 여자교육의 여부는 국가의 안위에 관계"함을 잊어서는 안된다고 강조하였다(p. 324).

여자학급이 생겼으며 1909년에 다시 7개의 보통학교에 여자학급이 만들어졌다(서울대학교 사범대학 교육연구소, 1996, p. 39). 따라서 이때부터 초등과 중등이 연결되는 여성교육이 제도적 수준에서 공식화되었다고 할 수 있다.

[사진 2] 함흥 보통학교 여자 생도(1911년~1912년 촬영, 국립중앙박물관)(민족문화대백과사전, 2023)

3. 제도화 이후 일제강점기까지 여성교육(1908~1945)

1910년 8월 29일 한일합방이 되고 그해 9월 30일 조선총독부가 설치되면서 본격적인 일제 식민통치가 시작되었다. 이때부터 1945년 8월 15일 해방 될 때까지 조선총독부는 총 4차례의 교육령을 공표하면서, 변화하는 상황에 대응하는 식민지 통치 전략을 구사해 나갔다.

일제강점기 여성교육은 교육목표, 교육과정, 교육기간 등, 전반적인 면에서 남성과는 차별화된 방향으로 진행되었다. 여학교들이 대거 설립되고 여성교육이 제도화될 당시 팽배했던 '교육하는 모'로서 구국을 위한 '민족의 모'가 되라던 여성교육에 대한 요구는 일제강점기를 거치면서 '가정개량의 주체' 곧 '현모양처' 양성으로 변모해 갔다.

1) 성 차별화된 학제

여성교육 제도화는 남녀를 공간적으로 구분할 뿐만 아니라 교육내용과 교육기간에서 여성을 남성과 구분하는 형태로 진행되었다. 교육기간의 경우, 1906년 고등학교가 4년제로 개편된 반면, 1908년 처음 설립된 관립고등여학교는 3년제로 만들어졌다.[25] 이와 같은 성별로 차별화된 학제는 한일합방 직후인 1911년 시행된 제1차 조선교육령에 의해 확정되었다. 제1차 조선교육령의 주요 골자는, 조선인을 위한 초등교육기관은 4년제 보통학교로, 중등교육기관은 4년제 고등보통학교로 명명하여 일본인을 위한 6년제 소학교, 5년제 중학교와 차별화하였다는 점과 일본어를 국어로 가르친다는 것이었다. 여기서 조선인을 위한 여자고등보통학교는 교육기간을 3년으로 하여 남자고등보통학교와 차별화했다.

1919년 3월 1일에는 전국 각계각층뿐만 아니라 중국, 러시아, 미국 등 한인사회에서도 참여하는 독립만세운동이 전개되었다. 같은 해 4월 11일에는 중국 상하이에서 국호를 '대한민국'으로 하는 임시정부가

25) 지역 여건에 따라 1개년을 연장할 수도 있게 하였다.

수립되었으며 9월 11일에는 대한민국임시헌법이 공포되기도 하였다(국사편찬위원회 우리역사넷, 2024).

이와 같은 국내외 상황 속에서 일본은 조선을 일본의 연장으로 인정하여 조선을 동화(同化)하겠다는 새로운 식민정책 방향을 취하면서 1922년 제2차 조선교육령을 공표하였다. 이 때 보통학교가 6년제로, 고등보통학교는 5년제로 수업연한이 연장되었다. 그러나 여자고등보통학교는 5년 혹은 4년 과정으로 하고 지역 여건에 따라 3년으로 할 수도 있게 함으로써 남녀 차별적인 학제는 여전히 유지되었다. 법제상으로는 여학교도 5년제로 운영할 수 있었으나 대부분의 여자고등보통학교들은 4년제로 운영되었다. 예를 들어 전라도 지역 대표적인 여고보로 1926년에 설립된 전주여자공립고등보통학교는 4년제로 설립되어 1930년에 첫 졸업생들을 배출했다(전주여고 80년사 편찬위원회, 2006, p. 159, 162). 일본처럼 고등보통학교를 중학교로, 여자고등보통학교를 고등여학교로 그 명칭을 바꾼 1938년 제3차 조선교육령에서도 이러한 성별로 차별화된 학제는 계속 유지되었다. 그러다가 1943년 제4차 조선교육령 개정으로 남녀 간 교육기간 차이가 없어졌다. 제2차 세계대전에서 패색이 짙어진 일본은 학생들을 전시동원 체제에 편입시켜 전장과 노동현장에 강제 동원했는데 이를 위해 1943년 중등학교의 수업 연한을 단축했다(국사편찬위원회 우리역사넷, 2023). 중학교 수업연한이 5년에서 4년으로 단축됨으로써 일반 중등교육에서 남녀 간 차이가 없어졌다. 그러나 우수한 학생들의 집결지였던 사범학교 수준에서는 여전히 남녀가 달랐다. 일반 사범학교 심상과가 5년제이었음에 비해 여자사범학교의 경우 4년 과정이었다(김영철 외, 2006, p. 41). 이러한 남녀 차별화된 학제는 1945년 해방되기까지 이어졌다.

성별로 차별화된 학제 하에서는 여자고등교육기관이 별도로 설립되지 않는 한 여성중등교육은 고등교육과 연결될 수 없었다. 1925년 이화여자전문학교가 전문학교로 정식 인가되기까지 여성들은 중등학교를 졸업한 후 고등교육기관에 진학하기 어려운 학제 하에 있었다.[26]

교육과정에서도 남녀 간 구분이 분명했다. 남자보다 1년 짧은 수학기간 내에 이수해야 할 여자고등보통학교의 교육과정에는 재봉, 수예, 가사 등이 포함되었다. 남자를 위한 고등보통학교에서는 영어, 독어, 불어 등의 외국어를 가르치도록 한 데 비해 여자의 경우에는 제1차 조선교육령에서는 외국어교육을 빼고 있었고 제2차 조선교육령에서는 영어, 불어만을 개설하되 그것도 선택과목으로 했다. 남자를 위한 고등보통학교의 박물과 물리 및 화학 등의 교과목들은 여자고등보통학교에서는 '이과'라는 하나의 과목으로 통합되어 개설되는 등, 교육과정에서 남녀학교의 차이는 분명했다. 같은 수학 교과라 하더라도 남학생이 배우는 내용과 여학생이 배우는 내용이 달랐다. 남학생은 산술, 대수, 기하 및 삼각법 등 초급에서 고급 단계에 이르는 수학을 모두 다루게 되어 있었지만 여학생에게는 산술을 가르치되, 필요에 상응하여 대수 및 기하의 초보를 가르칠 수 있게 하는데 그쳤다.[27]

---

26) 1886년부터 수업을 시작했던 이화학당은 1904년에 4년제 중등과를 설치했고 1908년에는 초등과와 고등과를 신설했다(이화100년사 편찬위원회, 1994, p. 63). 이에 제도권 밖에서는 1925년 이전에도 이화학당 내에서 나름대로 고등교육이 진행되었다고 할 수 있다.

27) 고등보통학교규정(1922년 시행), 고등여학교규정(1927년 시행) 참조

2) 소수 유산층 중심 여성 중등교육 기회

이 시기 제도교육에 접근할 수 있는 여성은 극히 제한되어 있었다. 전체적으로 일제강점기에 근대적 중등교육에 접근할 수 있었던 이는 남녀를 불문하고 소수였는데 여성의 경우는 특히 그러했다. 초중등 교육은 법제상으로는 '국민'을 양성하는 '보통교육'을 표방하였으나[28] 실제 운영되는 방식은 그렇지 않았다. 초등교육인 보통학교 교육도 유상교육이었으며 입학기회도 제한되어 있었다. 당시에는 보통학교만 졸업해도 사회 엘리트에 속할 수 있었다. 중등학교인 여자고등보통학교를 졸업했다는 것은 그야말로 사회 최상층 학력엘리트임을 상징하는 것이었다.

일제강점기 내내 학교 부족으로 항상 입학지원자가 입학자보다 훨씬 많았다. 1910년대에는 전체 보통학교 입학지원자 중 입학 가능했던 이들이 15%가 채 되지 않았으며 1940년대에도 그것은 1/3 수준이었다(아마타 간토, 2010, p. 250). 1912년 여자 보통학교 취학률은 0.4%(남자 3.7%)에 불과했고 이후 지속적으로 확대되었지만 1942년에도 그것은 29.1%(남자 66.1%)에 머물렀다(오성철, 2000, p. 133).

여성에게 중등교육 기회는 더욱 제한되어 있었다. 1908년 관립한성고등여학교(이후 경성여자고등보통학교로 개명) 설립 후 1914년에는 평양에 평양여고보가 설립되었는데 전국에 공립여고보가 이 2개 밖에 없는 상황은 1926년까지 계속되었다(박철희, 2002, p. 32). 1926년에 공주와 대구에, 1927년에는 광주와 부산, 이후 해주(1932년), 함흥, 나

28) 제1차 조선교육령 제5조. "교육은 보통의 지식, 기능을 가르쳐 주고, 특히 국민된 성격을 함양함을 목적으로 한다."

남(1935년), 신의주(1936년), 대전(1937년) 등이 추가되어 1937년 기준으로 전국에 총 11개의 공립여고보가 설립되었을 뿐이다(박철희, 2002, p. 32). 해방 직전까지도 공립여고보가 1개도 없는 도가 존재했다.

사립학교들은 1908년 사립학교령으로 통감부의 통제를 받았다. 1922년 제2차 조선교육령으로 그 통제가 완화되기 이전까지 인가받은 사립여고보는 숙명여학교(1911년), 진명여학교(1912년), 이화학당(1918년), 호수돈여학교(1918년), 정의여학교(1921년) 등 총 5개였으며 1937년까지도 인가받은 사립여고보는 전국 10개 학교에 불과했다(박철희, 2002, p. 32). 일제강점기 내내 한국의 여성들에게 여고보 진학은 그야말로 '하늘의 별따기'였다고 할 수 있다.[29)]

제도교육에 진입할 수 없었던 여성들은 보통학교와 유사한 교육과정으로 가르치는 개량서당으로 진출했다. 한일합방 초기에는 교수용어로 한국어를 사용할 수 있었던 개량서당이 보통학교보다 더 선호되기도 했다. 그러나 조선총독부는 부족한 학교 대신 일본어 등을 가르칠 수 있는 대체 교육기관으로 서당을 활용하려 했다. 이에 1918년, 1929년 두 차례에 걸쳐 서당규칙을 제정하고 개정하면서 서당의 개폐 기준, 교육과정 등을 통제해 나갔다. 일제강점 초기 대폭 늘어나던 서당은 1920년대를 거치면서 그 수가 점차 줄고 재학하는 남학생 수도 줄어들었던 반면 서당에 다니는 여학생 수는 시간이 갈수록 늘어났다(정세화, 1972, p. 326). 제도권 내 학교교육기회가 남성에 비해서 매우 제한되어 있었던 여성들은 학교 대신 서당에서 그것을 얻고자 했던 것이다.

---

29) 박철희(2002)에 의하면 1937년에도 여성중등학교 취학률은 0.8%에 불과했다(p. 44).

〈표 1〉 일제강점기 서당 상황(정세화, 1972, p. 326)

연도	서당 수	교원수		학생수	
		남	여	남	여
1910	16,540	16,771	-	141,034	570
1915	23,441	23,644	-	229,028	522
1925	15,069	15,485	24	184,541	4,719
1930	15,036	10,477	73	144,913	5,979
1935	6,209	7,767	210	142,468	19,306
1940	4,105	4,599	156	121,837	36,483

[사진 3] 공주 귀산 모범서당 개교 기념식 전경(1938년 2월, 국가기록원 소장)
(송찬섭, 2014, p. 219).

1925년 이화여자전문학교가 인가를 받으면서 여성을 위한 고등교육이 제도적으로 가능해졌다. 1908년 개설되었던 이화학당의 고등과가 전문학교로 개편된 것이다. 이후 1938년 경성여자의학전문학교가 인가될 때까지 이화여전은 일제강점기 한국 내 유일한 여성고등교육기관이었으며, 다음 해 1939년에는 숙명여자전문학교가 한일 공학으로 인가를 받았다(김자중, 2018, p. 30). 1942년 기준 한국 내 한국인 여성 고등교육인구는 957명이었는데 이는 1925년 57명에 비해 거의 20배 늘어난 것이었지만 여성 고등교육인구 비율을 거론하기 어려울 만큼 적은 수치였다.[30)]

이처럼 고등교육기회가 거의 없다고 할 수 있는 상황에서 중등교육을 받은 여성들 중 상당수가 일본으로 유학을 갔다. 일본 고등교육기관에 재학했던 한국인 여성은 1925년에 64명이었는데 그 수는 1941년에 462명으로 늘어났다(김자중, 2018, p. 34). 전체 한국인 여성 고등교육 인구 중 1/3이 일본 유학생이었던 셈이다.

이런 제한된 기회에 접근할 수 있었던 이들은 기본적으로 유산층 자녀들이었다. 전통적인 양반층이라기보다 교육에 관심이 많은 경제적으로 유복한 가정에서 딸을 여학교에 보내고 일본으로 유학시키기도 했다. 관립한성고등여학교 설립 초기 졸업생들의 신분배경을 보면 아버지가 전현직 관리이거나 학교 교원 혹은 상업에 종사하는 경우가 대부분이며 농업 종사자는 극소수였다(정재걸 & 이혜영, 1994, pp. 60-62).[31)] 이후 경성여자고등보통학교로 전환된 이후에도 이러한 상황은 변화하지 않았다.[32)] 식민지 시기 내내 유료로 진행된 초중등교

30) 김자중(2018). p. 31의 <표 1> 참조.

31) 정재걸 · 이혜영(1994)에 의하면, 3회까지 졸업생 학부형 직업의 구체적인 내용을 보면 전현직 관리 37%, 학교교원 14%, 상업 13%, 농업 2%, 기타 2%, 미상 31% 등이다(p. 62). 농업 인구가 대부분이던 이 시기 이러한 상황은 누가 딸을 경성여고보에 보냈는지를 알 수 있게 한다.

32) 한성고등여학교에서 경성여자고등보통학교로 이름이 바뀐 이 학교 19회까지의 졸업생 학적부를 분석한 현경미(1998)의 연구에서도 대부분의 시기에 관리, 군인, 교원 등의 공무자유업과 사업 종사자가 학부모의 60% 이상을 차지했다고 보고하고 있다.

육에 드는 비용은 일반인이 감당하기 어려운 것이었다. 특히 전국에 몇 개 되지 않았던 중등학교에 다니기 위해서는 도시로 유학해야만 했다. 이 또한 큰 부담이었기에 중등교육을 받는 학생은 유산층 집안의 자제들일 수밖에 없었다(김송억, 1923; 박철희, 2002, p. 76에서 재인용). 특히 당시 한국인이 딸을 보통학교에 보내고 여고보에 보낸다는 것은 "경제력을 나타내는 표식"으로 간주되었다(김수진, 2009, p. 72). 설립 초기 가난한 학생들 중심으로 학교가 의식주를 제공하며 운영했던 기독교계 학교인 이화학당이나 호수돈여학교 등도 시간이 갈수록 유산층 자녀들을 위한 교육기관이 되어 갔다. 한국인 고용인 봉급이 연 387원이었던 1930년에 이화여자전문학교 학생 1년 경비는 300원이었다(박지향, 1988, p. 267). 1920년대 호수돈여학교의 경우, 입학금이 1원이었고 수업료는 월 30원이었다(호수돈여자중고등학교, 1999, p. 77).

3) 여성 학력 엘리트 최고 선택지, 초등교사

제한된 교육기회에 접근 가능했던 소수 유산층 여성들이 받은 학교교육은 사회적 진출 기회와 직접적으로 연결되는 것은 아니었다. 여자고등보통학교를 졸업한 여성들도 대부분 가사에 종사했다. 이러한 경향은 일제강점기 남성들의 경우에도 크게 다르지 않았다. 1930년대 전체 한국인 보통학교 졸업자의 10% 미만이 취업하고 25% 내외만이 상급학교에 진학했으며 대부분은 가사에 종사했다(오성철, 2000, p. 372). 중등학교 졸업생도 1/3이 가사에 종사했다(박철희, 2002, p. 223). 여성이 학교교육을 통해 사회에 진출하리라 기대하기는 더더욱 어려웠다. 힘들게 진학했던 여고보를 졸업하여도 자의든, 타의든 결혼하여 가사에 종사하는 이가 많았다. 학생 인구가 증가하면서 그러한 경향은 더욱 확대되었다. 1920년대 여고보 졸업자 중 가사종사자는 20% 내외였으나[33] 1931년 자료에 의하면 가사종사자 비중이 60%를 넘었고 나머지 40% 중에서도 사범학교 등, 상급학교 진학자가 30%를 넘었으며 취업자는 극히 소수였다.[34]

중등교육을 이수한 여성들이 학력으로 진출할 수 있었던 대표적인 공적 영역은 교직, 특히 보통학교 교사였다. 관련 연구(우용제 & 안홍선, 2006)에 따르면, 1913년 경성여고보에 사범과가 설치되어 보통학교 교사를 양성하였고 1925년부터는 경성사범학교에 여자 연습과가 병설되어 여성을 위한 사범교육이 진행되었다. 여자사범학교로 경성여자사범학교가 정식으로 설립된 것은 1935년이다. 이후 1938년에는 공주여자사범학교, 1944년에는 원산여자사범학교가 설립되는 등, 해방 직전까지 전국에 3개의 여자사범학교가 운영되었는데 1943년에 경성여자사범학교는 경성사범학교와 함께 전문학교로 승격되었다 (pp. 195-199).

중등교사는 거의 일본인이던 일제강점기에 초등교사(보통학교 교사)가 되는 과정에 전국에서 가장 우수한 여성들이 모여들었다. 지방의 대표적인 여고보였던 전주여고보의 1930년 1회 졸업생 중 단 1명만이 경성사범학교 연습과에 진학할 수 있었다(전주여자고등학교 동창회, 1986, p.132). 경성사범학교 연습과를 졸업하면 보통학교 2종 훈도(지금의 2급 정교사) 자격을 받을 수 있었다(전주여고 80년사 편

33) 김수진(2009). p. 82. <표 1-7> 참조

34) 조선총독부, [조사월보], 소화 7년 11월. '1931년 3월 여자고등보통학교 졸업생 진로' 자료를 활용한 현경미(1998). p. 72 <표7>을 토대로 계산한 것이다.

찬위원회, 2006, p. 162). 경성여고보의 경우에도 졸업생 대부분이 보통학교 교사가 되기를 희망했다(매일신보, 1921. 3. 16). 이러한 상황은 보통학교 교사가 일제강점기 한국의 최고 여성 학력 엘리트들이 선택할 수 있었던 최선의 직업이었음을 의미한다.[35)]

1922년 총독부는 보통학교 일학년 남학생들을 가르치기 위해 여자 교원을 채용한다는 방침을 만들었다(매일신보, 1921. 9. 14). 이로 인해 교육받은 여성들이 교직에 진출할 수 있는 기회가 좀 더 확장되었다.

그러나 중등학교는 물론이고 보통학교 교원도 일본인이 다수를 차지하여 상대적으로 한국 여성들의 교직 진출 가능성은 그만큼 적었다. 일제강점 초기부터 1930년대 중반까지 공립보통학교 교사의 3분의 1 내외가 일본인이었고 1940년에는 일본인 교사가 거의 절반(47.8%)을 차지했다(박찬승, 2018, p. 84). 게다가 보통학교에도 교사는 대부분 남성이었다. 예를 들어 1930년경 전남 순천군의 9개 공립보통학교 전체 44명 교원 중 한국인 여성교원은 단 2명뿐이었고, 나주군 12개 공립보통학교 총 56명 교원 중에도 단 2명만이 한국인 여성이었다(染川覺太郎編, 1930; 박찬승, 2018, p. 85에서 재인용). 일본에 유학하여 일본의 여자고등사범학교에서 고등교육을 받고 한국에 돌아와 중등학교 교사가 되는 여성들이 존재하기는 했다. 그러나 전국에 몇 개 되지 않는 공사립여자고등보통학교에 근무하는 한국인

---

35) 별건곤 제5호(1927. 03. 01). 여자직업안내, 돈 업서서 외국 유학 못가고 취직할 곳은 몃치나 되는가.

"엇재서나 자녀를 교양하는데는, 선천적으로 책임을 갓고 잇다고 해도 조흘만한 녀성이 이 직어베 종사하는 것이야말로 가장 적당한 일로서 영구적으로나 또는 젊은 여자의 결혼하기전 일시적 직업으로 해서나 이 직업처럼 일반적이고 또 장래에 유익한 것은 업슬 것입니다."

여교원은 극소수에 지나지 않았다.[36]

〈표 2〉 1939년 여자중등학교 졸업생 상급학교 지원 현황(동아일보, 1939. 4. 6)

(단위: 명)

	모집인원		지원자수	합격자수
이화여전	문과	50	19	19
	음악과	30	28	25
	가사과	**40**	**94**	40
숙명여전	**가정과**	**40**	**128**	40
	전수과	50	74	50
	기예과	40	44	40
(경성)여자의전		약60	75	62
이화보육		50	68	50
경성보육		100	120	78
중앙보육		40	93	40
(경성)여자사범		**400**	**1,494**	**400**

중등학교를 졸업하고 상급학교에 진학하려는 여성들의 전공 선택 역시 교직이나 가사에 집중되어 있었다. 예를 들어 이화여자전문학교의 문과나 음악과는 지원자의 대부분이 합격하는 상황이었던 반면 가사과는 경쟁률이 높았다. 숙명여전 가정과 역시 마찬가지였다. 경성여자사범학교의 경쟁률은 여자고보졸업생이 진학하려는 학교 중 가장 경쟁률이 높았다(<표 2> 참조).

36) 조선총독부통계연보 1933년도 판에 의하면, 1933년 기준 전국의 사립여자고등보통학교 한국인 여교원은 전체 165명 교원 중 56명이었고, 공립 여고보의 경우 전체 90명 중 14명이었다. 이들이 당시 최고 여성 학력 엘리트였다고 할 수 있다.

전체적으로 여성의 직업 진출 기회는 매우 적었다. 그 가운데 교직 외에 일부 교육받은 여성들이 진출한 곳 역시 주로 여성을 대상으로 하는 활동이거나 여성의 영역으로 범주화된 영역이었다. 간호사로 일했던 여성이 가장 많았고, 소수의 여성들이 의사나 기자가 되었다. 그 밖에 방송국 아나운서, 전화교환수 등이 학력을 가진 여성에게 열려진 직업이었다. 해외 유학(주로 일본)을 하거나 의학전문학교를 졸업한 극소수의 여성들이 의사가 되었으며 아나운서는 여고보 졸업 수준을 요구했고 전화교환수는 보통학교 졸업으로 가능한 직업이었는데 그 기회는 극히 한정되어 있었다(별건곤, 1927. 3. 1).

4) '신가정'을 꾸려 나갈 현모양처 기르기

여성교육이 제도화되던 시기에 여성을 교육하는 주요 이유로 제기되던 '교육하는 모' 이념은 일제강점기를 거치면서 그 방향이 변화한다. '교육받은 여성'은 더 이상 민족의 모가 아닌 '가정개량의 주체', 곧 '현모양처'로 이미지화된다. 특히 이러한 변화는 1920~30년대에 뚜렷이 부각된다. 3.1 운동 후 일본의 소위 내선일체의 문화정치가 본격화되는 가운데 근대적 학교교육을 받고 신문, 잡지를 통해 사회적으로 목소리를 내던 계몽 지식인들은 '민족 개량'이라는 모토 하에 여성을 계몽하는 역할을 수행했다(전미경, 2004a). 이들이 강조했던 교육받은 여성의 역할은 1900년대의 구국을 위한 '교육하는 모' 이념과 일부 유사하면서도 다른 맥락에 있는 것이었다. '교육하는 모'는 가정 내에서 자녀를 교육하는 여성의 역할을 강조한 것이었지만 거기에서 여성은 시대적 요구에 남성과 함께 참여하는 '민족의 모'로 인식되고 있었다. 1906년 최초의 여성잡지 [가정잡지]는 국권수호를 위해서는 국민의 지적 수준을 제고해야 하고 이를 위해서는 여성교육이 반드시 필요하다는 점을 강조하기 위해 발간되었었다(이윤희, 2006, pp. 7-8). 그에 비해 1920년대와 1930년대 발간된 대부분의 여성잡지들의 지향은 새로운 지식으로 무장하여 '가정을 개량해 나가는 주체'로 여성을 계몽하는 데에 있었다.[37] 1920년대 '교육받은 여성'을 통칭하는 '신여성'이라는 단어가 부상했고 1923년에는 잡지 [신여성]이[38] 창간되기도 했다. [신여성] 창간호에서는 '신여성'을 "여자고등보통학교 3학년 정도 이상의 학급에 재학하는 여자", 보통학교를 비롯하여 여러 학교에서 교편을 잡는 여자, "전문으로 사회의 일을 위해서 힘을 쓰기로 작정하고 국내국외에서 분투, 진취하는 여자" 등을 포괄하는 단어로 규정하고 있었다(김기전, 1923; 김수진, 2009, p. 148에서 재인용). 그러나 교육받은 '신여성'의 이상적 모습은, 사회활동에 참여하는 여성이기보다는 '신가정'을 만들어 '과학적' 지식에 입각하여 자녀를 교육하고 살림을 하는 여성으로 만들어져 갔다. 3대가 함께 하는 전통적 형태의 가정은 타파해야 할 구습으로 간주되고 자유연애를 통해 배우자를 찾고 부부가 중심이 되는 '신가정'을 꾸리는 주체로서 '신여성'의 역할이 강조되었다. 학교교육을 받은 '신여성'이

37) 물론 이 중에는 1920년에 발간된 [신여자]와 같이 여성의 자각과 해방을 촉구하며 지위향상을 도모함을 표방하는 잡지도 일부 존재했다(이윤희, 2006, pp. 6-14). 발간과 필진이 모두 여자로 구성되어 있었던 [신여자]는 1920년 3월부터 7월까지 5호를 발간하고 종간되었다(김수진, 2009, pp. 130-138).

38) 개벽사에 의해 1922년 6월 발간된 [부인]을 이어 1923년 9월에 [신여성]이라는 이름으로 재창간된 잡지. [신여성]은 1934년 8월까지 발간되었는데, 그 중 1926년 11월부터 1930년 12월까지는 같은 개벽사 발행의 [별건곤]에 통합시켜 별도 잡지가 발행되지는 않았다(한국민족문화대백과사전, 2022).

란 소위 '과학적 지식'에 기초하여 가사와 육아를 전담하는 존재로 규정되었던 것이다(김수진, 2009, pp. 343-364). 이것은, 1920년대 이후 [신여성]을 비롯하여 여러 여성 잡지를 발간하고 논설이나 기사를 쓰면서 논의를 주도했던 지식인층 남성들의 관점이었다(김수진, 2009, pp. 130-138). 뿐만 아니라 [여자시론], [신가정], [부인] 등 여러 여성잡지들도 이를 새로운 시대의 여성 덕목으로 강조했다(전미경, 2004b).

물론 자유연애뿐만 아니라 자유이혼, 남녀평등, 여성으로서의 자기 정체성 등을 강조하며 여성해방을 적극적으로 주장하고 실천한 여성들도 있었다. 그러나 이들의 삶은 사회적으로 용인되지 않았다(김경일, 2005, pp. 250-251).[39)]

민족문제, 계급문제, 여성문제를 동시에 해결해야 한다고 믿었던 사회주의 계열 여성운동가들의 활동도 있었다. 이 시기에 이들은 "이 모든 불합리한 환경을 부인하는 강렬한 계급의식을 가진 무산여성으로서 새로운 환경을 창조코자 하는 열정 있는 새 여성"이야말로 진정한 신여성이라고 주장하며 활동 영역을 확대해 나갔다(김경일, 2005, p. 252). 이들은 민족주의 계열 여성단체들과 함께 근우회[40)]라는 전

---

39) 김명순, 나혜석, 윤심덕 등이 대표적인 인물들이다.

40) 국사편찬위원회 자료에 따르면, 1927년 5월 27일에 창립된 근우회는 이념적 방향을 달리하는 전국 여성운동조직이 모두 모여 만든 전국 여성운동 조직이었다. 이는 일체의 봉건적 인습 타파뿐만 아니라 노동자, 농민 여성이나 부인노동자, 소년노동자의 권익을 포함하는 '여성에 대한 일체의 차별 철폐'를 행동강령으로 내세우며 전국적으로 활동했다. 근우회는 여성운동을 경시하는 남성 운동계나 언론의 태도를 문제 삼기도 했으며 여성운동가를 풍자하던 [별건곤]에 대해 불매, 타도 운동을 벌이기도 했다. 1929년 광주학생운동에 이어 나타났던 1930년 경성여학생 시위사건에 개입하여 주요 간부가 검거되기도 했다. 그러나 강화된 일제의 감시와 탄압, 조직 내 노선 갈등 등으로 1931년 이후 유명무실해졌다. 근우회는 한국 여성운동사에서 매우 큰 의미를 지닌 것으로 평가되고 있다(국사편찬위원회 우리역사넷, 2024).

국적인 여성조직을 창설하기도 했다. 이들은 광주학생운동에 이어진 경성여학생봉기에 관여하기도 했지만 이후 그 종적을 찾기 어려워졌다.

일제강점기 여학교 교육의 초점도 교육받은 여성의 역할을 가정의 범위 내에 두는 것이었다. 제1차 조선교육령(1911년)은, (남자)고등보통학교 교육에서는 '상식'을 강조하고, 여자고등보통학교에서는 '부덕(婦德)'을 기를 것을 명시했다. 제2차 조선교육령(1922년)은, (남자)고등보통학교에서는 "남자 생도의 신체 발육에 유의하여 덕육을 실시"하도록 강조한 반면, 여자고등보통학교에서는 "여자 생도의 신체 발달 및 부덕 함양에 유의하여 덕육을 실시"하도록 규정했다. 1938년 제3차 조선교육령에서는 관련 내용을 각급 학교 규정에 매우 상세하게 기술함으로써 이 시기 여학교 교육의 방향을 구체화했다. 3차 조선교육령 시기 고등여학교 규정 제12조 고등여학교의 교수상 유의점에 나타나 있는 여학교 교육 방향 관련 내용만 추출하여 소개하면 다음과 같다.

> 1. 교육에 관한 칙어의 취지에 바탕하여 국민도덕의 양성, 부덕(婦德)의 함양에 뜻을 두고 우리 조국의 본래적 의의와 국체가 존엄한 까닭을 이해시킨다. (이하 생략)
> 2. 품성의 도야, 정조의 함양에 뜻을 두고 정조를 중시하여 순량정숙과 온정자애를 풍부히 함으로써, 순풍미속(醇風美俗)을 숭상하고 가정에 대한 임무를 중시하며 국가·사회에 봉사하는 소지(素地)를 가르치는데 힘써야 한다. (이하 생략)
> 6. 여성의 심신에 대한 특질을 가르쳐서 결혼생활 및 육아에 관한 사항을 이해하도록 한다. (이하 생략)
> 8. 각 교과목의 교수는 그 목적 및 방법을 잘못하는 것 없이 서로

> 연계하여 보완할 수 있도록 한다. 또한 장래 가정의 주부이자 어머니가 되어야 할 자각을 촉진시키고 여성의 책무를 이해시키며, 특히 가정생활에 반드시 필요한 사항에 관해서는 항상 반복하여 지식·기능을 연마하도록 하고, 동시에 국가·사회의 진운에 순응하는 황국여성을 양성하도록 해야 한다.

이 시기에 학교교육을 받은 여성은 소위 '과학적이고도 전문적인' 육아법과 가정관리법을 '배운 여성'으로서 '배우지 못한 여성'과 차별화되었다(전미경, 2004b, p. 84). 여자고등보통학교 교육과정으로 특화된 교과는 '가사', '재봉' 등이었고 여고보 졸업 이후 진학할 수 있는 상급학교의 전공이 대부분 가사, 교육, 보육 관련한 것들이었던 것은 이러한 맥락과 연결되어 있었다. 가사 교과는 "국민의 생활개조"를 교과 목적으로 표방하면서 실제 당시 일상적 가정이 처한 상황과 관계없이 "앞으로의 가정생활에 필요하다고 생각"되는 것을 넣어 "일상생활의 개선을 재촉하는 하나의 자극제"가 되기를 기대하는 내용으로 만들어졌다(전미경, 2004c, pp. 8-9). 어머니의 무지는 자식을 죽음으로 몰 수 있을 뿐 아니라 사회를 병들게 하는 죄악으로 간주되었고, 아동양육과 교육, 아동질병과 간호, 임신과 출산 등에 대한 새로운 '과학적' 육아법을 배운 현명한 어머니('현모')는 구여성과 차별화되는 '신여성'으로 규정되었다(전미경, 2004b, p. 84).

더불어 학교교육을 받은 여성에게는 가정을 남편의 쉼터로 만들고 남편의 가르침을 잘 따르는 '양처'로서의 자질도 함께 강조되었다(전미경, 2004b, p. 86). 당시 학력을 기반으로 사회활동을 하는 '신여성'들이 스스로를 구여성과 외적으로 차별화하는 기제였던 새로운 헤어

스타일, 복장, 구두 등의 소비는 허영과 사치로 비판받았다(연구공간 수유+너머 근대매체 연구팀, 2005). 이상적인 '신여성'이란 사치하지 않고 근검절약하며 항상 남편을 정신적으로 돕는 존재여야 한다고 계몽되었다.

이 시기 대표적 계몽 지식인으로 활동했던 이광수가 1932년 10월 [만국부인] 제1호에 실은 "신여성의 십계명, 젊으신 자매께 바라는 10계조"는 당시 한국 사회에 주요한 영향력을 행사했던 남성 지식인들이 지향했던 '신여성' 이미지를 구체적으로 확인할 수 있게 해 준다.

> 1. 건강하도록 위생, 운동, 영양, 생활의 규율에 주의하시기.
> 2. 조선역사, 조선어, 조선문학, 조선사정, 조선의 장래에 관하야 배우고 생각하시기.
> 3. 『첫사랑을 남편에게』라는 주의를 확수(確守)[41]하시기.
> 4. 사치를 엄계(嚴戒)하고 일신(一身)에나 가정에나 수지예산(收支豫算)을 세워 절약제일주의를 가지시되 민족경제에 유의하야 『우리 것』 주의를 지키시기.
> 6. 내우 수집음을 던지고 천연(天然)한 인격의 위엄올 지니시기.
> 7. 개인생활, 가정생활, 사교생활, 단체생활 기타에 개선을 염두에 두어 날로 때로 향상의 노력을 쉬이지 마시기.
> 8. 신문, 잡지, 서적을 보시기.
> 9. 처녀여든 배우자 선택에, 안해여든 일하는 남편을 정신적 협조를 주기에 힘쓸 것.
> 10. 젊은 여성은 가정과 그 몸이 잇는 곳에 평화와 빗츨주는 것이 천부(天賦)의 성직(聖職)이니 항상 유쾌와 자애와 겸손의

41) 굳게 지키는 것(국립국어원, 2024)

덕을 가지고 분노 질책, 질투, 분쟁의 형상을 보이지 마시기.

또 다른 계몽 지식인이었던 주요섭은 여성해방을 부르짖고 여성이 사회에 진출하게 되었다 하더라도 절대 다수 여성은 현모양처를 스스로 원하며 그것은 여성의 "본능적 충동"이라고 [신여성]에 기고한 글에서 강조했다(주요섭, 1933).

'현모양처'는 '신여성'이라는 단어와 함께 일제강점기 교육받은 여성상이 되어 갔다. 원하든 원하지 않든 '교육받은 여성'들의 성공적 삶의 귀결은 교육받은 남성과 결혼하는 것이었다.[42] '교육받은 여성'은 학교교육을 통해 얻은 '과학적 지식'을 가정이라는 상황 속에서 구현해 내고 근검절약 속에서 남편을 지원하는 '현모양처' 이미지로 '교육받지 못한 여성'과 차별화되어 나갔다.

4. 초중등교육 보편화기 여성교육(1945~1994)[43]

1945년 8월 15일 제2차 세계대전에서 일본이 정식으로 항복하고 한국은 해방이 되었다. 이때부터 일제강점기에 극히 제한되었던 근대적 학교교육 기회는 급속히 확대되기 시작했다. 교과서, 교사, 학교시설 등, 아무 것도 제대로 갖추어진 것이 없는 상태에서도 초등뿐만

42) 중등학교 졸업 여학생의 상급학교 진학 지원 경향에 대해 1939년 동아일보에서는 "웬만한 학문을 배우다가 마는 것보다도 가정주부로서 자기를 만들어 조흔 시집을 살려는 현실주의"자들이라고 평하고 있다(동아일보, 1939년 4월 6일자).

43) 이 글에서 1945년 이후 역사는 남한 중심으로 기술하였다.

아니라 전반적인 학교교육이 양적으로 팽창해 갔다. 1950년 발발한 한국전쟁으로 잠시 주춤했으나 곧 그러한 기조는 계속 이어졌다. 해방 직후부터 학제 상 남녀 구분도 사라졌으며 초중등교육기회가 확대되는 과정에서 초기에 존재했던 양적 기회에서의 남녀 차이도 빠르게 좁혀져 갔다. 1980년대까지 남녀 교육기회의 뚜렷한 차이는 고등교육 부분에서 극명하게 유지되었다. 그러나 여전히 남녀 역할이 구분되는 학교교육과정을 통해 현모양처형 교육받은 여성 이미지는 학교교육 팽창과 함께 대중적으로 확산되어 갔으며 높아진 학력이 여성의 사회 참여 확대로 연결되지는 않았다.

1) 여성 초중등교육 보편화

1945년 8월 15일 해방이 되자 한국의 여성교육에는 급격한 변화가 전개되었다. 이제껏 성별로 이원화되어 있던 중등교육 학제와 그와 연동되어 제한되어 있던 여성의 고등교육기회 문제는 미군정기(1945년~1948년)와 정부 수립(1948년)을 거치면서 마련된 새로운 법과 제도 하에서 일시에 해소되었다. 미군정기 1946년 발표된 남한의 학제는, 학령전 교육, 초등교육, 중등교육, 고등교육, 특종(特種)교육 등 5단계로 구분되고 초등에서 고등교육까지 총 16년이 필요한 체제로서 '남녀공통'으로 적용되는 것이라는 원칙을 포함하는 것이었다(문교사십년사편찬위원회, 1988, p. 46; 오천석, 1964, p. 26). 더불어 1948년 제헌헌법 제8조는 "모든 국민은 법률 앞에 평등이며 성별, 신앙 또는 사회적 신분에 의하여 정치적, 경제적, 사회적 생활의 모든 영역에 있어서 차별을 받지 아니한다."고 명시함으로써 헌법적 차원에서 남녀 구분은 이 시기에 일제히 제거되었다고 할 수 있다.

해방 직후부터 미군정은 초등교육 의무화를 염두에 두고 전면적 초등교육 확대에 주력했다. 정부 수립 후에도 이에 역점을 두어 1960년이 되면 대부분의 여아들이 초등학교를 다닐 수 있게 되었다. 1945년 말 남한의 초등학교 등록 인구는 154만6,919 명이었는데 다음해 1946년 말에 그 숫자는 211만 4천명으로 크게 늘었다(국사편찬위원회 한국사데이터베이스, 2022). 해방 직후부터 대부분의 교육예산은 초등교육에 투여되었을 뿐만 아니라 1949년 말 제정된 교육법에는 초등의무교육이 명시되었다.[44] 초등의무교육은 한국전쟁으로 바로 진행되지 못하다가 1954년부터 본격화되어 1965년에는 초등교육 취학률이 88.9%에 달했고 여아들의 취학률도 87.3%에 이르렀다(한국교육개발원, 2021, p. 10).

[사진 4] 1960년대 초등학교 여자학급 모습 (서울사진아카이브)(국사편찬위원회 우리역사넷, 2024)

한국에서 초등교육 의무화는 사실상 학부모의 재정적 부담에 의한 유상의무교육으로 진행되었다. 1960년 전후 시기에도 초등의무교육을 위한 교육비에 전체 문교부 예산의 80%가 투입되었지만(문교부, 1963; 오천석, 1964, p. 65에서

44) 1949년 교육법 제96조: 모든 국민은 그 보호하는 자녀가 만6세가 된 익일이후의 최초학년초부터 만12세가 되는 날이 속하는 학년말까지 취학시킬 의무가 있다. 부칙 제167조. 의무교육은 단기 4283년(1950년: 인용자주) 6월 1일 현재로 취학시기에 달한 학령아동으로부터 시행한다. 전항의 의무독려에 관한 사항은 대통령령으로 정한다.

재인용) 당시 한국의 열악했던 경제 규모[45] 때문에 초등교육 의무화는 무상교육으로 진행될 수 없었다. 사친회비[46] 등 각종 명목의 교육비가 초등학교에서도 징수되었다.

초등교육에 비해 중등 이상의 학교는 정부의 주 관심 대상이 아니었다(국사편찬위원회 한국사데이터베이스, 2022). 미군정 자료에 의하면 1946년 2월에도 중등학교 취학연령 학생의 15%만이 학교에 다닐 수 있었으며 경쟁시험을 치러야만 중등학교 입학이 가능했다(국사편찬위원회 한국사데이터베이스, 2022). 그나마 정부는 대부분의 교육예산을 초등에 투입하여 중등 이상의 교육은 상당 부분 사학에 의존할 수밖에 없었다. 특히 고등교육이 그러했지만 중등 역시 마찬가지였다.

그럼에도 불구하고 1960년대에 초등교육 취학률이 완전취학 수준에 가까워지자 중등교육에 대한 요구가 급격히 늘어나기 시작했다. 이에 1969년 중학교 무시험진학제가 실시되고 1974년부터 서울, 부산에서 시작한 고교평준화 정책이 점차 확대되면서 전체 중등교육 인구가 확대되어 갔다. 이 과정에서 여학생들의 중등학교 취학률도 함께 올라갔다. 1937년 여학생의 중등학교 취학률이 0.8%에 불과했었는데 1965년이 되면 여학생의 중학교 취학률이 23.8%로 확대되고 (남학생 37.0%) 1980년에 그것은 70.9%에 달하게 되며, 1990년에는 여학생을 포함하여 전체 중학교 취학률이 90%를 넘어섰다(한국교육개발원, 2021, p. 33). 1995년이 되면 고등학교 취학률도 80%를 넘어

45) 통계청 자료(2008. 8)에 의하면 1960년 1인당 국민총소득(GNI)은 79달러에 불과했다(p. 8).

46) 사친회는 해방 후 학교 운영에 필요한 재정적 지원을 위해 조직된 학부모 후원회, 1962년 해산되었다가 다시 기성회 또는 육성회로 재조직되었다(한국민족문화대백과사전, 2022).

서고(e-나라지표, 2024) 남녀 성비도 비슷해진다. 이는 이 시기에 한국 초중등교육이 남녀 학생 모두에게 보편화되었음을 의미한다.

이 시기 남녀 성별 교육기회 차이는 대학진학 단계에서 분명하게 나타났다. 해방 직후부터 20여 년간 학생 수 증가율 측면에서 보면 고등교육 확대 규모는 초중등교육보다도 컸다(김정원, 2021, p. 11) 늘어난 대학생 중에는 압도적으로 남학생이 많았다. 한국전쟁 때와 그리고 이후에도 계속 시행된 대학생에 대한 징집보류조치는 남학생의 고등교육 수요를 폭발적으로 확대시켰다(한홍구, 2002). 1950년대까지 여대생 비율은 전체 10% 내외였고 1960년대에도 20%를 밑돌았다(<표 3> 참조).

늘어나는 고등교육 인구에 정부는 각종 통제정책을 시도하기도 했다(오제연, 2019, pp. 145-176). 1960년대 박정희 군사정부는 1964년 한일협정체결을 반대하여 일어난 6.3 항쟁 이후 대학학생정원령(1965년)을 만드는 등, 여러 방식의 대학통제 정책을 진행했다. 당시 일반화되었던 정원을 초과한 사립대학 학생 선발은 이러한 통제 정책을 합리화하는 정부의 주요 논거로 작용했다.[47] 고등교육 인구 통제의 일환으로 1969년에는 대입 자격을 가진 자를 전체 대입 정원 150% 범위내에서 선발하는 대학입학예비고사가 시작되기도 했다.

1970년대 후반 이후 대학정원은 다시 크게 늘어나기 시작했다. 중등교육 인구 증가와 함께 대학 정원 확대 요구가 갈수록 커졌기 때문이다. 이 가운데 1980년 등장한 신군부는 7.30 조치를 시행하여 대학입학정원을 대폭 늘렸다. 이 조치로 1981년 한해에만 대입정원이

---

47) 1966년 당시 문교부는 국정감사에서 전국대학 2, 3, 4학년 학생 수가 정원의 60%를 초과했다고 밝히기도 했다(경향신문, 1966. 10. 19).

27,320명 늘었는데 이는 1978년도 대입정원의 40%에 해당하는 규모였으며, 1983년 대학입학정원은 1978년 대비 2배가 넘게 늘었다(김정원, 2021, p. 13).

1970년대 후반 이후 1980년대를 거치면서 4년제 대학생 수는 5년 단위로 거의 2배 가까이 늘어나고 여학생 수도 급격히 증가했다(이하 <표 3> 참조). 그러나 1995년까지도 4년제 대학 여학생 비중은 남학생의 1/3 수준을 넘지 않았으며 이마저 경제 상황이 악화되면 다시 위축되곤 했다. 제2차 오일쇼크로 경제성장률이 마이너스로 떨어졌던 1980년(−1.6%)에(e-나라지표, 2022) 4년제 대학의 여학생 비율은 1975년보다도 줄어 1970년 수준으로 되돌아갔다. 이는, 이 시기에 딸을 대학에 보냈던 부모들도 경제상황이 어려워지면 자녀 중 딸에 대한 지원을 먼저 중단했음을 의미한다.

〈표 3〉 **각급학교 남녀 학생 수 변화(1945~1995)**[48] (단위: 명(%))

연도	성	초등학생	중등학생		대학생*
			중학생	고등학생	
1945	남	825,031(60.4)	84,572**		6,733(86.1)
	여	541,011(39.6)			1,086(13.9)
	계	1,366,042(100.0)			7,819(100)
1955	남	1,670,549(58.1)	357,322(75.2)	210,900(82.8)	69,998(89.0)
	여	1,206,856(41.9)	118,020(24.8)	43,811(17.2)	8,651(11.0)
	계	2,877,405(100.0)	475,342(100.0)	254,711(100.0)	78,649(100.0)
1960	남	1,966,039(54.6)	399,504(75.6)	197,044(74.7)	80,700(82.6)

48) 1945년, 1955년, 1960년 통계는 손인수(1992). p. 773. 1970년 이후 통계는 각 년도 교육통계연보.

연도	성	초등학생	중등학생		대학생*
			중학생	고등학생	
	여	1,633,588(45.4)	129,110(24.4)	66,900(25.3)	17,049(17.4)
	계	3,599,627(100.0)	528,614(100.0)	263,944(100.0)	97,819(100,0)
1970	남	2,994,653(52.1)	815,806(61.9)	371,444(63.0)	113,773(77.7)
	여	2,754,648(47.9)	503,002(38.1)	218,938(37.0)	32,641(22.3)
	계	5,749,301(100.0)	1,318,808(100.0)	590,382(100.0)	146,414(100.0)
1975	남	2,889,941(51.6)	1,171,094(57.8)	694,563(61.8)	153,547(73.5)
	여	2,709,133(48.4)	855,729(42.2)	428,454(38.2)	55,439(26.5)
	계	5,599,074(100.0)	2,026,823(100.0)	1,123,017(100.0)	208,986(100.0)
1980	남	2,912,620(51.5)	1,310,646(53.0)	974,398(57.4)	312,345(77.5)
	여	2,745,382(48.5)	1,161,351(47.0)	722,394(42.6)	90,634(22.5)
	계	5,658,002(100.0)	2,471,997(100.0)	1,696,792(100.0)	402,979(100.0)
1985	남	2,499,724(51.5)	1,439,842(51.8)	1,160,571(54.0)	681,796(73.2)
	여	2,357,028(48.5)	1,342,331(48.2)	992,231(46.0)	250,088(26.8)
	계	4,856,752(100.0)	2,782,173(100.0)	2,152,802(100.0)	931,884(100.0)
1990	남	2,506,470(51.5)	1,172,529(51.5)	1,210,627(53.0)	744,037(71.5)
	여	2,362,050(48.5)	1,103,222(48.5)	1,073,179(47.0)	296,129(28.5)
	계	4,868,520(100.0)	2,275,751(100.0)	2,283,806(100.0)	1,040,166(100.0)
1995	남	2,035,924(52.1)	1,278,180(51.5)	1,119,284(51.9)	809,317(68.1)
	여	1,869,239(47.9)	1,203,668(48.5)	1,038,596(48.1)	378,418(31.9)
	계	3,905,163(100.0)	2,481,848(100.0)	2,157,880(100.0)	1,187,735(100.0)

* 4년제 대학생에 한함.
** 대한민국문교부(1964). 문교통계요람. p. 2.

해방 후 이와 같은 급속한 학교교육 팽창으로 한국인의 평균 교육 연수는 1960년 3.86년에서 1990년 9.5년으로 늘어났으며, 여성의 평균 교육 연수도 1960년 2.92년에서 1990년 8.6년으로 늘어났다.[49] 일제강점기에는 여성이 보통학교에 입학하는 것도 대단한 일로 여겼지만 1980년대를 지나면서 고등학교 졸업마저 매우 보편화되었다. 이제 더 이상 중등학교 졸업이 '고학력'을 의미하지 않게 되었으며 4년제 대학 이상의 학력을 지녀야 '고학력 여성'으로 범주화될 수 있었다.

2) '교육받은 주부' 이미지 대중화

전체적으로 학교교육 기회가 빠르게 확대되면서 학력에서 성별 차이 역시 급속히 축소되어 갔지만 이 시기 확대된 교육기회가 갖는 의미는 성별로 달랐다. 여성은 교육받은 결과로 사회적으로 활동하는 주체가 아니라 가정주부로 이미지화되었다는 점에서, 이 시기 여성교육은 일제강점기의 그것과 크게 다르지 않았다. 이러한 여성교육의 의미는, 같은 학제 내에서 남녀학생별로 구분되는 교육과정과 학교생활교육을 통해 여학생들에게 직간접적으로 구현되었다.

해방 직후 미군정기 중학교 교육과정에서 여학생을 위한 교육과정은 총 수업시간이 남학생보다 더 많았지만 역사－지리, 수학, 과학－자연사, 영어, 체육 등의 교과 수업 시간은 남학생보다 적었다. 대신 가정, 재봉, 수예 과목이 여자 중등교육 과목으로 중요한 위치를 점했

49) 1960년 통계는 한국여성개발원(1986). p. 173, 1990년 통계는 송치선 외(2020). p. 169.

다(Headquarters United States Army Forces in Korea, 1945). 1950년대까지는 초등학교 단계에서도 실과 과목에서 여학생에게는 가정, 가사 관련 내용을, 남학생에게는 기술 관련 내용을 구분하여 가르쳤다. 1955년 교육과정 개편 이후에도 여타 과목 이수는 남녀가 동일했지만 실업·가정 교과 내에서 남녀 이수 과목을 구분하는 교육과정은 계속되었다.

해방 후 1950년대 가정이나 가사 교과서 내용을 통해 강조되었던 여성의 역할은 일제강점기 여자 중등교육에서 요구되었던 그것과 크게 다르지 않았다. 교육받은 여성에게는 의, 식, 주와 가정경제를 서구식으로 개량해 나가는 책임자, 그리고 임신과 출산, 아동 양육의 책임자 역할이 강조되었다(김은경, 2007, pp. 140~144). 여성이 직업을 가지고 사회활동을 하는 경우에도 일차적 역할은 주부나 어머니이고 직업 활동에 참여하게 되어도 그것은 가계를 보조하는 역할로 규정되었다(김은경, 2007, pp. 140~144).

특히 당시 중등 단계에서 지배적 유형으로 자리 잡게 된 여자고등학교는 이러한 성별로 구분된 여성의 역할 규범을 강화시켜 나가는 역할을 해 나갔다. 해방 후 미 군정기에 적극 논의되었던 전반적 남녀공학제 실시와 관련하여 당시 여론은 초등, 고등에는 우호적이었으나 중등에서는 반대가 훨씬 우세했었다. 최종적인 결론은 초등과 고등에 남녀공학을 적용하고 중등교육에서는 사범학교에만 그것을 적용한다는 것이었다(김미숙, 2001). 1949년 말 제정된 교육법에도 남녀공학 관련 사항은 포함되지 않았다. 여학교 교장과 같은 지도적 위치에 있던 이들 중에도 남녀칠세부동석을 봉건사상 잔재만으로 일축할 수 없는 역사적 사실로 받아들이는 이들이 있었다(홍웅선, 1991, p. 79).

남녀공학에 찬성하는 이들도 남녀공학이 성공하기 위해서는 철저한 감독과 교육이 전제되어야 함을 함께 강조했다(김미숙, 2001, pp. 107-108). 학령 인구 대비 학교 수를 충분히 확보할 수 없었던 농어촌 지역 중등학교는 어쩔 수 없이 남녀공학으로 설립되었으나 이들도 남녀 분반으로 운영되었다.[50] 도시 지역에서는 여자고등학교가 대부분이었고 이들 여자고등학교들은 '여성성'을 강조하는 교훈과 교육목표로 남녀 역할 분리 교육을 주도해 나갔다. 특히 1950년대 후반부터 확대되어 간 전통 한복을 입고 다도, 큰절 등을 익히는 여학교에서의 생활관 실습은 이러한 지향을 단적으로 보여주는 것이었다.

〈표 4〉 1970년대 경북여고 교육목표[51]

연도	여성교육목표	노력중점목표
1970~1971	예절지도를 강화하여 성실하고 순결한 여성을 기른다.	• 예절바른 태도를 기른다. • 주부의 기본적 태도를 기른다. • 심미적 태도를 기른다.
1977~1979	순결하고 예절바른 생활로 슬기롭고 품위 있는 여성을 기른다.	• 아름다운 마음씨를 기른다. • 순결하고 예절바르게 살아나간다. • 올바른 가정생활을 익힌다. • 내 몸을 내가 먼저 보살핀다. • 나의 솜씨를 부려본다.

1961년 군사 쿠데타 이후 장기 집권했던 박정희 정부는 1972년

50) 한국여성개발원(1986)에 따르면, 1965년 중학교 단계에서 남녀 분리학교 비율은 44.5%였다가 1986년에는 47.1%로 확대된다. 1965년 69.2%였던 고등학교 단계의 남녀 분리학교 비율은 1978년 71.3%로 최고에 달했다가 이후 조금씩 줄어 1986년에는 64.7%였다(p. 182).

51) 김재인 외(2000). p. 269 <표 Ⅳ−45>의 일부 내용을 편집하여 인용.

12월 비상계엄령을 선포한 상태에서 유신헌법을 제정하고 재차 집권하면서 '한국적 민주주의'라는 명칭 하에 유신체제를 이어갔다. 학교에서는 '한국적 도의교육'이라는 명칭을 내세우며 소위 '국민정신교육'이 진행되었다.

이는 '전통'이라는 수식 하에 여학생들에게 주부와 어머니 역할을 더욱 강조하는 토대로 작용하였다. 화랑, 충무교육원 등이 설립되었고, 여학생 전용으로 신사임당 교육원이 설립되기도 하였다(김재인 외, 2000, pp. 255-256). 신사임당은 박정희 정부에 의해 '어머니'의 전형으로 추대된 인물이었다. 이 시기 "애국선열" 중 한 사람으로 추앙된 율곡 이이를 교육시켜 대문호로 성장하게 한 이가 신사임당이었기 때문이다(진혜윤, 2006, p. 100). 이러한 "사임당의 얼과 덕성을 통한 한국의 여성상을 승계, 발전시키는" 것은(사임당 교육원, 1984; 김재인 외, 2000, p. 262에서 재인용) 신사임당 교육원뿐만이 아니라 여러 여학교들의 교육목표이기도 했다.[52)]

이처럼 외형적인 면에서 보면 해방 후 단기간에 이루어진 학교교육 확대 과정은 남녀의 교육기회 차이가 줄어드는 과정이었다고 할 수 있다. 그러나 교육내용 면에서 보면 그것은, 일제강점기에 형성되었던 가사관리자, 현모양처로서의 교육받은 여성 이미지가 초중등교육 확대와 함께 대중적으로 확산되어가는 과정이었다고 할 수 있다.

52) 2010년에 폐지가 논의되기도 했으나 현재에도 이것은 사임당교육원이라는 명칭으로 운영되고 있다. 다만, 교육내용은 이전과 달라졌다.

[사진 5] 여학교 생활관 입소 교육(보물섬, 2024)

그러나 1980년대 이후 여성정책에 대한 국가적 관심이 부각되고 관련 조직과 법률들이 제정되는 등, 변화가 나타나기 시작했다. 1983년에는 국가 수준 여성 관련 정책을 총괄적으로 심의하는 여성정책심의위원회가 조직되었다. 또한 관련 국가 정책 개발과 실천을 함께 담당하는 한국여성개발원이[53] 국무총리실 산하에 설립되었다. 이들에 의해 1985년에는 남녀차별개선지침이 만들어졌으며 교육분야에서는 여학교들의 교훈을 개선하도록 하는 지침이 만들어지기도 했다(김재인 외, 2000, p. 267). 1987년 말에는 남녀고용평등법이 제정되고 이제껏 제한되어 있던 세무, 경찰 등의 영역에서 성별 구분 없이 교육받고 관련 노동시장에 진입할 수 있는 기회가 법적으로 보장되었다. 1988년 세무대학, 1990년 경찰대학과 철도전문대학, 1991년 농협전문대학 등에 여학생 입학이 실제로 가능해졌다(김재인 외, 2000, p. 288). 1988년에는 정무장관(제2)실이 설치되어 여성 관련 업무를 담

53) 현재의 한국여성정책연구원.

당하는 정부 부서가 최초로 만들어지기도 했다(김선욱 외, 1993, p. 24).

1980년대 후반과 1990년대를 거치면서 대학진학 여성들이 선택하는 전공 계열 경향에서도 변화가 나타나기 시작했다. 사회계열과 공학계열에 진학하는 여성들이 이전에 비해 늘어났고, 특히 대학 정원에서 가장 큰 비중을 차지하면서도 항상 여성 진학은 극소수였던 공학계열[54] 전공 여성이 눈에 띄게 늘었다. 이러한 변화 경향은 2000년대를 거치면서 계속 이어졌다.

〈표 5〉 1960~90년대까지 대학 전공계열별 여학생 비율[55] (단위: %)

구분	어문	인문	사회	이학	공학	가정**	농림	수산해양	의학*	약학	예술	체육	사범
1965	43.3	36.4	6.7	14.2	0.9	100	6.8	0.9	21.9	50.5	70.4	31.6	56.1
1975	38.3	21.3	8.9	22.5	1.3	99.3	11.2	2.3	30.9	56.3	77.2	34.9	52.9
1985	45.0	34.1	14.2	29.0	2.7	97.1	13.2	4.0	25.9	70.7	67.8	37.0	56.8
1995	56.5	40.1	25.5	33.4	7.3	87.9	29.2	16.3	34.7	69.1	63.8	32.7	65.4

* 의학계에 간호계 포함

** 가정계=식영+가정관리+가정+의류+의류직물+의생+주생+식생+식품관리('85)

3) 저학력 여성 노동자와 고학력 주부

전체적으로 여성의 학력은 계속 높아졌으나 높은 학력이 여성의 사회참여 확대로 연결되지는 않았다. '일하는 여성' 이미지는 저학력

54) 이 점은 한국고등교육의 매우 독특한 특징이라 할 수 있다. 대학 졸업생 전공 비중 국제 비교 자료(한국교육개발원, 2010, p. 105)에 따르면 대부분의 유럽, 영미 국가들에서 사회과학 전공생들이 가장 많은 비중을 차지하는 것에 비해 한국은 공학 전공자가 가장 많다. 이러한 특징은 해방 이후 지금까지 계속 이어지고 있는 것이다.

55) 김재인 외(2000). p. 285 표에서 일부 내용 추출하여 편집한 것이다.

하위계층 이미지와, 고학력 '배운 여성' 이미지는 중산층의 '일하지 않는(임금노동을 하지 않는) 주부' 이미지와 연결되어 있었다. 이런 연결고리는 시간이 가면서 더욱 견고해져 갔다.

해방 직후 한국사회에서 일하는 여성은 대부분 초등학교 졸업 이하 저숙련 직공이었다. 임금노동 여성 중에는 소학교 졸업자보다 무학이나 소학교 중퇴자가 더 많았다(장하진 외, 2001, p. 5). 이후 시간이 갈수록 한국사회에서 일하는 여성은 계속 늘어났으나 일하는 여성 중 많은 비중을 차지하는 이들은 여전히 저학력 여성들이었다. 1960년대, 70년대를 거쳐 진행된 경제개발 5개년 계획을 통한 경제 성장 정책은 주로 낮은 임금의 여성 노동력을 활용한 섬유, 의복, 전기 · 전자, 고무 등 주로 제조업 중심으로 진행되었으며 이 시기 일하는 여성 비율의 증가는 주로 이들 제조업 저임금 여성 노동 중심으로 이루어진 것이었다(김미숙, 2006, pp. 138-140). 1980년대를 거치면서 철강, 조선 등 중화학공업 중심으로 산업 구조를 전환시켜 나갔지만 여전히 섬유 등의 제조업 생산이 수출주도형 경제체제 하에서 가장 큰 비중을 차지했으며 여기에 저임금 여성 인력들이 집중되었다(김미숙, 2006, p. 139). 남성 월평균 임금 대비 여성 임금은 1972년 45.1%에 불과했고 이후 점차 증가했지만 1993년에도 그것은 54.6%에 머물렀다(김영화 외, 1997, p. 107). 여기에 학력별 임금격차가 겹쳐져 '저학력 여성'의 임금은 매우 낮았다. 고졸 대비 중졸 이하 학력자 임금이 1971년에 60.9%였고 1990년대가 되면 학력별 임금격차가 크게 개선된 것으로 나타나지만 1993년 통계에도 고졸 대비 중졸 이하 임금은 여전히 88.1% 수준에 머물렀다(김영화 외, 1997, p. 109). 제조업을 비롯하여 낮은 상품 가격으로 국제경쟁력을 획득하려 했던 당시 산업에서 노동력 수요는 바로 이 낮은 임금의 저학력 여성 노동에 대한 수요였다.

1970, 80년대를 거치면서 중등교육이 보편화되면서 대부분의 미혼 여성들이 학교를 가게 되자 저학력 미혼여성 노동력이 부족해진 공간을 저학력 기혼여성들이 채워갔다. 판매직, 서비스직, 생산직 등에서 배우자가 있는 기혼여성 취업률이 70년대에 비해 80년대에 더욱 높아진 것은 이러한 맥락이었다고 할 수 있다(김미숙, 2006, p. 144).

해가 지날수록 기존의 초졸 이하 학력을 가리켰던 '저학력' 여성이란 범주는 그 기준이 중졸 이하로 상향 이동하고 일하는 여성들 중 고졸 여성이 차지하는 비중도 점차 늘어났다. 1980년에는 여성취업자의 83.1%가 중졸 이하였었는데 1995년에 이르면 그것은 52.9%로 떨어지고 대신 1980년에 14.5%에 불과했던 고졸 여성 취업자가 42.0%로 그 비중이 크게 확대된다(<표 6> 참조). 일제강점기 말에 중등학교를 졸업한 여성은 사회 최상층 엘리트로 간주되었으나 단 50여년 만에 고졸 여성은 여러 가지 이유로 대학에 진학하지 못하고 임금노동에 종사하는 여성 이미지로 변화하였다.

〈표 6〉 **학력별 여성취업자 변동 추이**[56] (단위: 천명, %)

구분	여성취업자수				학력별 구성비			
	초졸	중졸	고졸	대졸	초졸	중졸	고졸	대졸
1980	3,444	893	756	129	66.0	17.1	14.5	2.5
1985	3,012	1,157	1,379	136	53.0	20.4	24.3	2.4
1990	2,991	1,481	2,297	167	43.1	21.4	33.1	2.4
1995	2,538	1,456	3,176	384	33.6	19.3	42.0	5.1

56) 김태홍(2000). p. 61 <표 III-1>의 일부 내용을 편집한 것이다.

대졸 이상의 고학력 여성들은 학교 졸업 후 취업을 하더라도 결혼 후에는 일을 중단하는 경우가 대부분이었다.[57] 대학교육까지 받을 수 있도록 부모가 딸을 지원하는 목적은 딸이 직업을 갖도록 하는데 있는 것이 아니었다. 경제적으로 여유 있는 가정에서 자라 높은 학교 성적으로 대학까지 졸업하게 된 여성이라 할지라도 졸업 후 취업보다는 결혼을 통한 여유 있는 삶을 부모들은 기대했다(이혜정, 2012, pp. 236-239).

대졸 여성의 대학 졸업 직후 취업 상황은 시간이 지나도 나아지지 않았다. 1975년 55.4%이던 4년제 대학 졸업 여성 취업률(한국여성개발원, 1986, p. 195)은 1990년에도 53.1%에 머물렀다(송치선 외, 2020, p. 218). 1950년대에 비해 다소 높아지기는 했으나 1980년대에도 대졸자들이 주로 취업하는 전문기술직이나 사무직 여성의 평균 연령은 20대에 머물렀다.[58]

1985년에는 교통사고 배상금 관련 재판에서 "여성의 정년은 25세"라는 취지의 판결이 나기도 했다.[59] 이에 여성단체들이 '25세 여성 조기정년제 철폐를 위한 여성연합회'를 조직하여 대응했고 다음해 1986년 고법에서 여성도 당시 근로기준법이 보장했던 정년 55세까지 일할 권리를 보장하라는 판결을 이끌어 냈다. 이러한 사건은 당시 여성은 '결혼적령기'로 인식되는 나이가 되면 직장을 그만두고 가사에

57) 해방 직후 여교사 양성에 반대하면서 한국의 여교사들의 평균 재직 기간이 1년 6개월밖에 되지 않는다는 한 한국인 시학관(視學官, 현재의 장학관)의 언급에서 일제강점기, 그리고 이후 고학력 여성의 사회 지출이 매우 단기적이었음을 알 수 있다(송덕수, 1996, p. 118; 김미숙, 2001, p. 101에서 재인용).

58) 전문직 여성의 연령 중앙값은 1955년 23세, 1970년 26세, 1980년 27세(김미숙, 2006, p. 137).

59) 관련 내용은 김지원(2021) 참조

종사해야 한다는 사회적 통념에 의해 발생했던 것이다.

전문기술직 종사 여성 중 결혼하여 배우자가 있음에도 가구주로 경제활동을 하고 있는 비율은 1970년 25.8%에서 1980년 15.8%로 시간이 갈수록 줄어들었다(한국여성개발원, 1986, pp. 296-297). 그에 비해 초등학교 졸업 이하의 저학력 여성들이 주로 종사하는 생산직, 판매직 등의 경우에는 평균 연령이 매우 높았으며 결혼해서도 일하는 비율이 점차 크게 늘었다.[60] 이는, 이 시기 고학력 여성들은 결혼 후 전업주부가 되고 이후 노동시장에 잘 진입하지 않았던 반면, 저학력 여성들은 결혼 후에도 생계를 책임지는 경향이 계속되었음을 의미한다.

1987년 6월 민주항쟁 이후 한국사회 각 분야에서 민주화 운동이 진행되었다. 1987년 12월에는 남녀고용평등법도 처음으로 제정되었다. 당시 제정된 남녀고용평등법은 모집, 채용, 교육, 승진, 배치, 정년, 퇴직, 해고 시의 성차별 금지, 육아휴직제, 직장탁아소시설 설치 등을 포함하고 있었다(김미숙, 2006, p. 145).

그러나 이 시기에는 이런 법들이 현장에서 실질적인 영향력을 발휘하지 못했다. 오히려 1993년에는 "유연한 노동시장 구축"을 표방하며 "여성, 고령자, 장애인 등 유휴인력을 산업인력화"하겠다는 '신인력 정책'이 발표되면서 여성의 시간제 고용이 확대되는 등(노동부, 1993),

60) 판매직 여성 연령 중앙값은 1955년 37세, 1970년 38세, 1980년 37세, 농림수산업 1955년 37세, 1970년 37세, 1980년 43세(김미숙, 2006, p. 137)로 시간이 갈수록 높아졌다. 또한 이 영역에 종사하는 여성들 중 결혼하여 배우자가 있는 경우에도 가구주로서 일하는 비율은 1970년 판매직 24.8%, 생산직 21.3%, 1980년 판매직 53.5%, 생산직 32.4%로 크게 늘었다(한국여성개발원, 1986, pp. 296-297).

여성의 사회활동 기반은 더욱 불안정해졌다. 이 시기 일하는 기혼 여성들은 어머니와 주부 역할에 대한 가정 안팎의 요구에 대응하면서 동시에 경제활동도 함께 해야 하는 슈퍼우먼이 되어야만 했다.

5. 고등교육 보편화기 여성교육(1995~)

1990년대 중반 이후 한국사회는 다양한 측면에서 변화를 경험한다. 1987년 6월 민주항쟁 이후 재개된 대통령 직선제에 의해 1998년 헌정 사상 처음으로 선거에 의한 정권 교체가 이루어졌다. 그러나 한국은 이미 1997년 11월 말 부실한 경제 운용으로 외환위기를 겪게 되면서 국제통화기금(IMF)에 구제금융을 요청하는 상황에 처했다. 이 과정에서 정치적 민주주의를 향한 '자유'에 대한 요구와 경제적 자유시장주의에서 추구하는 '자유'에 대한 요구가 혼재하는 가운데 한국사회 각 부분에는 엄청난 지형 변화가 이루어졌다. 이 시기에 전반적으로 한국 노동시장은 양극화되어 갔고 여성 노동은 더욱 그러했다. 자유로와진 대학설립으로 대졸자들은 늘어났지만 좋은 일자리는 늘지 않는 가운데 점차 남성 대학진학자들이 줄어들고 그 자리를 여성들이 채웠다. 같은 시기에 본격적으로 확대된 성평등 정책과 여성의 고학력화는 한국 사회의 이러한 지형 변화와 연결되어 이후 청년세대 중심의 심각한 젠더갈등으로 이어지게 된다.

1) 성평등 정책 확산과 고등교육기회 보편화

1960년대 이후 계속되었던 오랜 독재 정치가 끝나고 1990년대를 거치면서 한국사회는 급격히 민주화되어 갔다. 그러나 성평등 차원의 한국사회 변화는 정치적 민주화와 같은 속도로 진행되지는 않았다(유숙란, 2006, pp. 123-142). 법적으로는 이미 1947년 제헌 헌법에서부터 사회 모든 분야에서 성평등 원칙 구현이 천명되어 왔었으나 일상의 모든 면에서 성차별은 여전히 강고하게 작동하고 있었다. 호주제 기반 가족법이 헌법 제정 후에도 오랫동안 한국사회에서 위력을 발휘했다는 점이 단적인 예라 할 수 있다. 일제강점기에 만들어진 가족법이 1958년에 다시 제정 공포되었지만[61] 여전히 여기에는 일제강점기의 성차별적 내용을 상당수 그대로 담고 있었다. 개정된 법에서는 '결혼한 여자가 법률행위를 할 때 남편의 허가를 받아야 한다.'는 규정을 폐지하고 '부부별산제 적용으로 아내의 재산도 남편이 마음대로 관리하고 사용할 수 있었던 기존 관리공동제를 폐지'하는 등의 개선이 이루어졌을 뿐이다. 이후 가족법은 1977년 개정으로 자녀 친권 부모 공동 행사, 딸(미혼)·아들의 동일 비율 상속 등을 보장했다. 친족범위 부계·모계 평등 적용, 이혼모의 자녀 친권 보장, 아들·딸, 기혼·미혼 여부 불문 동일 비율 상속 등이 가능해진 것은 1990년 개정을 통해서였다. 2005년에 와서야 비로소 장자 중심 가족제도의 근간이 되어 온 호주제가 폐지되었다. 이때를 기점으로 한국사회의 호주 중심 가족관계는 가족 구성원 개인 중심 가족관계로 재편되었다.

이 과정에서 1995년에는 한국 여성교육사에서 여러 가지 의미를

61) 이하 내용은 국사편찬위원회(2024), 사료로 본 한국사-가족법 개정 참조.

지니는 중요한 일들이 진행되었다. 이제껏 중등교육 내용을 성별로 구분 짓게 한 실업·가정 교과 과목 이수에서 남녀를 구분하는 교육과정 편재를 수정하여 가정, 기술·산업 2개 교과목을 남녀 모두 필수로 이수하도록 하기 시작한 것이다(김재인 외, 299-300). 1992년 제정 제6차 교육과정에서 결정된 이것이 1995년부터 학교현장에 적용되기 시작했다. 물론 이 과목들과 관련한 남녀 역할 구분 논쟁은 이전부터 계속되어 왔고 관련 교육과정 개정들이 시도되어 왔었으나 이때에야 비로소 이들 과목 모두를 남녀 학생 모두의 필수 과목으로 설정했던 것이다(김재인 외, 293-301). 1997년 말에 공포되어 2002년부터 적용된 제7차 교육과정에서는 중등 단계에서 '기술·가정'이라는 단일 교과가 만들어져 남녀 모두의 필수 이수과목이 되었다.

1995년은 여성발전기본법이 만들어진 해이기도 하다. 이 법은 당시 정부 내 세계화추진위원회가 제시한 '여성의 사회참여 확대를 위한 10대 과제' 중 하나였다. 여성발전기본법은, '잠정적 여성우대조치', '여성의 사회참여확대', '여성의 모성보호' 등 매우 광범위한 내용을 담은 것이었다(김엘림, 1996, pp. 7-13). 이후 각종 성평등 정책들이 본격적으로 시행되었다. 이제껏 여성에게 입학 기회가 주어지지 않던 각 사관학교에서 여자생도를 선발하기 시작했다. 1997년 공군사관학교, 1998년 육군사관학교, 1999년에는 해군사관학교에서 여학생을 받아들였다(김재인 외, 2001, pp. 288-289). 1998년에는 제1차 여성정책기본계획이 시행되었으며 이 계획 시행 첫해에 대통령 직속 여성특별위원회가 신설되고 교육부 외 6개 부처에 여성정책담당관실이 설치되었다(양애경 외, 2012, p. 144). 1999년에는 '남녀차별금지 및 규제에 관한 법률'이 제정되고 시행되었으며 2000년 6월에는 교육부 여성교육정책담당관실에서 여자 중고등학교 교훈이나 교육목표에서 여성성을 강조하는 성 정형화된 교훈에 대한 시정 조치를 권고하기도 했다(김재인 외, 2001, p. 267).

1997년부터는 성평등 정책의 일환으로 남녀공학중등학교 정책이 본격적으로 추진되기 시작했다. 1997년에 서울시는 이후 신설되는 서울시 공립중고등학교는 반드시 남녀공학만 설립을 허가하도록 했으며 남녀공학 학교는 남녀 혼성반을 편성하도록 했다(KBS NEWS, 1996. 12. 12). 1998년에는 '남녀평등교육을 위한 여건 조성'을 표방하면서 '중 · 고교 남녀공학 확대' 정책이 정부의 제1차 여성정책기본계획에 포함되었으며, 1999년 교육부는 이를 '교육발전 5개년 계획'에 포함시켜 본격적으로 추진하기 시작했다(정해숙 외, 2009, pp. 4-5).[62)]

이 시기 대학에서는 여성학 관련 강좌도 대폭 늘어났다. 1970년대 이화여대 교양강좌로 개설되어 주로 여자대학들에서 개설되던 여성학 강좌는 1987년 민주화 운동 이후 남녀공학 대학에서도 개설되기 시작하면서 여성학 과목을 개설하는 대학들이 대폭 늘어났다.[63)] 대학원 학위 과정 개설도 늘어나 2006년까지 여자대학 5개, 남녀공학대학 11개 등 총 16개 대학에서 여성학 관련 학위 과정을 개설했다(이나영, 2011, pp. 54-55).

2001년 김대중 정부는 여성정책 추진을 강화하기 위해 여성부를 신

62) 1960년대와 70년대를 거치면서 늘었던 남녀공학 중등학교는 중고등학교 교육이 보편화되면서 늘어난 학교 수요에 대응하기 위한 방편으로 설립되었으며 남녀공학 학교에서도 남녀 별반으로 운영되는 경우가 많았다(정해숙 외, 2009, pp. 4-5).

63) 조형(1990)에 따르면 1990년 대학 내 여성학 개설 과목은 69개에 달했다(이나영, 2011, p. 45에서 재인용).

설하였고 2005년 노무현 정부에서는 그 기능을 더욱 확대하여 여성가족부로 개편하였다. 이후 2008년 이명박 정부 초기 여성가족부는 다시 여성부로 그 기능이 축소되었다가 2010년 다시 여성가족부로 확대 전환되었다. 2014년 박근혜 정부에서는 '여성정책' 대신 '양성평등'을 지향하는 방향에서 1995년에 재정했던 '여성발전기본법'을 '양성평등기본법'으로 전부 개정하였다. 페미니스트 대통령을 선거구호로 내세웠던 문재인 정부에서는 2017년 공공부문 여성대표성 제고 5개년 계획('18년~'22년)을 세워 매년 공공부문 남녀 성비 균형 실적을 관리하였다. 2018년에는 여성폭력방지기본법을 제정하기도 했다. 2019년에는 교육부 등 8개 부처에[64] 양성평등정책담당관이 신설되기도 했다.

1995년은 이후 한국의 고등교육이 양적으로 크게 확대되는 토대가 마련된 때이기도 하다. 1993년의 '신인력정책'과 유사한 기조의 '신교육체제' 구축을 표방했던 5.31 교육개혁안에 관련 내용이 포함되었기 때문이다. '수요자 중심', '자율', '경쟁을 통한 교육의 질 확보' 등을 내세운 이 교육개혁안에는 시장 논리에 터한 여러 정책안들이 포함되어 있었다.[65] 고등교육기관 설립과 관련해서도 '대학설립준칙주의'라는 명칭 하에 일정 요건을 충족하면 대학과 대학원 설립을 가능하게 하였으며 대학 정원도 단계적으로 자율화할 수 있게 하였다(대통령자문 교육개혁위원회, 1996, pp. 436-437).

해방 후 이때까지 고등교육은 계속 확대되어 왔지만 이후 그 속도

64) 교육부, 법무부, 문체부, 보건복지부, 고용노동부, 문체부, 국방부, 경찰청·대검찰청

65) 이 5.31교육개혁안에는 가치 다원화를 강조하는 정책도 포함되어 있었으나 외환위기 시기를 거치면서 자율, 경쟁을 강조하는 정책이 우위를 차지하게 되었다. 이와 관련해서는 Kim(2004). pp. 125-146 참조.

는 더욱 빨라졌다. 1999년 이후 대학정원 조정범위와 규모가 완전히 대학 자율에 맡겨지게 되면서 1990년에 107개였던 4년제 대학이 2000년에는 161개, 2010년 179개, 2020년에는 191개로 늘어났다(한국교육개발원, 2021, p. 142). 1995년에 이미 36%였던 고등교육 취학률은 10년 만인 2005년에는 66.1%가 되었으며, 이 해에 다시 대학설립규정을 강화하는 조치가 취해졌으나, 상승 기조는 계속되어 2008년에는 70.6%에 달했다(e-나라지표, 2024). 그야말로 대학교육 보편화가[66] 진행된 것이다.

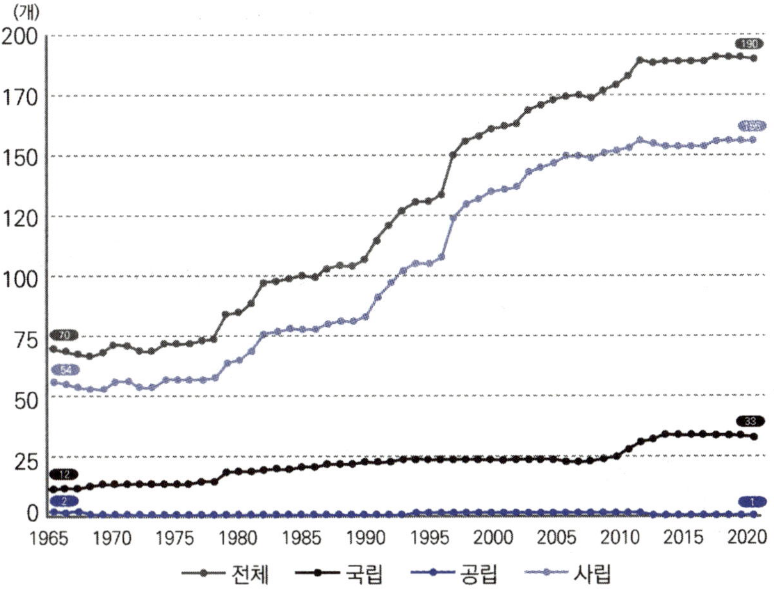

[그림 1] 연도별 설립별 대학수 변화(1965~2021)(한국교육개발원, 2021, p. 142)

66) M. Trow(1973)는 고등교육기관 진학률에 따라 엘리트 교육(15% 미만), 대중교육(15~50%), 보편교육(50% 이상)으로 고등교육 이행 단계를 구분하였다.

남녀학생 모두 이전에 비해 대학진학 비율이 크게 늘어났으나 새로 늘어난 고등교육기회를 보다 적극적으로 점유한 것은 여성이었다. 특히 2008년 세계적인 금융위기의 영향으로 한국 경제가 또 다시 침체되면서 2009년부터 고교졸업자의 대학진학률이 크게 낮아지기 시작했다. 2008년 83.8%로 최고점을 찍은 후 2009년부터 2017년까지 그것은 계속 떨어졌는데(교육과학기술부 & 한국교육개발원, 2010. 10. 27. p. 30) 특히 남학생의 대학진학률이 훨씬 빨리 떨어졌다. 이에 고교졸업 여학생의 대학진학률이 남학생의 그것보다 높아졌으며 이러한 상황은 현재에도 계속 유지되고 있다. 2021년 기준 고졸 여성의 대학진학률은 77.4%로 고졸 남성 70.3%보다 7.1%나 더 높다([그림 2] 참조).

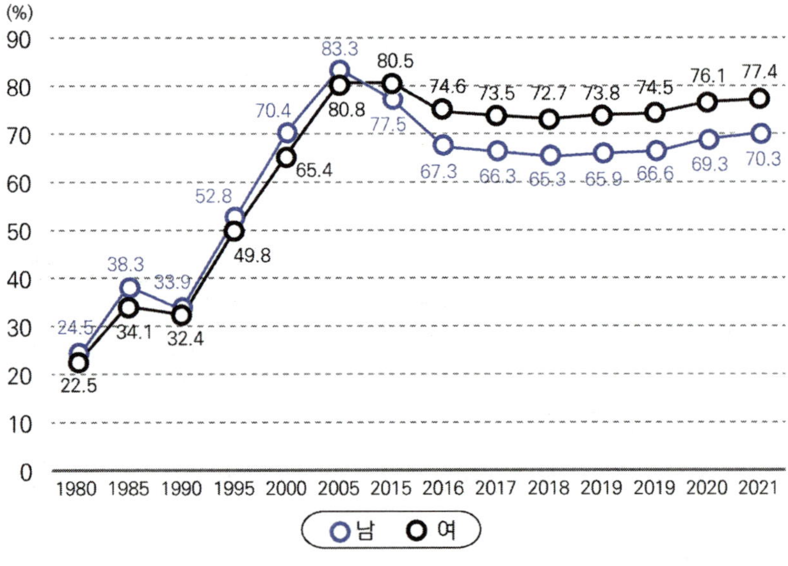

[그림 2] 남녀 대학진학률 변화(1980~2021)(교육부 · 한국교육개발원, 2021, p. 77)

학령 인구 감소로 4년제 대학 학생 수는 2015년부터 줄어들기 시작하여 현재까지 계속 감소 추세에 있는데 여학생 수 감소 추세는 상대적으로 적어 전체 대학생에서 여학생이 차지하는 비율은 갈수록 높아지고 있다. 1995년 31.9%이던 전체 4년제 대학생 중 여학생 비율은 2021년에는 42.7%로 증가하였다.[67)]

대학원에 진학하는 여성들도 급격히 늘어나 아직까지 박사과정에는 남학생 비율이 더 높지만 석사과정의 경우에는 여학생 비율이 남학생보다 더 높아졌다. 2000년 석사과정에 36.6%, 박사과정에 24.7%를 차지하던 여학생 비율이 2020년에는 각각 54.1%, 42.3%로 늘어났다(교육부 & 한국교육개발원, 2020, p. 18).

2) 여성 사회진출 양극화와 계속되는 노동시장 내 성차별

여성의 대학진학률이 남성보다 높아졌지만 대학 진학에서 성별 영향력이 없어진 것이 아니다. 그것은 계층 영향력과 중첩되어 이전보다 더욱 복잡한 양상으로 나타나고 있다.

해방 후 1980년대까지 한국사회에서 중산층은 계속 확대되었다. 이 시기 확대된 한국의 중산층은 오랫동안 유지되어 온 특정 생활양식이나 문화와 연결되어 있는 폐쇄적인 집단이 아니었다. 이는 경제적 여유로움을 누리는 집단이라는 비교적 동질적이고도 단선적 의미를 지니는 집단이었고, 경제 수준의 획기적 발전을 이루었던 1960년

67) 한국교육개발원(2021). p. 148 표의 자료를 토대로 계산한 것이다. 높은 진학률에도 불구하고 대학생 수에서 여성 비율이 남성보다 적은 것은 학령 인구 성비 때문인 것으로 추정된다. 2021년 기준 전문대학 여학생 비율도 43.7%이다(한국교육개발원, 2021, p. 110).

대 이후 80년대에 걸쳐 한국사회에서 중산층 진입 기회는 열려 있었다(구해근, 2012, 403- 421).

이 시기에는 학력 획득에 있어 가정배경의 영향력은 그리 크지 않아(김병성 외, 1982) 무학의 가난한 부모 밑에서도 자녀는 고학력을 획득하는 사례가 남성의 경우에 흔히 나타났다. 그러나 여성의 경우에는 달랐다. 초중등교육이 단기간에 급속히 팽창하여 4년제 대학 진학이 고학력의 기준이 되고 4년제 대학 진학에서 성별 격차가 컸던 1980년대까지 여성의 4년제 대학 진학에 미치는 가정배경 영향력은 남성에 비해 훨씬 컸다(김영화, 1993; 장상수, 2000; 장상수, 2004 등). 이는, 일제강점기 여자 중등학교에 진학한 여성들이 주로 유산층 배경이었던 것과 같은 맥락이었다고 할 수 있다.

이후 대학교육이 보편화되는 가운데에도 여전히 여성의 학력 획득에는 남성보다 계층 영향이 훨씬 강하게 영향을 미치는 현상은 계속되었다. 2000년대를 지나면서 확대된 대학 내부에, 그리고 대학진학에 연결된 고등학교 내부에 서열화가 진행되었다. 대학 내부에는 상위 명문대학과 수도권 4년제 대학에서부터 지방 2-3년제 대학에 이르는 서열구조가 형성되었다. 고등학교 단계에서는 1986년 과학고로 시작되었던 특수목적고등학교에 외국어고(1991년), 국제고(1998년) 등이 추가되고(정병오, 2017) 점차 그 수가 늘어나면서 이들이 별도 고교유형으로 자리 잡았다. 2002년 시작된 자립형사립학교의 설립기준을 완화하여 2009년부터 확대되기 시작한 자율형사립고(홍창남, 2012, p. 34-35) 역시 일반고와는 차별화되는 학교로 부상하여 특수목적고등학교와 함께 우수학생들을 선점했다. 이러한 서열구도 하에서 소득상위계층에서는 특목고나 자사고에 진학하는 비율이 남학생보다 여학생에게서 더 높게 나타나고, 소득하위계층에서는 남학생보다 여학생이 일반계가 아닌 전문계 고등학교에 진학하는 경향이 더 높게 나타난다고 최근 한 연구(신광영 & 김창환, 2021, p. 54)는 밝히고 있다. 대학 진학에서도 마찬가지이다. 소득하위계층에서는 대학 미진학 비율이 남학생보다 여학생에게서 훨씬 높게 나타나고 소득상위계층에서는 수도권 4년제 대학에 진학하는 비율이 여학생에게서 더 높게 나타난다(신광영 & 김창환, 2021, pp. 55-57). 더불어 대학원 진학에서도 상위층은 남녀를 가리지 않는 반면, 하위층에서는 여성이라는 점이 상대적으로 대학원 진학을 더욱 어렵게 한다(김창환, 2022). 결국 고등교육기회 확대와 각종 성평등 정책 추진으로 대학진학률에 있어 남녀 격차가 역전된 상황에 이르렀음에도 학력 획득에 있어 여성이라는 점은 하위계층에서 여전히 부정적 영향을 미치고 있다고 할 수 있다.[68)]

이 시기 여성의 높아진 학력과 성평등 의식은 여성의 노동중심적 사고를 확산시켰고 학교를 졸업하면 노동시장으로 진입한다는 사고가 확대되기 시작했다. '여성은 가정과 관계없이 일을 할 수 있다'는 인식이 빠르게 확대된 것이다.[69)]

68) 그럼에도 불구하고 한국의 언론은 '계층'이 아니라 '성'에 초점을 맞추어 이슈를 만들고 있다. 상위권 대학진학 등에서 보이는 '여성' 비율 확대는 주로 중산층 배경 여성들에 의한 것이지만 그 점은 가려지고 '여성'이라는 사실만이 부각된다. 하위층 여성에게 여전히 작동하고 있는 성에 따른 교육기회 제한은 사회적으로 부각되는 이슈가 아니다. 예를 들어, 헤럴드 경제(2019. 02. 01). "수시 비중 높아지면서 'SKY' 여학생 합격 비중 상승," 국민일보(2010. 02. 22). "'SKY'大 합격자 5명 중 2명은 女학생" 등.

69) 매년 발표되고 있는 성인지 통계에 따르면 이 질문에 긍정적으로 반응한 남녀 포함 전체 응답자 비율은 1998년 26.8%(김이선 외, 2019, p. 3), 2002년 35.4%, 2019년 61.4%(송치선 외, 2020, p. 303)로 최근 20여 년 동안 관련

그런데 여성들의 학력 획득 양상이 계층별로 양극화되었듯이 여성들의 노동시장 진출도 양극화되었다. 2000년대를 거치면서 여성들의 전문직 진출이 점차 확대된 반면, 동시에 더 많은 여성들이 확대된 비정규직 저임금 노동으로 진출했다. '노동의 유연성과 효율성'을 내세운 소위 '신인력관리' 체제에 의해 확대된 비정규직 일자리는 주로 여성들에 의해 채워졌다. 1980년대에는 여성 비정규직 대부분이 중졸이하 여성이었으나 이후 점차 고졸 비중이 증가해 갔으며(김태홍, 2000, pp.175-176) 기혼여성 비정규직 비중도 확대되어 갔다.[70] 대졸이상 고학력 여성들도 같은 학력의 남성에 비해 비정규직에서 일하는 비중이 월등히 많았다(여: 2003년 29.6%, 2020년 31.6%, 남: 2003년 16.3%, 2020년 17.9%).[71] 고졸 여성의 경우에는 더욱 그러하여 현재 고졸 여성 절반 이상이 비정규직에서 일한다고 할 수 있다(여: 2003년 40.2%, 2020년 50.3%, 남: 2003년 28.8%, 2020년 38.4%). 저학력 여성일수록 비정규직에서 일하는 비율은 더욱 급속히 늘어나 2003년 초졸이하 여성 56.8%, 중졸 여성 45.0%가 비정규직이었는데 2020년에 그것은 각각 81.4%, 66.6%로 늘어나 현재 대부분의 저학력 여성들이 비정규직에서 일한다고 할 수 있다.

이와 대조적으로 대졸이상 고학력 여성이 확대되면서 이들의 대기업 정규직 등의 상층 노동시장 진출 역시 늘어났다. 이들은 이제 나이가 들면 노동시장에서 사라지기보다 계속 생존하는 비율이 이전에

인식이 크게 확대되었다.

70) 그에 비해 비정규직에 종사하는 대졸여성 비율은 결혼·출산과 함께 급감하는 경향을 보였다(김태홍, 2000, p. 75).

71) 이 데이터를 비롯하여 이하에 제시되는 2003년 데이터는 주재선(2009). p. 304, 2020년 데이터는 송치선 외, 2020, p. 278.

비해 훨씬 높아졌다(이철승, 2019, pp. 244-245). 과거에는 20대 후반 군대를 제대한 대졸 남성들이 노동시장에 진입하는 시점이 되면 여성들의 비율이 눈에 띄게 줄어들었었다. 그러나 이제 상층 노동시장에서 20대 후반 여성이 점유하는 비율이 2015년 기준 47.5%로 남녀 비율이 거의 비슷한 수준으로 변화했다(이철승, 2019, p. 245).

여성의 전문직 진출도 폭발적으로 늘어났다. 특히 공적 영역에서는 여성 입직 조건 개선을 위한 각종 조처들이 공무직 여성 비율 확대를 가속화했다. 1987년 남녀차별금지법 제정에 따른 조처로 1989년 여성공무원 채용 시 그 수를 전체 10%에서 20%로 제한했던 공무원 성별제한모집 조항이 철폐되었으며, 1995년부터 시작된 여성공무원 채용목표제가, 2002년부터 양성평등채용목표제로 명칭이 변경되어 시행되어 왔다(대한민국정부 인사혁신처, 2020, p. 12). 양성평등채용목표제는 어느 한쪽 성이 선발예정인원의 30% 이상이 될 수 있도록 일정 합격선 내에서 선발예정인원을 초과하여 여성 혹은 남성을 합격시키는 제도이다(대한민국정부 인사혁신처, 2020, p. 31). 2000년에는 제대군인에 대한 가산점 제도가 폐지되었다(오시영 & 문미경, 2009, p.18). 이후 여성공무원 비중은 1998년 21.5%에서 2021년에는 48.1%로 2배 이상 증가했다(e-나라지표, 2022). 그러나 최근 공직에서 여성이 늘어나는 것은 양성평등채용목표제 효과이기보다 여성에 대한 차별 조치가 폐지되면서 각종 시험 선발에서 여성이 상대적으로 높은 성과를 보인 결과라 할 수 있다. 실제 최근 10년간 양성평등채용목표제 적용으로 추가합격한 경우는 중앙부처와 지자체를 합하여 여성보다 남성이 더 많았다. 더욱이 2010년의 경우 중앙부처 공무원 채용에서는 여성이 이 제도로 추가 합격한 경우가 더 많았으나 최근에는 이 역시 남성이 더 많다([그림 3] 참조).

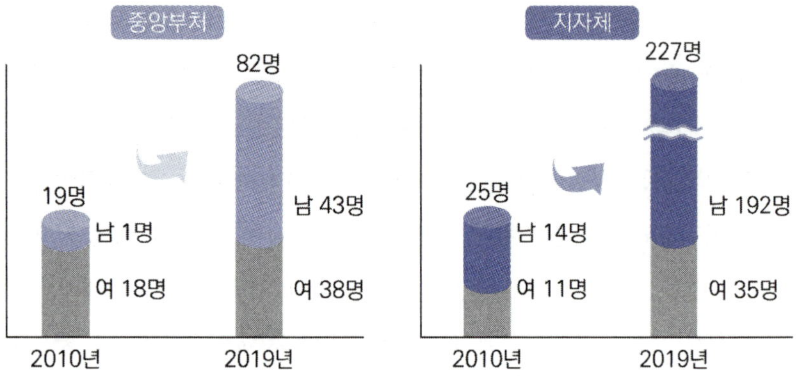

[그림 3] 양성평등 채용목표제 적용에 따른 추가합격자 현황(2010~2019)
(대한민국 정부 인사혁신처, 2020, p. 31)

이전부터 여성이 다른 직업에 비해 상대적으로 높은 비율을 차지했던 교육계와 의약계의 여성 비율은 더욱 증가했다. 1980년 초등학교 36.8%, 중학교 32.8%, 고등학교 17.1%를 차지하던 여교원 비율이 2000년에는 각각 66.0%, 56.8%, 29.3%가 되고 2020년이 되면 그것은 각각 77.1%, 70.5%, 54.8%로 증가한다(송치선 외, 2020, p. 196). 이제는 고등학교를 포함하여 모든 학교급에서 여교원이 훨씬 많은 비중을 차지하게 되었다. 의사로 일하는 여성도 늘어나 1970년대 초 전체 중 13% 수준이던 여성 의사가 2004년에는 18.7%로 늘어나고(의협신문, 2006. 1. 14) 2022년에는 37.1%로 높아졌다.[72] 2010년대에 여성 의사 비중이 20%를 넘기자 여러 의학 관련 신문에는 "여의사

72) 공공데이터 포털(DATA.go. kr). 보건복지부-면허 의사 수-성별 엑셀 자료를 토대로 계산.

시대”를 강조하는 기사들이 이어졌다.[73] 행정, 외교, 법률 등 각종 고위 전문직 영역 시험에서 여성들의 합격률도 시간이 갈수록 높아져 2023년 행정고시 합격자 중 36.4%, 외교관 후보자 시험 합격자 중 66.7%, 변호사 시험 합격자 중 46.6%가 여성이었다(한국여성정책연구원 성인지통계, 2024).

그러나 한국에서 성별 임금격차는 여전히 크고 특히 대졸 이상 학력에서 그것은 이전보다 더욱 악화되었다. 2000년 한국의 성별 임금격차는 OECD 평균에 비해 2.3배가 높았는데(한국 41.4, OECD 평균 17.7) 한국이나 OECD 국가들이나 모두 이전보다 줄었다고 하지만 2019년 한국의 그것은 OECD 평균에 비해 2.6배가 더 높아(한국 32.5, OECD 평균 12.5)(Yang, 2021, p. 262) 국제 비교 상 한국의 상황은 오히려 더 악화되었다고 할 수 있다. 또한 전체적으로 보면 성별 임금격차가 시간이 갈수록 줄고 있지만 대졸이상의 경우는 1995년보다 더욱 격차가 커졌다. 1995년 71.7%이던 대졸이상 남성 대비 여성 임금은 2015년 64.7%까지 내려갔다가 최근 조금씩 회복되었지만 2019년 기준 68.3%로 1995년 수준에도 못 미친다(송치선 외, 2020, p. 271). 전체적으로 성별 임금격차가 계속 줄고 있는 것은 저임금 직종에서 남성들이 증가한 탓이며 전문직 남녀 임금 분포는 더욱 이질적으로 되어가고 있다는 한 연구 결과(김영미, 2009)는 이러한 실태를 이해할 수 있게 준다. 더불어 최근 한 연구는 성별 임금격차가 여성의 경력 단절로만 설명되는 것이 아니며 대학의 세부전공이나

73) 예: 의사신문(2007. 2. 26). “여의(女醫) 시대”; 이창진(2012). “여의사 무섭게 증가” 2002년 18% → 2011년 23% 급증; 박효순(2014). “바야흐로 ‘여의사 시대’”

졸업대학 등의 요소로도 설명되지 않는 성에 따른 차별이 대학 졸업 이후 초기 노동시장에 들어간 여성들에게 존재한다는 점을 강조하고 있다(김창환 & 오병돈, 2019). 더불어 이 연구는 상위권 대학 출신일수록 동일 대학, 동일 학과 졸업 남성에 비해 더 큰 소득 불이익을 얻으며 그러한 불이익은 연령이 높아질수록 커지는 경향이 있음을 지적한다(김창환 & 오병돈, 2019). 노동시장 층위별 성별 임금격차 추이를 분석한 연구에서도 상층 노동시장 내 남성과 여성 사이 임금격차가 시간이 갈수록 확대되어 왔음을 강조하고 있다(이철승, 2019, pp. 248-255).

공무직, 전문직에 진출하는 여성 비율이 급격히 늘었으나 고위직이나 관리직에서는 아직 여성이 소수에 불과하다. 2020년 기준으로 5급 이상 여성공무원 비율은 20.8%에(e-나라지표, 2022) 불과하며 대부분 여교원으로 채워지고 있는 중고등학교에서 여교장은 중학교 27.8%, 고등학교 12.2%에 불과하다(송치선 외, 2020, p. 196). 2020년 대학의 여성 교수 비율은 24.7%인데 국공립대 여성교수 비율은 17.4%에 머무르고 있다(한국교육개발원, 2021, p. 170의 표에서 계산). 2021년 상장법인의 여성임원 비율은 5.2%이고 자산총액 2조원 이상 기업의 여성임원 비율은 5.7% 수준이다(여성가족부, 2021. 8. 5).

이러한 상황은 2017년 공공부문 여성대표성 제고 정책 시행의 기본 토대가 되었다. 2020년에는 교육공무원법을 개정하여 “교원 중 특정 성별이 4분의 3을 초과하지 아니하도록 노력”해야 함을 명시하였고[74] 자산총액 2조원 이상인 기업 이사회 전원이 특성 성(性)으로

74) 교육공무원법 제11조 5(양성평등을 위한 임용계획의 수립 등).

구성되지 않도록 관련법에 특례조문이 신설되기도 하였다.[75)]

최근 전 세계적으로 인력난을 호소하는 STEM(Science, Technology, Engineering and Mathematics) 영역에서 남녀 격차 문제는 한국에서도 예외 없이 나타나고 있다. 여성 역할에 대한 점차적인 의식 변화로 여학생 기피현상이 두드러졌던 공학계열 재학 여학생 비율이 계속해서 증가해 왔으나 여전히 이 분야 남녀 격차는 매우 크다(<표 7> 참조).

〈표 7〉 대학 전공분야별 여학생 비율(2005~2020)[76)] (단위: %)

구분	인문	사회	교육	공학	자연*	의약	예체능
2005	57.1	36.8	60.6	**12.8**	43.4	51.2	52.7
2010	56.0	39.1	57.4	**14.0**	44.1	57.9	52.8
2020	57.6	46.5	58.1	**20.0**	45.2	59.8	55.1

* 최근 자연계열로 분류되는 학과들에는 기존 이학계로 분류되던 수학, 물리, 천문, 지리, 생물, 화학, 환경 학과 뿐만 아니라 농림, 수산·해양계열 학과, 그리고 가정관리, 식품영양 등 가정계열 학과들도 포함됨.

대학 자연계열 재학 여학생 비율은 높지만 그것은 주로 의류의상학, 가정관리학, 식품영양학 등 전통적으로 여학생이 주로 전공해 온 학과들이 이 계열에 포함되어 있기 때문이며 천문기상학, 수학, 농업학, 물리학, 수산학 등을 전공하는 여학생은 여전히 적다.[77)] 전체적으로 산업기술 영역 인력[78)] 부족 문제가 지속적으로 이어지고 있는데

75) 자본시장과 금융투자업에 관한 법률 제 165조 20.

76) 송치선 외(2020). p. 180에서 여학생 비율만 정리함. 최근 학과계열 구분이 변화되면서 이전 통계와 단순 비교하기가 어렵게 되었다.

77) 한국여성과학기술인육성재단(2023)에 따르면 2021년 기준 대학 자연계열 학과 재학생 여학생 비율이 낮은 학과는 천문기상학(38.7%), 수학(38.5%), 농업학(37.4%), 물리·과학(26.9%), 수산학(24.5%) 등이다(p. 9).

이 영역 여성 인력은 2021년 말 기준 전체의 14%에 불과하다(산업통상자원부 · 한국산업기술진흥원, 2022, p. 25).

3) 중산층 기혼여성의 자녀교육관리 역할

전문직이나 상층 노동시장으로의 여성 진출 확대에도 불구하고 고등교육을 받은 기혼여성들 중 많은 이들이 아직도 가정에 있다(<표 8> 참조). 경제활동참가율 차원에서 보면 미혼 대졸여성들의 사회진출은 지난 30여 년간 거의 비슷한 경향을 유지했다. 예를 들어 1990년 대졸이상 미혼여성의 경제활동참가율은 78.8%였는데 2020년에도 그것은 80.1% 수준이다. 대졸이상 기혼여성의 경우에는 1990년 39.6%에서 2020년에는 58.7%로 이전에 비해 경제활동참가율이 크게 증가하기는 했다. 그러나 아직도 많은 대졸이상 여성들이 결혼 전에는 취업했다가 결혼 이후에는 경제활동을 중단한다. 2000년대까지 학력이 높을수록 취업지속기간이 짧았던 현상(김영옥, 2002)은 조금씩 개선되어 가고 있으나 여전히 대졸이상 고학력 기혼여성의 경제활동참가율은 미혼 여성에 비해 현저히 낮다.

이는 한편으로는 대졸자들이 기대하는 수준의 일자리가 전체적으로 부족하고 거기에 노동시장 입문이나 임금에서 여전히 성별 격차가 존재한다는 점 때문이라 할 수 있다. 다른 한편으로는 여전히 결혼과 출산이 여성의 경제활동 중단 이유가 되고 있다는 점도 주요 이유가

78) "고졸 이상 학력자로서 사업체에서 연구개발, 기술직 또는 생산 · 정보통신 업무관련 관리자, 기업임원 등으로 근무하고 있는 인력"을 의미함(산업통상자원부 · 한국산업기술진흥원, 2022, p. ii).

되고 있다. 양자는 서로 긴밀히 연계되어 있어서 후자의 이유로 전자와 같은 성차별이 진행되기도 하고 성차별이 존재하는 상황 자체가 결혼 후 여성이 경제활동을 중단하는 이유가 되기도 한다.

〈표 8〉 **혼인상태 및 교육정도별 경제활동 참가율**[79] (단위: %)

구분	1990		2000		2010		2020	
	여성	남성	여성	남성	여성	남성	여성	남성
미혼	46.5	43.9	47.0	50.2	50.5	51.4	55.4	58.8
중졸이하	15.7	23.8	7.1	19.9	4.5	12.0	4.2	14.2
고졸	66.1	55.5	54.0	57.7	47.0	54.0	44.9	55.1
전문대졸	87.1	90.6	87.0	87.0	87.2	87.0	82.8	82.9
대졸이상	**78.8**	86.2	81.3	80.8	80.5	80.8	**80.1**	79.8
유배우	49.2	89.6	51.2	85.5	51.9	84.6	54.3	81.4
중졸이하	57.3	83.7	57.6	75.8	49.5	68.4	44.0	60.6
고졸	34.7	94.5	46.7	89.9	53.6	87.0	55.6	82.0
전문대졸	44.0	94.8	42.6	93.9	50.3	95.1	59.8	92.7
대졸이상	**39.6**	94.9	46.3	89.3	52.7	90.6	**58.7**	88.3

고학력 미혼여성에 비해 고학력 기혼여성들의 경제활동참여율이 여전히 크게 낮은 데에는 결혼한 여성에게 요구되고 있는 사교육 중심 어머니의 '자녀교육관리' 역할도 주된 이유로 작용한다. '자녀교육관리'를 위한 어머니 역할은 1990년대를 거치면서 한국사회 중산층이 변화되는 가운데 부상한 것이다.[80] 1960년대부터 1980년대까지

79) 1990년과 2000년 자료는 주재선(2009). p. 229, 2010년과 2020년 자료는 송치선 외(2020). p. 222.

80) 이하 중산층 분화와 관련된 논의는 구해근(2007), 구해근(2012)을 참조하였다. 최근 연구(황수경 & 이창근, 2024)도 현재 중산층이라 말하는 집단 내부에 매우 이질적인 여러 계층이 혼합되어 있음을 강조한다.

한국 경제는 급속히 성장해 나갔고 이 과정에서 중산층이 형성되고 확대되었다. 어느 정도 안락한 삶을 영위할 수 있는 경제적 수준을 갖춘 집단이 중산층으로 명명되었으며 경제 성장과 함께 스스로 중산층으로 인식하는 인구는 계속 늘어났었다. 그러나 1990년대를 지나면서 한국사회 분배 구조는 악화되었고(Hong, et al., 2024) 비정규직이 확대되는 가운데 한국의 중산층은 더 이상 하나의 기준으로 설명하기 어려운 개념이 되었다. 중산층으로 범주화되는 이들 중에도 삶의 기반이 불안정한 집단이 늘어났다. 다른 한편에서는 누구나 쉽게 넘볼 수 없는 높은 수준의 삶을 영위하는 집단이 형성되었다. 서울 강남 지역을 중심으로 형성된 이들 상위중산층은 주거비용, 자녀교육, 레저, 사회적 연결망, 정치 성향 등 일상적 삶의 행위양식에서 여타 중산층과 뚜렷이 구분되는 집단으로 부상했다(구해근, 2012). 일반중산층은 상위중산층의 삶을 모방하면서 그에 진입하기 위해 고군분투하고 상위중산층은 일반중산층과 스스로를 구별하면서 그 비교 우위를 자녀 세대에서도 지속적으로 유지하기 위해 소유한 물적, 사회적 자본을 최대한 활용하려 한다. 이 경쟁 구도 하에서 부상한 것 중의 하나가 자녀교육을 위한 "사교육시장에서의 전략적 투자"(구해근, 2012, p. 421)와 이를 관리하는 어머니 역할이다(박혜경, 2008; 박혜경 2009).

상위중산층 전업주부에 의해 창출되어 확대 전파되어 온 어머니의 '자녀교육관리' 역할은 이전 합리적, 과학적 지식으로 무장한 육아와 가사 관리자로서의 주부 역할과는 다른 차원의 어머니 역할이다. 이제 기혼여성에게 가사 관리보다 더욱 중요하게 요구되는 것은 자녀의 교육성취를 만들어내는 '어머니' 역할이다(이미경, 2007; 박혜경, 2008; 황정숙, 2021 등).[81] 박혜경(2008)에 따르면, 이 어머니 역할은 단순히 자녀가 공부할 수 있도록 뒷받침해 주는 보조자 수준을 넘어서는 것이다. 그것은, "적극적으로 정보를 찾고 진로를 모색하는 등 앞에서 이끌어주는" '매니저' 수준의 역할이다(pp. 178-179). 여기에는 자녀의 모든 교과별 학업을 관리해주는 일뿐만 아니라 직접 가르치는 역할, 자녀의 과제를 대신 수행해주는 일도 포함된다. 일상 유지에 필요한 음식 만들기나 청소 등의 반복적 가사 활동에 투여되는 에너지는 최소화하는 대신 새로운 정보에 보다 빨리 접근하여 자녀가 받을 수 있는 사교육의 질을 최대화하고 자녀의 일과를 체계적으로 관리하여 기대하는 대학 진학으로 이끄는 '어머니' 역할 수행이 중산층 기혼여성에게 가장 중요한 과업으로 부각되고 있는 것이다.

이 '자녀교육관리' 역할은 출산에서부터 자녀의 대학진학까지 자녀별로 20년 이상 지속되어야 하는 매우 장기적인 과업이다. 이전에는 주로 결혼과 출산으로 인한 영유아 육아가 여성으로 하여금 일과 가정 양립 가능성을 고민하게 하는 주된 사유였다면 최근에는 자녀의 초등학교 입학, 중학교 입학 등도 여성이 취업을 중단하게 되는 주된 사유로 부각되어 왔다(김대일, 2008).

현재 중산층 주부의 '자녀교육관리' 역할은 한국사회 학부모의 역할 기준이 되어가는 경향을 보이고 있다. 학교 교사들의 경우에도 자신이 가르치는 학생들이 '어머니에 의해 관리'되는 학생일 것이라 전제한다. 학생의 학업성취 영향 요인을 탐색하는 연구들도 학부모의

81) 박혜경(2008)은, 중산층 기혼여성들의 가사노동이 축소되면서 자녀교육관리와 부동산 등을 통한 재산증식 등을 위한 노동이 늘어났으며 이는 현재와 같은 성별분업체계 내 여성의 지위를 보상하는 기제로 작동하고 있다고 지적한다.

'교육적 관여', '교육지원' 등의 표현으로 어머니의 영향력을 확인시켜 주고 있다(변수용 & 김경근, 2008; 전하람 & 임혜정, 2016 등). 늘어난 고등교육기회 속에서 명문대학 진학 경쟁은 날이 갈수록 더욱 치열해지고, 이 속에서 자녀의 학업성취에 어머니 역할이 영향력을 발휘한다고 보고하는 연구결과들은 여성들이 취업 중단을 결심하게 되는 토대로 작용할 가능성이 크다.

[그림 4] 자녀교육관리 역할에 '성공한' 여성들이 출판한 도서들

특히 코로나-19로 인한 팬데믹이 거의 3년 지속되는 가운데 '자녀교육관리' 역할이 갖는 의미는 더욱 커졌다. 아이들이 학교를 가지 않고 집에 있게 되자 이제껏 중산층 전업주부에게서나 가능했던 교과별 학습 관리, 과제 수행 관리 등의 역할을 담당할 누군가가 학령기 자녀를 가진 모든 가정에 요구되었다. 팬데믹을 거치면서 초중등학생 학업성취도에서 계층별 격차가 커지고(이정연 외, 2020; 박미희, 2020) 특히 학생들의 성취도가 양극화되었다는(서울교육정책연구소, 2021) 보고들은 중산층 전업주부와 같은 역할이 사실상 모든 가정에 필요하게 되었음을 간접적으로 시사하고 있다. 팬데믹 상황에서 여성

들의 경제활동참가율이 남성들보다 훨씬 많이 낮아진 데(정혜원 외, 2021)에는 이러한 상황도 한 몫을 했다고 할 수 있다.

4) 부상하는 청년세대 젠더갈등

1990년대에 출생하여 2000년대에 학교생활을 한 남성들은 남성이 여성보다 유리한 조건에서 성장했다고 인식하지 않는다. 특히 학력 면에서 그렇다.

단적인 예를 2010년 전후로 제기되었던 남녀공학 고등학교의 남학교 전환 필요 논란에서 찾을 수 있다. 1997년 서울 지역에서부터 적극 확대하기 시작했던 남녀공학 고등학교에서, 여학생에 비해 남학생들이 학교 내신에서 불리하며 이것이 대학진학 불리로 이어진다는 인식(정해숙 외, 2009; 이혜영 외, 2011)이 확산되기 시작한 것이다. 이는, 같은 시기에 적용되고 확대된 종합생활기록부와 내신성적에 기초한 대학입학 수시전형과 밀접히 관련되어 나타난 현상이었다. 1997학년도에 처음 수시전형이 도입되었고 도입 당시 1.4%에 불과했던 수시전형 비중은 해마다 늘어나 2007학년도에는 51.5%로 대입전형에서 과반 이상의 비중을 차지하게 되었다(박형수, 2018). 이 가운데 2008년 대구의 한 남녀공학 고등학교가 남학교로의 전환을 신청하면서 이후 남녀공학학교에서 성별 유·불리 문제가 사회적 쟁점으로 부각되기 시작했다(중앙일보, 2008. 06. 18). 이 시기 여러 정책 연구들이 실시한 조사에서 교사나 학부모, 학생들 모두 남녀공학 고등학교에서 남학생이 여학생보다 학업성취 면에서 불리하다고 인식하는 경향이 압도적으로 높게 나타났었다(정해숙 외, 2009; 이혜영 외, 2011).[82)]

이후 1990년 38.7%에서 2010년 62.2%까지 늘어났던 남녀공학고등학교 증가 속도는 점차 줄어 2020년에도 그 비율은 65.0% 수준에 머무르고 있다(송치선 외, 2020, p. 177 표에서 계산). 특히 관련 논란 이후 남녀공학 전환은 주로 여학교를 중심으로 이루어졌다. 최근에는 학생 수 감소로 단성학교 유지가 어려워져 단성중고등학교들이 급격히 사라지고 있는 추세에 있음에도 불구하고 남자고등학교 수는 거의 일정하게 유지되고 있다.

〈표 9〉 **남녀공학고등학교와 단성고등학교수 변화**[83] (단위: 개)

구분	성별공학	단성		계
		여학교	남학교	
1990	651	490	542	1,683
2000	1,018	496	443	1,957
2010	1,402	445	406	2,253
2020	1,538	424	405	2,367

이러한 상황은 해방 후 급속히 확대되어 온 남녀공학 대학에 대한 사회적 문제 제기가 없다는 점과 크게 대비된다. 중등학교가 남녀별학 혹은 남녀별반으로 운영된 것에 비해 남녀공학 대학은 1947년 연세대학교가 처음으로 남녀공학을 시도한 이후(이혜정, 2015, p. 211)

82) 최근 자료에서도 초중등 단계 학업성취도에서 여학생이 남학생보다 더 높은 성취를 보이며, 이제껏 남학생이 우위를 보이던 수학교과에서도 더 이상 남학생의 성취도가 여학생보다 더 높게 나타나지 않는다고 보고되고 있다(교육부, 2021. 6, p. 3).

83) 송치선 외, 2020, p. 177 표에서 일반계고와 전문계고 수치를 합하여 제시한 것임.

그 비율이 급속도로 증가해 왔다. 초기 여자대학교로 출발했던 대학들도 시간이 지나면서 점차 공학으로 전환해 나갔다. 1970년 14개까지 확대되었던 4년제 여자대학교(정해숙, 1997, p. 94)는 2020년 현재 7개로 줄었다.

〈표 10〉 남녀공학 대학과 성별 분리 대학 학교수(1985~2020)[84] (단위: 개)

연도	대학(college)				대학교(Universty)			
	계	공학	여	남	계	공학	여	남
1985	120	91	26	3	107	95	10	2
1995	145	128	17	0	142	133	8	1
2005	158	149	9	0	173	166	7	0
2015	138	131	7	0	199	192	7	0
2020	136	129	7	0	201	194	7	0

* 교육대학은 대학교에 포함
** 자료: 교육부 · 한국교육개발원. [교육통계연보] 각 년도.

이것이 여자대학을 다니는 것보다 남녀공학대학에서 갖는 여학생들의 경험이 더 질적으로 우수했음을 시사한다고 보기는 어렵다. 수적으로 극히 열세에 있었던 여학생들의 입지는 남성 주도적인 대학문화 속에서 결코 클 수 없었다. 기존 남학교에 여학생 입학을 허용한 경우(예: 연세대학교)나 남학교와 여학교가 통합된 경우(예: 서울대학교) 모두 마찬가지였다(이혜정, 2015). 1990년대와 2000년대를 걸쳐 대학 교수 사회의 남성 중심 문화나 남녀공학대학의 성차별 구조를 지적하는 연구들이 지속적으로 진행되었으나(노혜숙 외, 1996; 나윤

84) 송치선 외(2020). p. 177에서 대학 통계만 별도로 정리한 것이다.

경, 2005; 나윤경, 2007; 권인숙 외, 2010 등) 이 문제에 대한 사회적 논쟁은 공개적으로 제기되지 않았다.[85)]

여자대학교와 남녀공학대학 여학생들에 대한 비교 분석으로 여학생에게 여자대학교 진학이 결코 불리한 선택이 아님을 강조하는 연구들이 진행되었지만(노혜숙 외, 1996; 정해숙, 1997; 김은진, 2002 등) 여자대학교에 진학하는 학생은 계속해서 줄어들었다. 특히 1990년대 이후 여자대학교 학생 모집은 더욱 어려워졌고 남성보다 부족한 여성의 사회진출에 의해 대학발전기금 재정 확보도 어려웠던 여대들은 점차 남녀공학으로 전환해 나갔다(주현지, 2018). 현재 4년제 대학교로 여자대학으로 남아 있는 경우는 대부분 학생 모집이 용이한 서울지역 대학교들이다. 수도권 외의 지역에는 광주여대 1개만이 4년제 여자대학교로 남아 있을 뿐이다.

현재 남아 있는 여자종합대학들도 여성 중심의 특화된 교육과정을 내세우기보다는 '성평등'이라는 구호 하에 남녀공학대학교에 대한 경쟁 우위 확보를 위해 애써 왔다. 이제껏 남성 영역으로 한정되어 온 ROTC 유치를 위해 여자대학교들 사이에서 경쟁하는 등과[86)] 같은 여자대학교들의 행보는 여자대학의 존립 이유를 불명확하게 하는 상

---

85) 대학의 여교수들이 주로 '대학교육'과 같은 고등교육 잡지에 글을 기고하였으나(예: 한명희, 1984; 임선희, 1988 등) 그에 대한 사회적 논쟁은 본격적으로 제기되지 않았다.

86) 2010년 국방부는 "학교 인지도와 취업난 해소 등" 다양한 이유로 여대들이 여성 ROTC에 관심을 가지고 있으므로 여대 1개 대학을 포함하여 이미 학군단을 보유한 공학대학 6개를 선정하여 여성 장교 후보생을 선발하겠다는 계획을 밝혔다(박성진, 2010). 2010년 숙명여대가 여대 최초 육군 ROTC를 창설한 데 이어 2011년 말에는 성신여대에서, 2016년에는 이화여대에서 학군단이 창설되었다. 2021년에는 숙명여대에서 공군 ROTC가 창설되기도 했다(각 대학 학군단 홈페이지 참조).

황으로 이해되기도 했다(나윤경, 2011).

최근 여러 연구들은 남녀공학대학에서 여학생이 남학생보다 학업 성취도가 높다는 결과들을 지속적으로 보고하고 있다. 심지어 여학생 지원이 가장 적은 이공계열의 경우에도 그러하며, 의과대학에서 진행된 연구에서도 같은 결과를 보이고 있다(김건화, 2023; 허영주 & 예철해, 2021; 노옥준 외, 2017 등).

그러나 이 점에 의해 대학 졸업 여성들이 남성에 비해 사회적 지위 확보에 유리한 고지를 선점해 온 것은 물론 아니다. 앞에서 지적했듯이 여성들은 쌓아온 학력에도 불구하고 '여성'이라는 점 자체에 의해 노동시장 진입에서부터 차별을 경험한다. 이후 승진 과정에서도 성별 요인에 의한 구조적 차별이 여전히 강하게 존재한다.

이런 상황에서 진행되어 온 성평등 정책들을 두고 특히 노동시장 입문을 전후로 한 청년세대를 중심으로 젠더갈등이 고조되고 있다. 여성들은 성평등 정책들이 앞으로 더욱 더 적극적으로 진행되어야 한다고 인식한다. 그러나 남성들, 특히 청년세대 남성들은 성평등 정책들에 의해 남성들이 역차별 받고 있다고 인식한다.

고학력자의 급속한 증가에도 불구하고 고학력자들을 흡수할 일자리는 같은 속도로 증가하지 않은 것도 젠더갈등의 주요 토대가 되었다. 오히려 1990년대 후반 경제위기 이후 이루어진 노동시장 구조조정으로 대졸자가 원하는 안정적 일자리 비중은 날이 갈수록 줄고 불안정한 비정규직 일자리 비중이 더욱 늘어났다(이태 & 안준홍, 2023; 이지은, 2023). 2008년 금융위기를 겪으면서 정규직과 비정규직 사이의 임금격차는 더욱 커졌다(이철승, 2017). 통계청에 따르면, 대졸 이상 실업자 수는 2001년 23만 2천명에서 2021년 45만 4천명으로 거의 2배 늘었다(KOSIS 국가통계포털, 2024). 이전에는 대학을 졸업하지 않아도 상층 노동시장에 진입할 수 있었던 반면 최근에는 대학을 졸업해도 그 가능성이 절반 정도에 불과하게 되었다(이철승, 2019, pp. 237-239).[87] 2021년 기준 전체 직장인 중 약 80.9%가 중소기업에 종사하고 있는데(중소벤처기업부, 2022) 대기업 대비 중소기업 임금수준은 47.2%로 크게 낮아(통계청, 2024. 2. 27, p. 5)[88] 대졸자들이 원하는 일자리 범위는 매우 좁은 상황이다.

특히 2000년대 청년남성은 청년여성에 비해 그 수가 훨씬 많다는 점도 문제의 또 한 축을 담당했다. 1980년대 후반과 1990년대에 정부의 가족계획정책으로 2자녀만 낳는다는 풍조가 일반화되는 가운데에도 아들은 반드시 있어야 한다는 남아선호사상은 여전했다. 이 시기에 태어난 아이들의 출생성비가[89] 110을 넘기기도 했다(송치선 외, 2020, p. 88). 이에 2000년대 이후 일자리에 입문해야 하는 20~30대 청년남성들의 수는 과거 어느 때보다 많았다. 청년남성들은 수적으로 결혼에서 불리한 조건에 있을 뿐만 아니라 일자리에서도 이전보다 훨씬 많은 수의 여성들과 경쟁해야 하는 상황에 처하게 된 것이다.

2000년대 이후에는 기존 남성에게 주어졌던 혜택도 사라졌다. 1999년 12월 군가산점 제도 위헌 결정이 단적인 예라 할 수 있다. 청년남성들은 취업 준비 시기에 군 복무를 해야 하는 남성에 대한 보상을 폐지한 여성가족부가 게임의 룰을 위반했다고 이해했다(이유미, 2016, p. 14). 2001년 여성주의 웹진 [월장]에 대학 내 군대 위계문

---

87) 이철승(2019)은 상층 노동시장을 정규직여부, 대기업여부, 노조유무 중 둘 이상을 충족할 때로 규정한다.

88) 2022년은 48.4%(통계청, 2024. 2. 27, p. 5)

89) 출생 여아 100명당 출생 남아 수

화를 비판하는 기사가 실리고 그에 대한 폭력적인 댓글들이 달리면서 부각되기 시작한 젠더갈등은 이후 사이버 세계 내에서 남녀가 각각 분리되어 서로에 대한 적대적인 담론을 쌓아가는 형태로 전개되었다(배은경, 2017).

2000년대 중반 이후 대학에서 여성학이 축소되어 갔던 것도 이러한 분위기와 무관하지 않다. 남녀공학대학을 비롯하여 여러 대학에 교양강좌로 개설되었던 여성학 강좌들이 폐지되고 대학원에 개설되었던 여성학과가 폐지되거나 정책대학원에 포섭되는 사례들이 늘어났다(이나영, 2011, pp. 53-55). 대학들은 여성학을 젠더학으로 그 명칭을 변화시켜 논의 범위를 확대하고자 했지만 점차 수강생이 줄어드는 것을 막지는 못했다. 현재 남아 있는 강좌들도 폐강을 우려하고 있으며 특히 이러한 과목을 수강하는 남학생을 찾기는 더욱 어려워졌다(김윤교, 2022).

2015년에는 이제까지 대외적으로 거의 존재감을 드러내지 않던 청년여성들이 사이버 세계를 중심으로 독자적 목소리를 만들어 내기 시작했다. 디지털카메라 정보 사이트로 출범하였으나 사이트 내에 개설 가능한 각종 갤러리에 온갖 진영의 콘텐츠들이 공존하던 '디시인사이드' 내에서 여성의 목소리를 담은 '메르스 갤러리'가 만들어졌고 이후 여기서 활동하던 이들이 '메갈리아'라는 독립 사이트를 만들었다(배은경, 2017). 이들은 이 사이트를 중심으로 남성들에 의한 성차별 사례나 폭력 등에 대한 경험담을 공유하면서 역으로 여성이 남성을 조롱하는 용어들을[90] 만들어내기 시작했다(배은경, 2017). 2016

90) 이를 '미러링' 전략이라 표현한다.

년 여성에 대한 남성의 무차별적 피해의식이 강남역 여성 살해사건으로 나타나면서 여성과 남성, 더 정확히 표현하면 청년여성과 청년남성의 대결 구도가 본격적으로 한국사회 문제로 부각되기 시작했다.

2017년 SNS를 기반으로 미국에서 시작된 미투 운동이 2018년 한국에도 시작되어 정치, 문화 영역으로 확산되었으며, 특히 스쿨미투 운동으로 이어졌다. 스쿨미투 운동은 모 여고 졸업생들이 재학 중 학교성폭력 경험들을 공론화하면서 폭발적으로 확산되었다. 2018년부터 최근까지 전국 초·중·고등학교에서 일어난 교사의 학생 대상 성폭력 사건 중 절반 이상이 2018년에 부각되었다(박고은, 2022).[91] 이후 관련 사건은 해마다 급격히 줄었지만 이러한 경험을 거치면서 남학생들은 남성 전체가 잠재적 가해자로 규정되곤 하는 상황에 거부감을 표현하기도 했다(최윤정 외, 2019).

문재인 정부의 공공부문 여성대표성 제고 정책 등 여러 성평등 정책들도 남성, 특히 청년남성들의 반발을 초래했다. 군가산점 제도까지 폐지된 상태에서 추진되는 여성 친화적 성평등 정책들은 남성에 대한 역차별적 정책이라고 이들은 반발했다(이우창, 2020, pp. 83-84). 최근 몇 년 간 진행된 각종 조사에서 청년세대 내에 성차별 인식은 성별로 극과 극의 인식을 드러내고 있다. 특히 청년남성은 여성 차별은 심각하지 않으며 남성 차별이 오히려 더 문제라고 인식하는 경향이 두드러지게 나타나고 있으며 청년여성은 여성에 대한 차별을 심각하게 인식하는 경향이 압도적으로 높다(천관율, 2019; 한국리서치, 2022. 4. 5).

91) 박고은(2022)에 의하면 2018년 이후 최근까지 관련 사건은 총 542건으로 그 중 283건이 2018년에 표출되었다.

2022년 대통령 선거에서 이러한 청년세대 젠더갈등은 핵심 쟁점으로 부각되었고, 소위 “이대남”의[92] 지지를 받는 윤석렬 정부는 여성가족부 폐지 의지를 표명하고 군가산점 법안을 발의하여 관련 제도 부활을 추진하는 등, 청년남성들에게 우호적인 정책 추진을 표방하였다(이유정, 2022). 이후 윤석렬 정부는 기존 ‘공공부문 여성대표성 제고 계획’을 ‘공공부문 성별대표성 제고계획’으로 명칭을 변경하고 소관 부처들이 ‘자율적’으로 달성 목표를 설정하고 이행방안을 마련하였음을 강조하기도 하였으며(여성가족부, 2023. 7. 18) 매해 공식 발표하던 ‘통계로 보는 여성의 삶’도 ‘통계로 보는 남녀의 삶’으로 명칭을 변경했다(여성가족부, 2023. 9. 6).

6. 한국 여성교육의 주요 쟁점

이 글에서는 한국사회가 당면하고 있는 주요 젠더 이슈들의 역사적 토대를 여성교육 변천사 속에서 짚어 보고자 했다. 왜 고등교육을 받은 청년여성 비율이 세계 최고 수준이면서도 성평등 지수는 하위 수준에 머무르고 있는지, 왜 청년세대 중심으로 젠더갈등이 한국사회의 주요 사회적 이슈로 등장하게 되었는지에 대한 대답을 여성교육이 제도화되고 팽창되어 온 역사 속에서 찾아보려 했던 것이 이 글의 출발점이었다. 이 글에서 살펴 본 한국 여성교육의 주요 변화 과정이 갖는 특징을 현 시점의 주요 쟁점들과 연결시켜 논의해 보면 다음과 같다.

92) 청년 중심 젠더갈등은 “이대남(20대 남자)”, “이대녀(20대 여자)”라는 신조어를 낳았다.

1) 획득한 학력의 배신

한국의 여성교육은, 양적인 면에서 남성을 뒤따르는 추격의 역사였다. 초등, 중등, 고등교육에 이르기까지 항상 교육받은 여성들은 남성에 비해 소수였고 부모들의 관심은 딸이 아니라 아들에 있었다. 그러나 1990년대 후반부터 교육내용 면에서나 교육환경 면에서나 성평등 이념이 확산되어 갔다. 동시에 이 시기에 고등교육 기회는 이전보다 크게 늘어났고 그 늘어난 기회를 남성보다 여성이 더 많이 점유했다. 이제 대학진학률은 여성이 월등히 높으며 학업성취도에서도 남녀 반전이 일어나고 있음을 흔히 확인하게 된다. 전문직에 진출하는 여성들도 크게 늘어났다. 그러나 이러한 지속적인 추격을 통해 이루어낸 반전에도 불구하고 현재에도 많은 고학력 여성들이 여전히 가정에 묶여 있으며 노동시장에서 고학력 여성들이 받는 차별은 이전보다 더욱 커졌다. 더욱이 심각해진 젠더갈등으로 여성에 대한 무차별적 폭력을 경계해야 하는 상황에까지 이르렀다.

이는, 1990년대 후반부터 진행된 모든 변화가 경제위기와 함께 진행된 한국의 사회구조 변화와 같은 시기에 진행되었기 때문이다. 일제강점기와 해방 후 1990년대 이전까지 여성교육의 방향은 교육받은 여성의 활동 범위를 '가정' 내에 묶어 두는 것이었다. 이에 사회적 일자리 부재, 노동시장에서의 성차별 문제가 여성교육 확대 문제와 상호 충돌하지 않았다. 교육받은 여성의 대표적인 직업은 초등학교 교사였으며 대부분의 일하는 여성들은 저학력자였었다. 고학력 여성은 주부로 가정에 위치하는 것이 중산층의 이상이었다. 1990년대 후반 이후 한국사회 내 전체 대졸자 규모는 이전보다 급속히 확대되었는데 같은 시기 겪은 경제위기와 이후 이루어진 노동시장 구조 조정으로 대졸자가 원하는 안정적 일자리 비중은 점차 줄었다. 이에 대학 진학보다 취업을 우선시하는 남성이 증가하고 그 빈자리를 여성이 채웠다. 여성은 대학 학력 획득에 더욱 적극적이었음에도 졸업 후 노동시장 상황은 여성 대졸자에게 결코 우호적이지 않았다. 대졸 여성은 동일 자격을 가진 남성과의 임금격차가 이전보다 더욱 커진 노동시장 상황에 직면해야 했다. 한국의 사회구조 변화로 남성 역시 이전보다 크게 나빠진 노동시장 상황에 마주해야 했다. 노동시장 입문 단계의 청년남성들은 이제는 병역 수행에 따른 혜택을 더 이상 받을 수 없게 되었지만 여전히 장기간 사회와 격리되어 의무적으로 병역을 수행해야 한다. 그리고 제대 후에는 제한된 안정적 일자리를 두고 이전보다 늘어난 여성들과 경쟁해야 하는 상황에 처하게 되었다. 이들 청년남성 중에는 장래 가정의 생계부양을 자신이 책임져야 한다는 인식을 가진 이가 많지 않지만 부모 세대에서는 아직도 많은 이들이 남성이 가정생계부양 책임을 질 것을 기대한다.[93] 이러한 상황에서 청년남성들은 여성친화적 성평등 정책에 저항하고 있으며 지속적으로 축적되어 온 젠더갈등은 현재 한국사회 핵심 쟁점이 되어 있다.

사실 문제제기는 한국사회 노동시장 구조에 대해서 진행되어야 할 것이다. 그러나 현실 속에서 갈등은 노동시장에서 서로 경쟁자로 만나는 청년여성과 청년남성 사이에서 격화되고 있다. 최근 한 조사에 의하면, 응답자 대부분은 한국사회 젠더갈등이 지금과 비슷하거나(52%)

93) 여성가족부(2021)에 따르면, 19~29세 남성 17.5%만이 남성이 가정생계부양 책임을 져야 한다고 응답했다. 그러나 50~59세 남성 40.0%, 60세 이상 남성 47.5%가 남성이 그 책임을 져야한다고 응답했다(p. 63).

더 심각해질 것(27%)으로 인식하고 있다(한국리서치, 2022. 4. 5).

2) 상존하는 '교육하는 모'와 저출산

한국에서 여학교 설립이 확대되고 여성교육이 제도화되는 과정에서 이념적 기반으로 작동했던 '교육하는 모' 역할은, 시대 변화와 함께 사라진 것이 아니라 현재에도 '자녀교육을 관리하는 모' 역할로 재현되고 있다. 언뜻 보면 이 둘은 매우 유사한 어머니 역할로 보인다. 그러나 양자의 사회적 토대는 매우 다르다.

구한말 국권 소멸의 위기 속에서 제기된 '교육하는 모' 이념은 나라를 살려낼 아들을 교육하여 구국의 대열에 함께 해야 한다는 여성의 소명으로 부각되었었다. 여성의 교육권 주장이나 남성과 동등한 사회참여 요구 등이 사회적 동의를 이끌어내기 어려웠을 뿐만 아니라 남녀구별의식이 확고했던 당시의 사회문화적 상황 하에서도 이 '교육하는 모' 이념이 여성교육 확대를 가능하게 했다.

그러나 작금의 '자녀교육을 관리하는 모' 역할은 일상생활 속에서나 학교교육을 통해서 권장되어 온 것이 아니며 이에 대한 사회적 평가도 결코 긍정적이지 않다. 이것은 변화하는 한국의 사회구조 내에서 중산층의 계층 유지 혹은 계층 상승 요구에 의해 형성되고 확산되어 온 것이다. 이는 반드시 줄여나가야만 하는 국가적 과제인 사교육을 확장시키는 기반(윤선진, 2010; 황성희, 2014 등)으로 이해되기도 하고 비정상적이고도 이기적인 교육열 표출 행위(오욱환, 2000)로 평가되기도 한다. 같은 '모(母)'이지만 구한말 시기 '교육하는 모'의 경우에는 '어머니'로 표현될 수 있으나 '자녀교육을 관리하는 모'를 지칭할 때에는 항상 '엄마'로 표현하는 것도 이러한 사회적 토대의 차이 때문이다.

여성사회학적 관점에서 진행되어 온 관련 연구들에서는 중산층 기혼여성들의 '자녀교육관리' 역할을 주어진 사회적 맥락에서 자신의 정체성이나 역할을 찾아가는 여성의 행위 양식으로 이해하기도 한다. 그것은 자녀의 학업성취라는 가시적 성과와 연결되는 여성의 자기능력 표현 방식이자 권력획득 기제라는 것이다(조형, 1997; 박혜경, 2009; 이민경, 2007; 황정숙, 2021 등).

그러나 사회적으로 존중받고 격려 받는 것이 아니라 비정상적이고 이기적인 행위라 비판받기도 하는 이 경쟁 대열 전면에 '엄마'들이 배치되어 있다는 점 자체가 가부장적 구도임을 부정하기 어렵다. 이 대열에서 아버지, 아빠는 뒤로 물러나 있다. 학업성취와 관련한 경쟁에서 자녀가 성공하거나 실패하거나 아버지에게는 화살이 가지 않는다. 반면 '엄마'는 "성공하면 세속적 욕망의 화신이요, 실패하면 물정 모르고 돈만 써댄 무개념 여편네"가 된다(정민승, 2019, p. 31-32).

현재 한국이 세계 초저출산국가가 된 것도 이 구도에 대한 여성의 저항이 작용한 때문일 수 있다. 저출산 현상은 자신의 시간과 에너지를 오로지 자녀에게 투여해야 하면서도 그 성과에 대한 사회적 인정을 얻기는 어려운 '엄마' 역할을 기꺼이 감내하고자 하는 여성이 갈수록 줄어들고 있음을 나타낸다.

사회 내 경쟁 우위를 차지하기 위해 요구되는 경제적 비용은 갈수록 커지고 있다. 그 속에서 어머니의 관리에 의해 키워진 여성들이나 그렇지 않은 여성들이나 '자녀교육관리' 역할에 자신을 내던지고 싶어 하지 않는다. 남성들도 비용을 가늠할 수 없는 자녀 양육을 책임지겠다고 나서기 어렵다. 계층 기반이 받쳐주지 않는 남성은 결혼부터 쉽지 않다. 이에 결혼을 하지 않거나(못하거나) 늦게 하고, 결혼을 해도 자녀를 출산하지 않는 경향은 갈수록 늘어만 간다.

최근 혼인 건수는 1970년 통계 작성 이래 매년 최저 수준을 기록하고 있으며 출산율 역시 세계적으로 유례없는 수치를 매년 경신해 나가고 있다. 2000년대 이후 계속 세계 최저 수준의 출산율을 보이고 있는 한국의 합계출산율은 2018년부터 1.00 이하로 떨어졌고 2023년 합계출산율은 0.72에 불과하다.

출산율이 저하되는 초기 시점에서 주로 이슈가 된 것은 고학력, 전문직 여성의 낮은 출산율이었다. 그러나 최근으로 오면서 저학력, 비전문직 여성 출산율도 급격히 낮아지는(신윤정, 2020) 가운데 전반적인 초저출산 경향이 한국사회에 고착되고 있다.

3) 숨겨진 하층여성의 이중적 취약성

현재 제기되고 있는 젠더 논쟁은 여성과 남성이라는 이분법적 구도 하에서 진행되고 있다. 이 점은 이중적으로 취약한 하위계층 여성 문제를 가리고 있다. 현재 주로 부각되는 것은 청년세대 내 남성 대비 높아진 여성 학력, 상층 전문직에 진출하는 청년여성 규모 확대 경향 등이다. 여기에는 역사적으로 여성의 학력 획득에는 계층 요인이 남성보다 더욱 강하게 작용해 왔다는 점이 가려져 있다. 최근으로 오면서 대학 진학이 일반화되었지만 여전히 학력 획득에는 성별 요인과 계층 요인이 중층적으로 작용하고 있다. 중상층 가정에서는 성별 구분 없이 자녀를 지원하고 있어 여성이 상층 고학력자에 위치할 확률이 이전보다 높아졌다. 반면, 하층에서는 계층 요인과 함께 여성이라는 점이 학력 획득에 이중으로 부정적인 영향을 미친다. 대학교육이 보편화된 상황 속에서도 하층여성들은 고등교육기회에서 상대적으로 멀어져 있다. 이것은 이들로 하여금 여성이라는 점과 함께 노동시장에서 이중적 한계에 놓이게 할 가능성을 높인다. 생존을 위해 비자발적으로 경제활동에 참여하고 있는 많은 비정규직 기혼여성들에게는 육아휴직 등 최근 만들어진 일하는 기혼여성을 지원하는 각종 정책들이 큰 의미가 없다. 이 점은 젠더 이슈에 계층 문제가 반드시 결합되어 논의되어야 함을 시사한다.

그럼에도 불구하고 하위계층 여성 문제는 현재 한국사회에서 공론화되고 있지 않으며 젠더갈등 관련 정치적 대응도 이 이슈를 전면에 부각시키고 있지 않다. 여성에 관한 정책이 더 이상 여성 모두를 위한 보편적인 정책이기 어려운 상황에서(박이은실, 2008, p. 121) 보다 포괄적인 사회문제와 연결된 성평등 논의에 대한 요구가 커지고 있다.

7. 맺으며

최근 발표된 자료에 의하면 한국은 성평등 의식이 매우 낮은 국가일 뿐만 아니라 오히려 시간이 가면서 성평등 의식 수준이 역행하고 있는 국가 중 하나로 꼽히고 있다. 유엔개발계획(UNDP)에서 발간한 2023 젠더사회규범지수(Gender Social Norm Index: GSNI)[94] 보고

94) 이 자료는 정치, 경제, 교육, 심리적 통합 관련 질문 7개를 통해 각국에서 젠더편견이 얼마나 존재하는지를 조사한 것이다. 7개 질문은 다음과 같은

서에 의하면, 한국은 조사대상의 89.88%가 한 가지 이상의 성차별 의식을 가지고 있는 것으로 보고되고 있다. 이는, 일본 58.82%, 독일 37.45%, 캐나다 41.14%, 스웨덴 27.91%, 네덜란드 27.39%와 비교할 때 매우 놀라운 수치가 아닐 수 없다(pp. 24-25). 세계 10대 강국으로 평가되는 한국의 성평등 의식 수준은 과테말라, 콜롬비아, 벨라루스 등과 비슷하다. 비록 교육 영역에서는 다른 영역에 비해 한국의 성차별 의식이 가장 낮게 나타났지만(33.73%)[95] 세계 최고 수준으로 높아진 한국의 교육 수준이 전체 사회의 성평등 의식 고양에 크게 영향을 미치지 못했음을 이 자료는 확인시켜 준다. 특히 조사에 포함된 38개국(전 세계 인구의 47%)의 성평등 의식은 시간이 갈수록 긍정적인 방향으로 변화하고 있음에 비해 한국은 대표적으로 성평등 의식이 두드러지게 후퇴한 국가 중 하나로 지목되고 있다(UNDP, 2023, pp. 13-15).

여성교육의 비약적 확대와 꾸준한 성평등 정책 추진에도 불구하고 여전히 광범위하게 성차별 의식이 편재하고 있다는 점은 무엇을 의미하는 것일까? 이는, 한국사회에 필요한 것은 성평등이라는 특정 문제에 한정된 정책이 아니라 사회 전반의 변화임을 적극적으로 시사해 주고 있다. 성평등 사회란 누구나 자신이 원하는 방향의 삶을 지향하는데

것들이었다. 정치: ① 여성이 남성과 같은 권리를 가지는 것은 민주주의에 필수적인 요소이다. ② 정치적 지도자로 남성이 여성보다 낫다. 교육: ③ 대학은 여성보다 남성에게 더 중요하다. 경제: ④ 남성은 여성보다 직업을 가질 권리를 더 갖고 있다. ⑤ 기업임원으로 남성이 여성보다 낫다. 신체적 통합: ⑥ 친밀한 파트너에 대한 폭력은 정당하다. ⑦ 출산권을 가지는 것은 정당하다(p. 6).

95) 정치 영역은 한국인의 72.85%, 경제는 65.54%, 신체적 통합 영역에서는 59.20%가 성차별 의식을 가지고 있었다(UNDP, 2023, p. 24).

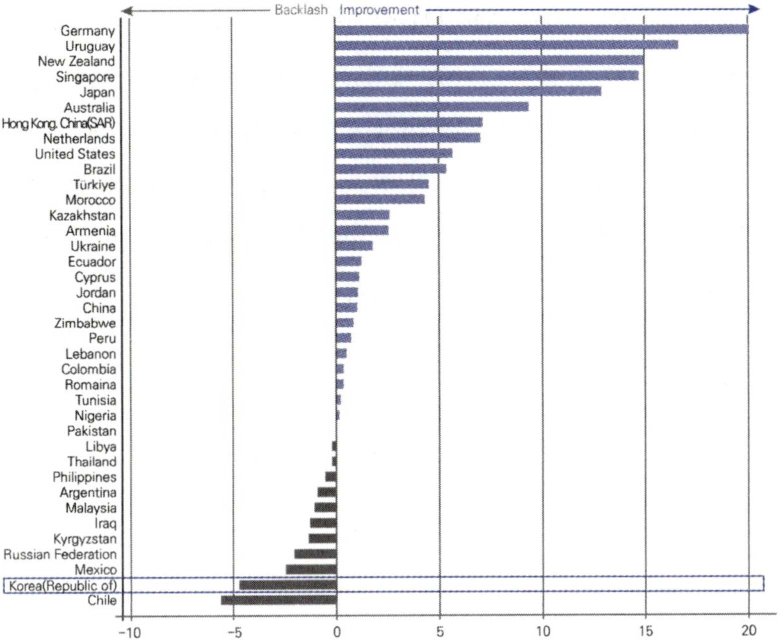

[그림 5] 성편견 의식이 개선된 국가와 후퇴한 국가: 2010~2014년과 2017~2022년 비교(UNDP, 2023, p. 15).

Note: Includes 38 countries and territoriew with data from both wave 6(2010~2014) and wave 7(2017!2022) of the World values Survey, accounting for 47 percent of the globla population.

Source: Human Development Report Office calculations using data from the World Values Survey

있어 성이 제약 조건이 되지 않는 사회라고 정의할 수 있을 것이다. 그것이 가능하기 위해서는 지속적으로 악화되어 온 분배구조를 보다 평등하게 변화시키려는 경제정책, 사회적으로 필요한 일을 담당하는 이들 모두에게 의식주 문제를 보장하는 사회보장정책, 누구나 원하는 교육을 언제 어디서든 받을 수 있도록 국가가 공적으로 보장하는 교육정책 등(김정원, 2022, 326-331)이 성평등 정책과 함께 추진되어야 할 것이다. 어떤 배경을 지니고 태어났더라도 누구나 인간적인 삶을 추구할 수 있는 사회에서는 더 이상 성별로 구분되어 서로 공격하지 않게 될 것이기 때문이다. 단순히 더 나은 사회를 만들기 위해서만이 아니라 한국사회가 소멸의 위기에서 벗어나기 위해 사회 전반의 방향 전환 작업을 더 이상 미룰 수는 없을 것으로 보인다.

참고 문헌

경향신문(1966. 10. 19). 전국 대학의 2, 3, 4학년 정원 60% 초과. 7면.
교육과학기술부 & 한국교육개발원(2010. 10. 27). 10년 교육기본통계조사 결과 발표.
교육부(2021. 6). 2020년 국가수준 학업성취도 평가 결과.
교육부(2022. 8. 30). 2022년 교육기본통계 조사 결과 발표.
교육부(1990). *교육통계연보.*
교육부(1995). *교육통계연보.*
교육부 & 한국교육개발원(2020). *2020 간추린 교육통계.*
구해근(2007). 세계화 시대의 한국 계급 연구를 위한 이론적 모색. *경제와사회* 2007년 겨울호(통권 제76호), 255-327.
구해근(2012). 한국의 중산층을 다시 생각한다. *창작과 비평*, 2012년 봄호 40(2), 통권 155호, 403-421.
권인숙, 나윤경, & 문현아(2010). 한국과 대만의 대학문화 비교: 위계와 성차별, 폭력의 군대적 징후를 중심으로. *여성학 논집*, 27(1), 145-183.
국민일보(2010. 02. 22). 'SKY'大 합격자 5명 중 2명은 女학생. http://news.kmib.co.kr/article/view.asp?arcid=0003434283.
김건화(2023). 성별에 따른 학업성취도와 졸업소요기간에 관한 연구: A대학의 사례를 중심으로. *한국산학기술학회논문지*, 24(10), 710-717.
김경일(2005). 1920~30년대 한국의 신여성과 사회주의. *한국문화*, 36, 249-295.
김기석(1997). 한국 근대교육의 기원과 발달. 서울대학교 교육연구소(편). *한국교육사*(pp. 191-264). 교육과학사.
김대일(2008). 기혼 여성의 노동공급과 자녀교육. *노동경제논집*, 31(2), 73-102.
김미숙(2001). 미군정기 남녀공학정책: 성별학교조직과 성통제. *교육학연구*, 39(4), 93-112.
김미숙(2006). 한국 여성노동력의 성격변화와 노동정책: 1960~2000. *한국인구학*, 29(1), 133-156.
김병성, 정영애, & 이인효(1982). *학교교육과 사회적 성취.* 한국교육개발원.

김선욱, 김원홍, & 김명숙(1993). *여성정책담당 국가행정기구의 기능강화 방안*. 한국여성개발원.

김엘림(1996). *여성발전기본법의 내용과 과제*. 한국여성개발원.

김영미(1997). 불교의 수용과 여성의 삶 의식세계의 변화. *역사교육*, 62, 37-70.

김영미(2009). 성과 계급: 분포적 접근으로 본 한국 성별임금격차 변화: 1983~2004. *경제와 사회*, 2009년 겨울호(통권 제84호), 373-384.

김영옥(2002). 여성의 동태적 노동공급-취업연속성과 첫 노동시장 퇴출행태를 중심으로-. *한국인구학*, 25(2), 5-40.

김영우(1986). 한말의 사립학교에 관한 연구(II). 공주사범대학 교육연구소. *교육연구*, 제3집, 5-65.

김영철, 박재윤, 김흥주, 윤종혁, & 김태은(2006). *미래사회에 대비한 학제 개편 방안*. 한국교육개발원.

김영화(1993). *한국의 교육불평등*. 교육과학사.

김영화, 박용헌, & 한숭희(1997). *한국의 교육과 국가발전(1945~1995)*. 한국교육개발원.

김윤교(2022). 거친 파도 위에 놓인 젠더 교과목. *서울대저널* 2022년 3월 25일.

김은경(2007). 1950년대 여학교 교육을 통해 본 '현모양처'론의 특징. *가정과교육학회*, 19(4), 137-151.

김은진(2002). *남녀공학으로 전환된 대학의 '여성리더'에 대한 연구: 신라대학교 사례로* [석사학위, 신라대학교 대학원].

김이선, 이상직, & 권현지(2019). 위기 속 노동시장 진입 세대의 노동이동을 통해 본 위기 후 한국 여성노동시장. *한국여성학*, 35(1), 1-37.

김자중(2018). 경성제국대학의 여성입학허용문제에 관한 연구. *한국교육학연구*, 24(3), 27-53.

김재인(2000). *한국 여성교육의 변천과정 연구*. 한국여성개발원.

김정원(2021). 교육의 다양성과 공정성 간 갈등. *교육사회학연구*, 31(3), 1-34.

김정원(2022). *우리교육은 불평등하다*. 학이시습.

김지원(2021). 3월4일 저임금 · 차별의 역사... 심지어 "여성의 정년은 25세" 논쟁도. *경향신문*, 2021년 3월 4일자. https://www.khan.co.kr/economy/market-trend/article/202103040000001

김창환(2022). 가족의 사회경제적 배경과 대학원 진학 확률의 성별 격차. *한국사회학*, 56(1), 151-201.

김창환 & 오병돈(2019). “경력단절 이전 여성은 차별받지 않는가?: 대졸 20대 청년층의 졸업 직후 성별 소득격차 분석”, 한국사회학, 53(1), 167-204.

김태홍(2000). *여성 고용구조의 변화와 향후 정책 방향*. 한국여성개발원.

나윤경(2005). 여학생들의 ‘목소리’를 통해 드러난 남녀공학대학교의 남성중심성: 여자대학교와 남녀공학대학교를 경험한 여학생들의 사례를 중심으로. *한국여성학*, 21(2), 181-222.

나윤경(2007). 남녀공학대학교의 군사문화와 여학생 ‘시민권’ 구성과정: 음악대학 성악과를 중심으로. *한국여성학*, 23(1), 69-103.

나윤경(2011). 한국 여자대학교의 존재 이유: 남녀공학의 대안 혹은 경쟁자. *교육과학연구*, 42(3), 145-177.

노동부(1993). 신경제 5개년계획 추진에 따른 신인력정책.

노옥준, 정인성, 정철호, & 정성원(2017). 일개 의과대학생의 재학 시기에 따른 학업성취도에 영향을 미치는 심리적 요인. *생물치료정신의학*, 23(3), 214-221.

노혜숙, 한정신, 전경옥, 김영란, & 오재림(1996). 한국 대학 교육에서의 성차별 연구- 대학 커리큘럼 및 교수・학생 상호작용 연구-. *아시아여성연구*, 35집, 167-215.

대통령자문 교육개혁위원회(1996). *신교육체제 수립을 위한 교육개혁 보고서*.

대한민국정부 인사혁신처(2020). *2020 공공부문 균형인사 연차보고서*.

문교사십년사편찬위원회(1988). *문교 40 년사*.

대한민국문교부(1964). *문교통계요람*.

문교부(1970). *교육통계연보*

문교부(1975). *교육통계연보*

문교부(1980). *교육통계연보*

문교부(1985). *교육통계연보*

박고은(2022. 06. 01). ‘스쿨미투’ 학교 공개... 서울외고, 용화여고, 잠실여고 등 93개교. *한겨레*, 2022년 6월 1일자. https://www.hani.co.kr/arti/society/women/1045272.html.

박미희(2020). 코로나19 시대의 교육 격차 실태와 교육의 과제: 경기 지역을 중심으로. *교육사회학연구*, 30(4), 113-145.

박성진(2010). "여성 학군단을 우리학교로" 전국 여대들이 '전쟁'. *경향신문*, 2010년 8월 26일자. https://www.khan.co.kr/politics/defense-diplomacy/article/201008261539471

박이은실(2008). 여성/좌파정치의 재모색. *진보평론*, 36호, 112-128.

박지향(1988). 일제하 여성 고등교육의 사회적 성격. *사회비평1*. 254-288.

박찬승(2018). 일제하 공립보통학교 일본인 교원 임용을 둘러싼 논란. *동아시아문화연구* 75집.

박철희(2002). *식민지기 한국 중등교육 연구: 1920~30년대 고등보통학교를 중심으로*[박사학위, 서울대학교 대학원].

박형수(2018). [대입, 넌 누구냐] 수시는 어떻게 대세가 됐나. *The JoongAng*. 2018. 5. 10. https://www.joongang.co.kr/article/22609752#home.

박혜경(2008). 중산층 기혼여성의 경험 세계를 통해 본 가사노동의 성격과 가사노동 가치인식. *페미니즘연구*, 8(2), 159-196.

박혜경(2009). 한국 중산층의 자녀교육 경쟁과 '전업 어머니' 정체성. *한국여성학*, 25(3), 5-33.

박효순(2014). 바야흐로 '여의사 시대.' *경향신문*, 2014년 4월 10일자. https://www.khan.co.kr/life/health/article/201404102122255.

배은경(2017). 디지털 네이티브 여성들과 "청년세대" 담론. 부산대학교 성평등네트워크 제2차 심포지움 *<지금, 한국의 여성 청년>*, 36-51.

변수용 & 김경근(2008). 부모의 교육적 관여가 학업성취에 미치는 영향: 가정배경의 영향을 중심으로. *교육사회학연구*, 18(1), 39-66.

빙허각이씨(憑虛閣李氏)(1975), *閨閤叢書*. (鄭良婉 역주). 서울: 寶晋齋. (원전은 1809년 출판)

산업통상자원부 & 한국산업기술진흥원(2022. 12). 2022년도「산업기술인력 수급 실태조사」 결과 공표 자료.

서울대학교 사범대학 교육연구소(1996). *한국교육 100년 - 학제 및 인구통계적 변천*.

서울교육정책연구소(2021). *코로나19 전후, 중학교 학업성취 등급 분포를 통해*

살펴 본 학교 내 학력 격차 실태 분석.
손인수(1992). *한국교육사2*. 문음사.
송찬섭(2014). 일제강점기 개량서당의 형성과 실제. *역사연구,* 제27호.
송치선, 임연규, & 박송이(2020). *2020 한국의 성인지 통계.* 한국여성정책연구원.
신광영 & 김창환(2021). *교육, 젠더와 사회이동.* 박영스토리.
신윤정(2020). 사회계층별 합계출산율의 격차와 시사점. *보건복지 ISSUE & FOCUS* 389호.
아마타 간토(2010). 식민지 조선에서의 근대화와 일본어교육. *제2기 한일역사 공동연구보고서* 제4권, 237-268.
양애경, 이선주, 정현주, 강정숙, 김경주, 김양희, & 신연경(2012). *사회발전을 향한 여성통합 30년의 성과와 전망(II)*. 한국여성정책연구원.
여성가족부(2021). *양성평등실태조사 통계정보보고서.*
여성가족부(2021. 8. 5). “2021년 상장법인 여성임원 비율 5.2%.” https://www.korea.kr/briefing/policyBriefingView.do?newsId=156465053&pageIndex=&startDate=2023-05-01&endDate=2024-05-01&srchWord=
여성가족부(2023. 7. 18). 공공부문 성별균형 달성 중장기 로드맵 마련.
여성가족부(2023. 9. 6). 2023 통계로 보는 남녀의 삶.
연구공간 수유+너머 근대매체 연구팀(2005). *신여성: 매체로 본 근대여성 풍속사,* 한겨레신문사.
오성철(2000). *식민지 초등교육의 형성.* 교육과학사.
오시영 & 문미경(2009). *정부내 급속한 성비 변화에 따른 종합적 공직관리방안 연구.* 한국행정연구원・한국여성정책연구원.
오욱환(2000). *한국사회의 교육열: 기원과 심화.* 교육과학사.
오제연(2019). 1970년대 후반 대학정원 정책의 전환과 고등교육의 대중화. *역사비평,* 2019. 8, 145-176.
오천석(1964). *한국신교육사(하).* 오천석교육사상문집4. 광명출판사.
외교부 문화교류협력과(2020. 12. 21). [주요 공공외교 소식] 2020 글로벌 혁신을 위한 미래대화.
https://aut.mofa.go.kr/www/brd/m_22721/view.do?seq=4419&page=8

우용제 & 안홍선(2006). 근대적 교원양성제도의 변천과 사범대학의 설립. *아시아교육연구*, 7(4), 187-215.

유숙란(2006). '크리티칼 매스'와 성평등 구조 구축과정: 한국의 민주화 이후 정치적 대표성을 중심으로. *국제정치논총*, 46(1), 123-142.

윤선진(2010). 학부모 이해: 소비자권력이 된 학부모. *교육학논총*, 31(1), 19-43.

윤정란(2019). 한국근대여성운동의 역사적 기원지 -'여권통문' 결의 장소 발굴 -. *여성과 역사*, 30, 33-78.

의협신문(2006. 1. 14). 한국여의사의 과거, 현재, 그리고 미래. https://www.doctorsnews.co.kr/news/articleView.html?idxno=29299

의사신문(2007. 2. 26). 여의(女醫) 시대. http://www.doctorstimes.com/news/articleView.html?idxno=4868

이나영(2011). 한국 '여성학'의 위치성: 미완의 제도화와 기회구조의 변화. *한국여성학*, 27(4), 37-81.

이남희(2023). *여성선비와 여중군자: 조선 지식인 여성들의 역사*. 다할미디어.

이미경(2007). 중산층 어머니들의 자녀교육 담론. *교육사회학연구*, 17(3), 159-181.

이수진(2009). *신여성, 근대의 과잉*. 소명출판.

이우창(2020). 20대 남자 문제. *한편1호*. 민음사.

이유미(2016). 한국 여자들은 어떻게 '김치녀'가 되었나. 사회진보연대. *월간 오늘보다*, 제18호, 2016. 7.

이유정(2022). 23년전 '위헌' 받은 군 가산점제...尹정부서 부활하나[세상에 이런 법이]. *한국경제신문*. 2022년 6월 22일자. https://www.hankyung.com/politics/article/2022062268891.

이윤희(2006). *한국 근대 여성잡지의 표지화를 통해 본 여성 이미지-[신여성]과 [여성]을 중심으로-* [석사학위, 이화여자대학교 대학원].

이정연, 박미희, 소미영, 안수현(2020). *코로나19와 교육: 학교구성원의 생활과 인식을 중심으로*. 경기도교육연구원.

이지은(2023). 비정규직의 정규직 전환 현황. *KLI PANEL*, 제23호.

이창진(2012). "여의사 무섭게 증가" 2002년 18%→2011년 23% 급증. Medical Times 2012년 12월 5일자. https://www.medicaltimes.com/

Main/News/ NewsView.html?ID=1079384.
이철승(2017). 결합노동시장지위와 임금불평등의 확대(2004~2015). *경제와사회*, 2017년 가을호(통권 제115호), 103-144.
이철승(2019). *불평등의 세대: 누가 한국 사회를 불평등하게 만들었는가*. 문학과지성사.
이태 & 안준홍(2023). 한국의 분절된 노동시장과 노동이동 분석. *KLI 패널 워킹페이퍼*, 2023년 제2호 No.2.
이혜영, 정광희, 조난심, 김일혁(2011). *남녀공학고의 단성고 전환 타당성 분석 연구*. 한국교육개발원.
이혜정(2012). 1970년대 고등교육을 받은 여성의 '공부' 경험과 가부장적 젠더 규범. *교육사회학연구*, 22(4), 227-266.
이혜정(2015). 남녀공학 고등교육의 등장과 교육 기회의 젠더 평등. *여성과 역사* 제22집, 201-234.
이화100년사편찬위원회(1994). *이화100 년사*. 이화여자대학교 출판부.
임선희(1988). 여성 고등교육의 이해와 반성. *대학교육*34호, 10-18.
장상수(2000). 교육 기회의 불평등: 가족 배경이 학력 성취에 미치는 영향. *한국사회학*, 34(3), 671-708.
장상수(2004). 학력성취의 계급별 성별 차이. *한국사회학*, 38(1), 51-75.
장하진, 장미경, 신경아, & 오정진(2001). *근로 여성50 년사의 정리와 평가*. 한국노동연구원.
전미경(2004a). 1920~30년대 '모성담론'에 관한 연구. *한국가정과교육학회지*, 17(2), 95-112.
전미경(2004b). 1920~30년대 현모양처에 관한 연구. *한국가정관리학회지*, 22(3), 75-93.
전미경(2004c). 식민지시대 가사교과서에 관한 연구: 1930년대를 중심으로. *한국가정과교육학회지*, 16(3), 1-25.
전주여고 80년사 편찬위원회(2006). *전주여자고등학교80 년사(1926~2006)*.
전하람 & 임혜정(2016). 어머니의 취업여부와 직업지위가 자녀의 학업성취에 미치는 영향. *교육사회학연구*, 26(3), 141-169.
정민승(2019). *SKY 캐슬을 넘어서*. 올림.

정병오(2017). 특목고・자사고의 일반고 전환 논란의 역사적 맥락과 해결 방안. *교육을 바꾸는 사람들*. 교육칼럼. https://21erick.org/column/511/

정성미, 이진숙, 한진영, 임연구, & 박송이(2023). *2023 한국의 성인지 통계*. 한국여성정책연구원.

정세화(1972), 한국근대 여성교육. 이화여자대학교 한국여성사 편집위원회. *한국여성사II*. 이화여자대학교 출판부. 283-346.

정재걸 & 이혜영(1994). *한국 근대학교교육 100년사 연구(I)-개화기의 학교교육*. 한국교육개발원.

정해숙(1997). *대학의 성별 구성이 여학생의 교육경험 및 교육적 결과에 미치는 영향 분석*. [박사학위, 동국대학교 대학원].

정해숙, 유지은, & 김미윤(2009). *남녀공학 중등학교에서의 성별 교육실태와 향후과제*. 한국여성정책연구원.

정현주(2015). 여성근대의 시작, 1898년 여성인권선언 '여권통문' 발표. ifs POST. https://www.ifs.or.kr/bbs/board.php?bo_table=News&wr_id=1661

정혜원, 김미정, & 노경혜(2021). *포스트 코로나시대, 여성가족정책 변화와 미래: 경기도민의 생활변화조사를 중심으로*. 경기도여성가족재단.

조경원 & 이배용(2000). 해방이후 여성교육정책의 변화와 여성의 사회진출양상. *한국교육사학*, 22(2), 261-283.

조형(1997). 도시중산층 전업주부의 권력: 구조적 무권력화와 구성적 권력화. *한국여성학*, 13(2), 199-241.

주재선 & 이채정(2008). *2008 한국의 성 인지 통계*. 한국여성정책연구원.

주재선(2009). *2009 한국의 성 인지 통계*. 한국여성정책연구원.

주현지(2024). [창간 30주년 그때 그리고 지금] 사라지는 여자대학... 남녀공학 전환 논란. *UNN*(2018. 6. 3). https://news.unn.net/news/articleView.html?idxno=190475.

중앙일보(2008. 06. 18). 다시 불붙는 남녀공학 효율성 논란. https://m.news.nate.com/view/20080618n00900?sect=photo&list=rank&cate=interest

진혜윤(2006). *박정희정권시기 기념동상에 재현된 이데올로기*. [석사학위, 서울대학교 대학원].

천관율(2019). 20대 남자, 그들은 누구인가, *시사IN*. 2019. 4. 15. https://zrr.kr/SBDR.

최윤정, 박성정, 장희영, 김효경, & 최윤정(2019). *초중등 성평등교육의 요구현실과 활성화 방안*. 한국여성정책연구원.

KBS NEWS(1996. 12. 12). 남녀공학 확대. https://news.kbs.co.kr/news/pc/view/view.do?ncd=3768895

통계청(2024. 2. 27). 2022년 임금근로일자리 소득(보수) 결과.

통계청(2008. 8). *통계로 본 대한민국 60년의 경제・사회상 변화*.

하루키 이쿠미(2009). 근대 일본과 조선의 양처현모주의. *제2기 한일역사공동연구보고서* 제5권, 319-354.

한국교육개발원(2010). *학생 그들은 누구인가*. 통계자료 SM 2010-01-3.

한국교육개발원(2021). *한국교육통계 시계열 자료*.

한국리서치(2022. 4. 5). 여론 속의 여론. [2022 젠더인식조사] 젠더갈등과 성차별 인식. https://hrcopinion.co.kr/archives/26410.

한국여성개발원(1986). *여성관련 사회통계 및 지표*.

한국여성과학기술인육성재단(2023). *2021년 남녀 과학기술인력 현황*.

한기언(1983). *한국교육사*. 박영사.

한명희(1984). 한국 고등교육과 여성문제. *대학교육* 8호 논단, 61-66.

한홍구(2002). 상아탑은 병역비리탑?. *한겨레21*. 한홍구의 역사이야기 429호.

허영주 & 예철해(2021). 이공계열 대학 신입생의 학업성취도에 영향을 미치는 요인. *한국지식정보기술학회논문지*, 16(3), 521-531

헤럴드 경제(2019. 02. 01). 수시 비중 높아지면서 'SKY' 여학생 합격 비중 상승. http://news.heraldcorp.com/view.php?ud=20190201000037.

현경미(1998). *식민지 여성교육 사례연구: 경성여자고등보통학교를 중심으로* [석사학위, 서울대학교 대학원].

호수돈여자중고등학교(1999). *호수돈백년사*. 홍익전자출판.

홍웅선(1991). *광복 후의 신교육운동*, 대한교과서.

황성희(2014). 중소도시 중산층 학부모의 자녀 사교육 지원 문화에 관한 연구. *교육사회학연구*, 24(2), 277-303.

황수경 & 이창근(2024). *한국의 중산층은 누구인가*. 한국개발연구원.

황정숙(2021). 중산층 전업 어머니의 자녀교육 경험과 모성 재구성에 관한 탐색. *교육사회학연구*, 31(4), 245-275.

Diprete, T. A. & Buchmann, C. (2013). *The Rise of Women: The Growing Gender Gap in Education and What It Means for American Schools.* University of Miami.

Headquarters United States Army Forces in Korea. (1945). Explanation of and Directive on Schools. 352(MGEDC) 21 October 1945. https://ncic.re.kr/mobile.kri.org4.inventoryList.do;jsessionid=85300C9ED908258F006C18EE77CD60EB

Hong, S., Kim, N. N., Mo, Z., & Yang, L. (2024. January 13). *Income Inequality in South Korea, 1933-2022: Evidence from Distributional National Accounts*. World Inequality Lab. https://wid.world/document/income-inequality-in-south-korea-1933-2022-evidence-from-distributional-national-accounts-wid-world-working-paper-2024-03/

Kim, J. W. (2004). Education Reform Policies and Classroom Teaching in South Korea. *International Studies in Sociology of Education,* 14(2). 125-145.

OECD. (2018). *Employment Outlook 2018*. https://read.oecd-ilibrary.org/employment/oecd-employment-outlook-2018_empl_outlook-2018-en#page1

OECD. (2020). *Education at Glance 2020: OECD Indicator*. https://read.oecd-ilibrary.org/education/education-at-a-glance-2020_69096873-en#page1

Trow, M. (1973). *Problems in the Transition from Elite to Mass Higher Education*. Carnegie Commission on Higher Education.

United Nations Development Programme(UNDP). (2023). *2023 Gender Social Norms Index (GSNI), Breaking down gender biases, Shifting social norms towards gender equality*. New York: USA. https://hdr.undp.org/system/files/documents/hdp-document/gsni202303.pdf

Yang, H. (2021). Gender equality: Korea has come a long way, but there is more work to do. OECD. https://read.oecd-ilibrary.org/view/?ref=1113_1113280-r9xnqecd7a&title=Gender-equality-Korea-has-come-a-long-way-but-there-is-more-work-to-do

〈웹사이트〉

공공데이터 포털(2024년 6월 5일). 면허의사 인력수-성별. *공공데이터 포털.* https://www.data. go.kr/data/15003224/fileData.do

국립국어원 표준국어대사전(2024년 4월 12일). 확수. *국립국어원 표준국어대사전.* https://stdict.korean.go.kr/search/searchResult.do

국사편찬위원회 우리역사넷(2024년 5월 16일). 근우회. *국사편찬위원회 우리역사넷.* http://contents.history. go.kr/mobile/kc/view.do?levelId=kc_o400420

국사편찬위원회 우리역사넷(2024년 5월 10일). 현대 생활 문화. *국사편찬위원회 우리역사넷.* http://contents.history.go.kr/mobile/eh/view.do?levelId=eh_r0401_0010&code=eh_age_50

국사편찬위원회 우리역사넷(2023년 3월 20일). 정신여학교. *국사편찬위원회 우리역사넷.* http://contents. history.go.kr/front/tg/view.do?treeId=&levelId=tg_004_0890&ganada=&pageUnit=10.

국사편찬위원회 우리역사넷(2023년 11월 12일). 제4차 조선교육령. *국사편찬위원회 우리역사넷.* http://con tents.history.go.kr/front/km/print.do?levelId=km_002_0060_0010_0040&whereStr=

국사편찬위원회 우리역사넷(2024년 8월 12일). 대한민국 임시정부. *국사편찬위원회 우리역사넷.* http://contents.history.go.kr/mobile/kc/view.do?levelId=kc_o400800&code=kc_age_40

국사편찬위원회 우리역사넷(2024년 8월 12일). 관립여학교의 설립과 교육. *국사편찬위원회 우리역사넷! http://contents.history.go.kr/mobile/nh/view.do?levelId=nh_045_0020_0030_0030_0020*

국사편찬위원회 한국사 데이타베이스(2022년 11월 12일). 미군정기 자료 주한미군사. 초중, 중등, 사범교육의 진전. *국사편찬위원회 한국사 데이타베이*

스 https://db.history.go.kr/contemp/ level.do
국사편찬위원회(2024년 5월 3일). 사료로 본 한국사 가족법 개정. *국사편찬위원회.* http://con tents.history.go.kr/front/hm/view.do?levelId=hm_162_0060
보물섬(2024년 6월 5일). 70년대 여고생 생활관 예절체험교육 모습. *보물섬.* https://blog.naver.com/s5we/220020961946
우리말샘(2024년 7월 5일). 소사(召史). *우리말샘.* https://opendict.korean.go.kr/main
중소벤처기업부(2022년 10월 1일). 중소기업위상. *중소벤처기업부.* https://www.mss.go.kr/site/smba/foffice/ex/statDB/MainSubStat.do
한국민족문화대백과사전(2024년 1월 5일). 보통학교. *한국민족문화대백과사전.* https://encykorea.aks.ac.kr/Article/E0023584
한국민족문화대백과사전(2022년 10월 19일). 사친회. *한국민족문화대백과사전.* http://encykorea.aks.ac. kr/Contents/Item/E0026053
한국민족문화대백과사전(2022년 11월 9일). 신여성(新女性). *한국민족문화대백과사전.* https://encykorea. aks.ac.kr/Article/E0079708
한국민족문화대백과사전(2022년 12월 1일). 칠거지악. *한국민족문화대백과사전.* https://encykorea.aks.ac.kr/Article/E0058443
한국민족문화대백과사전(2022년 11월 5일). 판임관. *한국민족문화대백과사전.* http://encykorea.aks.ac. kr/Contents/Item/E0059682
한국여성정책연구원 성인지통계(2024년 6월 5일). 국가고시 합격자(성별). *한국여성정책연구원 성인지통계.* https://gsis.kwdi.re.kr/statHtml/statHtml.do?orgId=338&tblId=DT_1HB1009R
한국여성정책연구원 성인지통계(2023년 4월 12일). 성평등지수. *한국여성정책연구원 성인지통계.* https://gsis. kwdi.re.kr/kr/stat2/NewStatList.html.
e-나라지표(2024년 3월 8일). 지방자치단체 여성공무원. *e-나라지표.* https://www.index.go.kr/unity/potal/main/ EachDtlPageDetail.do?idx_cd=1762
e-나라지표(2022년 12월 11일). 경제성장률. *e-나라지표.* https://www.index.go.kr/unity/potal/main/EachDtlPageDetail.do?idx_cd=2736

e-나라지표(2024년 5월 3일). 취학률과 진학률. *e-나라지표.* https://www.index.go.kr/ unity/potal/main/EachDtlPageDetail.do?idx_cd=1520
KOSIS 국가통계포털(2024년 6월 12일). 성/교육정도별 경제활동인구. *KOSIS 국가통계포털.* https://kosis.kr/statHtml/statHtml.do?orgId =101&tblId=DT_1DA7003S

〈1945년 이전 자료〉
박영효 건백서(1888. 2. 24). http://contents.history.go.kr/front/hm/view.do?levelId=hm_116_0030
대한매일신보. (1908. 8. 11). 녀ᄌᆞ교육.
독립신문. (1896. 9. 5). 논설.
독립신문. (1896. 5. 12). 논설.
독립신문. (1897. 3. 4). 외국통신.
독립신문. (1898. 7. 6.). 동몽교육.
독립신문. (1898. 10. 13). 부인상쇼.
독립신문. (1899. 5. 26). 녀학교 관뎨.
독립신문. (1899. 5. 26). 논설.
동아일보. (1939. 4. 6). 상급학교수험에 나타난 젊은여성의 지향.
매일신보. (1921. 3. 16). 금년도 졸업생의 취업처.
매일신보. (1921. 9. 14). 남자학교에 여교원: 각보통학교 일년급학생을 위ᄒᆞ야 여자교원을 둔다고.
별건곤. (1927. 03. 01). 여자직업안내, 돈 업서서 외국 유학 못가고 취직할 곳은 몃치나 되는가. *별건곤* 제5호.
이광수. (1932). 신여성의 십계명, 젊으신 자매에게 바라는 십개조. *만국부인.* 제1호.
조선총독부통계연보(1933). 일제강점기교육-각급교육-중등교육. *한국학자료통합플랫폼.* https://db.history.go.kr/modern/level.do?levelId=mh_001_0030_0030_1230 https://db.history.go.kr/modern/level.do?levelId=mh_001_0030_0030_1240
주요섭. (1933). 신여성과 구여성의 행로. *신여성* 7권 1호.

황성신문. (1898. 9. 8). 여학교설시통문.
황성신문. (1900. 1. 19). 교비정지(校費停止).
황성신문. (1900. 1. 23). 관청사항(官廳事項).

III

미국의 여성교육: 은밀하고, 이상하고, 심오한 변화의 역사

강미아(Mia Kang)

III

> 늘 그렇듯이, 우리의 남자 형제들은 공립학교 교육 및 대학교육을 받는다. 상급학교로 올라가는 과정을 거치고, 다양한 교육의 문을 열고 닫으면서, 단상에 오르고, 설교를 하고, 가르치고, 사법을 집행하고, 의사로서 개업을 하고, 사무를 처리하고, 돈을 번다. 그것은 마치 여행자 무리가 사막을 건너는 것과 같은, 장엄한 행진의 과정이다 …… 지금 그리고 여기, 우리는 …… 대체 어떤 명분을 내걸고 그러한 행진에 동참해야 하는가? 무엇보다도, 그렇게 교육받은 남성들의 행진은 대체 우리를 어디로 이끌고 있는가?
>
> 버지니아 울프(Woolf, 1966)

1. 들어가며

버지니아 울프의 말을 빌자면, 미국 여성교육의 역사는 여성들이 남성들을 중심으로 구축된 공립 학교교육과 대학교육의 문턱을 어떤 방식으로 뛰어 넘어 왔는지에 대한 역사라고도 볼 수 있다(Aiston, 2009). 미 건국 초기 헌법이나 교육관련 법률들이 제정되는 과정에서 여성에 대한 언급은 전혀 없었고, 여성교육은 연방정부, 주정부, 지역공동체, 심지어 가정 내에서도 주요 관심사가 된 적이 없었다(Kann, 1999). 미국 건국 이후 약 150여 년 동안 여성교육은 가정이라는 지극히 사적인 영역에서 주로는 남자 아이들을 양육하는 데 필요한 기본적인 지식 정도에 국한시켜 이루어졌다(Norton, 1996; Palmer, 2010). 경제적 주체로서의 여성, 혹은 공적인 영역에 참여하는 여성에 대한 문제 제기가 이어진 것도 1900년대 이후에 이르러서다(Fine, 1988;

Roberts & Kwon, 2021). 비교적 최근까지도 미국 여성은 사회구조 안에서 여전히 부차적이고 주변적인 지위를 차지하고 있었으며, 따라서 수직적 위계를 지닌 제도교육 내부가 아닌 지극히 사적이고 개인적인 영역에서 제한적인 교육기회를 얻었을 뿐이었다.

세계 경제 포럼(World Economic Forum, 2022) 리포트에 의하면, 최근 북아메리카는 전 세계에서 젠더격차를 가장 많이 줄인 지역으로 밝혀졌다(World Economic Forum, 2022, p. 6). 캐나다가 이전 수준의 젠더격차를 꾸준히 유지하고 있는 데 비해, 미국의 젠더격차는 최근 몇 년 동안 꾸준히 줄어왔기 때문이다. Welding(2024)에 따르면, 2023년 여자 대학생의 66%가 대학을 졸업한 반면, 남자 대학생의 58%가 대학을 졸업했다. 또한 총 3백10만 대학원 등록생 중 여자 대학원생의 비율은 59%로 남자 대학원생 비율 37%보다 크게 앞선다. OECD가 주관하는 PISA 2022 성적을 보면, 미국의 경우 수학에서 근소한 차이로 남학생들의 성적이 우수하게 나타나기는 하지만(여학생 473점 대 남학생 482점), 독해 능력 면에서 여학생들이 큰 차이로 남학생을 따돌리고 있으며(여학생 517점 대 남학생 494점), 다른 과목들에서도 전반적으로 여학생들의 성적이 남학생들보다 더 높다(OECD, 2023, Figure 2).

그런데 좀 더 세부적으로 들여다보자면, 총 62%의 여성들이 고용시장에 나와 있지만, 이는 단지 OECD 평균에서 6% 상회하는 수준에 불과하며, 경영이나 행정 등 상위 직급에서 일하는 여성들은 남성들과 비교했을 때 18.9% 가량 낮은 월급을 받는 것으로 보고되었다. 젠더격차 관련 전반적인 수치에서 상승세를 보인다고는 하지만, 실제 미국 여성의 경제 참여와 기회는 세계 152개 국가 중 22위, 교육 정도

51위, 건강과 생존 83위, 정치세력화 38위 등을 차지했다. 미국이 세계에서 차지하는 정치적, 경제적 위상을 고려하여 함께 비교하자면, 미국 여성의 사회적, 정치적, 경제적 위상이 다른 국가 여성들에 비해 크게 높은 편은 아니라는 점을 알 수 있다(World Economic Forum, 2022).

미국에서 공교육의 기틀이 마련되고, 여성들에게도 공교육의 문이 열리고, 초등교육에서 중등교육으로, 대학교육 및 대학원까지 여성들에게 교육기회가 확대되는 일련의 과정은 저절로 이루어진 것이 아니다. 1776년 미국 건국 이후 다양한 주체들이 개별적으로 혹은 단체를 만들어 꾸준히 그리고 오랫동안 다양한 노력을 기울인 결과, 아주 천천히 그리고 조금씩 변화해 왔다. 그러한 변화의 과정에서 다양한 사회적, 문화적, 계층적, 인종적 갈등이 있었지만, 여성의 사회적 지위를 향상시켜야 한다는 사회적 담론이 지속적으로 형성되어서 우여곡절 끝에 시민 사회를 설득해 내는 데 성공하게 된 것이다. 공평과 정의의 관점에서 사회구조 및 제도의 변혁을 이루고자 했던 사회적 행동들이 결실을 맺음으로써 여성의 교육기회를 보장하고 사회 전반의 젠더격차를 점진적으로 줄여갈 수 있게 된 것이다(Madigan, 2009; Valentin, 1997).

대규모 변혁의 역사는 1964년 시민권리운동(The Civil Rights Movement)이라는 큰 물결에서 비롯되었다. 미국 사회는 이 시민사회 운동을 통해 공평하고 정의로운 미국을 만들어야 한다는 사회적 의제를 설정하였고, 그 결과 1972년 수정헌법 제9조(Title IX)가 제정되었다. 비로소 교육 현장에서 여학생과 여성을 대상으로 하는 성차별, 성폭력을 방지하기 위한 제도가 마련된 셈인데(Valentin, 1997), 되짚어 보자면

이는 1776년 미국 건국 이후 약 200년이 흐른 이후에야 비로소 여성 및 여학생들을 보호하기 위한 법과 제도들이 구체화되었음을 알 수 있다.

이 장에서는 미국 여성교육의 역사를 (1) 공교육 확립기 1780~1850, (2) 진보교육 시대 1860~1950, (3) 시민권리운동(The Civil Rights Movement) 이후(1960~1990), (4) 최신 동향(2000년대 이후) 등으로 대별하고, 각 시대별로 여성교육에 대한 담론이 확산되는 과정, 여성교육이 제도교육 밖에서 제도교육 안으로 수용되어 가는 과정, 시민권리운동이 여성교육 운동에 미친 영향, 수정헌법 제9조 관련 최근 논쟁까지 그 시대적 변화 과정을 추적했다. 각 시대별 경제적, 사회적, 정치적 맥락들이 여성교육에 미친 영향들과 그 시사점에 대해서도 간략하게 정리하였다.

2. 공교육 확립기 여성교육(1780~1850년대)

수년 동안의 전쟁을 거쳐 영연방에서 독립한 직후 미국의 최대 관심사는 국민을 계몽하고 헌법에 명시된 공화주의적 이념인 자유와 평등의 가치를 시민사회에 설파하는데 있었다(Nye, 1960). 특히 1815년 이후 전쟁의 위험이 잦아들고 미국 내부 반란의 위험이 사라지자 미연방정부는 산업화, 도시화, 영토의 확장, 종교개혁, 사회 개혁 등을 통해 새로운 국가의 기틀을 만드는 데 주력했다(Watson, 2006). 대규모로 공장들이 설립되고, 기계화를 통해 농장들의 생산성이 높아지고, 시장의 규모 역시 급속도로 팽창하면서, 새로운 시대 새로운 교육에 대한 사회적 관심이 높아지기 시작했다(Nash, 2016).

지역 공동체 내에서 소규모로 물물교환을 하던 경제에서 벗어나 공통 화폐가 전국적으로 유통이 되는 대규모 경제 구조로 개편되자, 읽고, 쓰고, 계산을 하는 능력은 노동자들에게 요구되는 필수적인 자격 요건이 되었다. 젊은 세대에게 "국민의, 국민에 의한, 국민을 위한" 새로운 국가로서의 미국적 정체성을 부여하기 위해서 새로운 교육제도의 도입은 필수적이기도 했다. 토마스 제퍼슨, 벤자민 러시 등 미국 건국의 아버지로 추앙받는 인물들이 교육의 중요성을 설파하기 시작했고(Nye, 1960), 이는 1830년대 호래스 만(Horras Mann)의 미국 공립초등학교 개혁운동(The Common School Movement)으로 구체화되었다(Hinsdale, 1898; Osgood, 1997). 초기 공교육 개혁운동은 주로 남자 초등학생들을 대상으로 실행되었지만, 점진적으로 여학생들에게도 공교육의 문이 열리게 되었음은 주목할 만하다.

1) 공립 초등학교의 확산과 여성교육

1830년대 호래스 만이 무료교육, 보통교육, 비종파적인 교육을 기치로 사회 운동을 이끌고 관련 법규들을 제정하기 전까지 미국 교육은 사교육, 종교교육에 전적으로 의존하고 있었다. 초등교육을 위해서도 수업료를 내야하는 사교육 시스템이었기 때문에 가난한 사람들에게 교육기회는 주어지기 어려웠고, 극히 일부 부유층을 제외하면 여성들을 대상으로 하는 교육 역시 거의 이루어지지 않았다(Kaestle, 1983).

[그림 1] 미국 초기 댐스쿨의 모습. 그림 출처: Parker(1870-1930)

영연방 시절부터 중상층을 중심으로 댐스쿨(The Dame School)이라는, 일종의 소규모 공부방 시스템이 운영되기는 했었다(Higginson, 1974; Mondale, 2002). 댐스쿨은 사설 교육의 한 형태로, 주로는 중산층의 미혼 여성들이 자신들의 집으로 귀족층 영유아들을 불러들여 소정의 수업료를 받고 기본적인 읽기, 쓰기, 산수 등 소위 3R(**R**eaching, w**R**iting, & a**R**ithmatic) 과목을 가르쳤다([그림 1] 참고). 댐스쿨을 여는 데 특별한 교사 자격증이 필요한 것은 아니었는데, 1789년 매사추세츠 주는 미국에서 최초로 댐스쿨 교사들에게 교사자격증을 부여했다(Sklar, 1993, p. 522). 댐스쿨의 교육 대상은 대부분 남자 아이들이었고 교재로는 호른북(Hornbook)이라 불리던 알파벳 학습 자료가 널리 쓰였으며, 주요 읽기 자료로 신약성경을 사용했다. 댐스쿨을 마친 남아들이 댐스쿨 이후에도 지속적으로 학업을 이어갈 수 있었던 데 반해, 대다수의 여아들은 댐스쿨에 다닐 수 없었고, 그나마 댐스쿨에 출석한 여아들은 기본 알파벳 및 간단한 뜨게질 정도만을 배울 수 있었다(Dexter, 1919, pp. 424-425).

1766년 매사추세츠주 매드포드(Medford) 투표의 결과로 여학생들에게도 교육기회가 열렸는데, 이는 남학생들이 하교한 뒤 매일 약 두 시간씩만 한정적으로 기본 교육을 받을 수 있도록 허용하는 수준이었다(Dexter, 1919, p. 426). 뒤이어 1789년 보스턴에서 여학생이 남학생과 동일한 교육 시설에 들어가 교육을 받을 수 있게 하는 법령이 마련되었는데(Dexter, 1919, p. 427), 그러한 경우에도 남학생과 여학생이 한 교실에서 함께 공부할 수는 없었다. 여학생들이 오전에 읽기 수업을 받는 동안 남학생들은 수학을 배웠고, 오후에는 과목을 바꾸어 수업하는 식으로, 한 교육 시설 안에서도 남학생과 여학생은 분리된 교육을 받았던 것이다. 동관은 남학생 전용, 서관은 여학생 전용 등, 건물을 아예 두 공간으로 나누어 운영하는 양성 분리 교육이 성행하기도 했었다(Thorne, 1993, 2013).

이후 여학생들에게 보다 나은 교육기회를 제공하자는 취지로 1818년 매사추세츠에 최초로 여학생들만을 위한 학교가 개설되었고, 철학과 과학 등 당시 남학생들에게만 허락되었던 교과목들을 여학교에서도 가르치기 시작했다. 1822년에는 여성교육운동가 캐서린 비처[1)]가 코

1) 여성교육 운동을 주도하던 캐서린 비처는 당시 국무총리이던 아버지와 여동생의 전폭적인 지원과 지지를 받았다. 여동생 해리엇 비처 스토는 [톰아저씨의 오두막 Uncle Tom's Cabin]을 저술한 유명한 소설가이기도 하다. 당시 교육 받은 중상층 엘리트 여성들이 여성 운동 및 여성교육 운동을 주도했었음을 보여주는 예이다.

네티컷에 여학교를 열었고(Sklar, 1973, P. 59; Vinovskis & Bernard, 1978), 이후 뉴햄프셔 등 다양한 도시에서 여성교육을 전담하는 교육 기관들이 문을 열기 시작했다[2](Dexter, 1919, p. 428).

그런데 댐스쿨이든 여학교든 이들 교육 기관들은 모두 백인 중상층 학생들을 대상으로 하는 문해교육과 종교교육이 중심이었기 때문에, 유색인종, 노동자계층 등 사립 교육 기관에 수업료를 낼 수 없는 가정의 학생들은 기본 보통교육을 받기가 매우 어려웠다. 그런 맥락에서 호래스 만이 1830년대 매사추세츠 주에서 시작한 공립 초등학교 개혁운동은 가히 혁명적이라고도 볼 수 있었다. 호래스 만의 공교육 개혁운동의 핵심은, 주정부의 주도 하에 지역 교육청이 보편적이고 효율적인 교육과정을 운영할 것을 의무화하고 그 과정을 제도적으로 뒷받침할 수 있도록 한 데 있었다. 교육이 공공의 영역으로 편입되었기 때문에 그때부터는 시민들의 지방세나 주정부의 지원금을 초등 보통교육을 확대하는데 전폭적으로 투입할 수 있게 되었던 것이다([그림 2] 참고). 공립 초등학교 개혁운동 초기에는 일부 몇 개 주에서 제한적으로 도입하는데 그쳤었지만, 그 교육적 효과가 입증되면서 국가적으로 큰 사회적 반향을 일으켰다. 그 결과 전미 대부분의 주정부에서 비슷한 시스템을 정착시키면서 바야흐로 미국 전역에 공교육의 기틀이 확립되었다(Hinsdale, 1898; Osgood, 1997).

---

2) 이들 여학교는 1875년 전국에 총 311개까지 확대되었는데 훗날 남녀공학 제도가 보편화되면서 남녀공학으로 대부분 전환되었다.

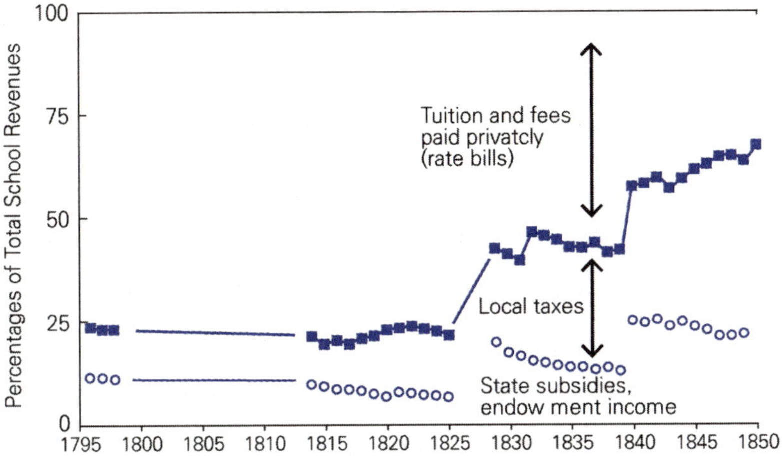

[그림 2] 학교 교육 경비 변화 추이, 1795~1850. 지방세 및 주정부 지원금의 확대로 사교육비 부담이 점차 줄어들다가 1840년 이후부터 사교육비 부담이 급격히 감소했음을 확인할 수 있다(Go & Lindert, 2010, p. 6).

그런데 이 시기 여학생들은 호래스 만의 표현을 빌자면 "별다른 사회적 논쟁 없이 밀입국자들처럼 은밀하게(smuggling)" 학교로 밀려들었다(Mann, 1853; Tyack & Hansot, 1988, p. 34에서 재인용). '은밀하게'라는 단어가 함의하는 것처럼, 여학생과 남학생이 같은 교실 혹은 같은 학교에서 함께 공부해도 되는지 대한 별도의 토론도 없이, 그리고 주정부나 연방정부의 특별한 지침이나 규정도 없이, 여학생들의 공립 초등학교 유입은 소리 없이 자연스럽게 확대되었던 것이다. 일부 중소도시에서 여학생 교육에 대한 소소한 토론이 있긴 했었지만, 여학생들의 공교육 유입은 전반적으로 커다란 논쟁이 없이 1,800년대 중반까지 계속되었다(Tyack & Hansot, 1988).

댐스쿨에서 공교육으로의 여학생 유입은 매우 점진적으로 이루어졌는데, 이는 수많은 개인들의 요구에 지역교육청이 개별적으로 대응한 결과로 보인다. 처음에는 겨울철 계절학교에서만 한시적으로 여학생들을 받던 지역에서도 여학생들을 가을학기 정규 과정에 편입시키기 시작했다. 1848년 로드아일랜드 공교육국장이었던 헨리 버나드가 주정부 회의에서 "지역 학교는 여학생, 남학생 할 것 없이 모든 학생들에게 열려 있어야 한다."(Bernard, 1849, p. 280; Tyack & Hansot, 1988, p. 34에서 재인용)라고 말한 것이, 여학생 교육에 대한 주정부 차원 최초의 논평으로 보인다. 여학생의 공교육 유입은 그만큼 조용하고 자연스럽게 이루어졌기 때문에, 남녀공학 시스템의 확립은 미국 교육 역사상 가장 미스테리한 현상의 하나로 꼽히기도 한다(Tyack & Hansot, 1988).

2) 모성, 가정, 그리고 여성의 가치

이 시기 여성의 가치는 남편의 필요를 충족시키고 아이를 양육하는 데 초점이 맞춰져 있었다(Moroney, 2000). 미국 건국 초기 즉 1800년대 초반까지 여성들은 스펠링 중심의 문해능력, 습자(글씨체), 기본적인 산술 및 도형, 연대기 등에 대해 배웠다. 일부 상류층 여성들에 한해서 천문학, 자연과학 및 철학, 화학 등을 배울 수도 있었는데, 이는 이러한 과학적 지식들을 토대로 당시 여성들을 미신 숭배에서 벗어나게 할 수 있을 것이라 기대했기 때문이었다. 음악교육은 사회적 책임을 다하느라 스트레스를 받은 남편들을 위로하기 위한 도구로서 중시되었고, 무용교육은 여성들을 게임과 음주에서 벗어나게 하기 위해서, 여행서나 시집, 도덕책 등은 소설의 비현실성을 극복하게 하기 위해 권장되었다(Tyack &Hansot, 1992, pp. 33-34).

심지어 여성교육 기회의 확대에 크게 기여했던 벤자민 플랭클린 역시 여성의 행복을 결혼과 자녀 양육에 국한되는 것으로 제한했다. 그는 여성을 남성보다 낮은 존재로 치부하던 기독교적 세계관에 맞서고 여성 역시 스스로의 행복을 추구하는 독립적인 존재라고 주장하는 등, 당시 시대적 상황을 고려할 때 상당히 진보적인 관점을 견지했지만, 그 역시 여성의 역할을 한 가정 안에 가두는 전통적인 관점에서 크게 벗어나지는 못했었다(Conway, 1974).

[그림 3] 여성이 공적인 자리에서 연설을 하는 것이 부적절한 행위라고 여겨지던 1829년, 흑인 교육 및 여성교육운동가였던 프랜시스 라이트(Francis Wright)가 대담하게 대중들을 대상으로 특강 시리즈를 개최한 것을 조롱하는 카툰(Akin, 1829)

더구나 여성들은 남성들에 비해 감정적이고 논리적이지 못하다는 우생학적 관점이 사회적 주류 담론으로 굳건히 자리잡은 상황에서(Franks, 2005; Larson, 1995) 플랭클린의 여성교육 확대 주장은 사회적 지지를 크게 받지는 못했었다. 여성의 여성스러움을 강조하는 담론들은 여성들을 남성 중심 사회의 주변인으로 타자화하고 있었고, 따라서 여성스러움이라는 단어는 아무 생각 없이 단순한 업무만을 수행하는 여성, 즉 사고하지 않고 사고할 수도 없는 여성이라는 사회적 의미를 구축했다. 그렇기 때문에 여성교육의 범주 역시 집안에서 남성들을 보조하는 역할을 담당할 수 있을 법한 수준으로 제한될 수밖에 없는 상황이었다. 따라서 여자 아이들을 학교라는 공적인 공간에 끌어들여 남자 아이들과 동등한 교육의 기회를 보장해야 한다는 주장은 폭넓은 지지를 받지 못했다. 그 결과 여학생들은 주로는 여름방학 때나 한시적으로 학교교육을 받을 수 있었고, 공립 초등학교의 여학생들을 위한 교육과정 역시 종합적인 사고력 확장보다는 단선적이고 기계적인 지식 습득에 중점을 두었다(Mondale, 2002).

하지만 당시 여성교육 운동가들은 사람과 동물을 구별하는 가장 중요한 핵심 요소로서 이성적인 사고 능력을 상정하고, 추상적인 사고 능력이 있고 예술과 과학의 세계를 향유하는 여성들에게 남성들과 동등한 교육의 기회를 주어야 한다고 역설했다(Kaestle, 1983; Potter, 1967).

하지만 당시 여성교육운동가들의 논쟁은 당시 기독교적 세계관에 지나치게 경도되었다는 한계를 드러내기도 했다. 예를 들어 비처(Beecher) 등 당시 유명한 미국의 여성교육운동가들은 남성 중심, 가부장 중심의 위계적 사회구조를 정당화하던 당시 기독교의 교리를 매우 충실하게 따랐다. 여성들은 가정이라는 사적인 영역에서, 남성들은 고용 시장, 정치, 및 행정 등 공적인 영역에서 주도적 역할을 해야 한다는 이분법적 사고를 고수하던 그들은, 여성들의 교육 역시 가정 내에서 새로운 레시피를 개발하고, 부엌 배관을 수리하고, 가족의 건강을 책임 지는 등 가정 내 여성의 역할을 강조하는데 그쳤을 뿐이었다(Tyack & Hansot, 1992, pp. 37-38). 여성들에게 과학적이고 이성적인 사고 능력을 주입(inculcation)함으로써 미신과 편협성을 물리치도록 하는 것이 곧 진정한 기독교의 가치를 높이는 일이라 주장한 것 역시(Kaestle, 1983; Potter, 1967) 기독교적 세계관에 경도되어 여성교육의 새로운 지평을 여는 데까지 나아가지는 못 했던 당시 여성운동가들의 한계를 보여준다.

3) 남학생에게 고전을, 여학생에게 과학을!

한편 1790년 여성들의 문해능력은 남성들의 절반 수준에 채 미치지 못한 것으로 알려져 있는데, 1830년대 호래스 만의 공립 초등교육 개혁운동이 점진적으로 뿌리를 내리면서, 여성들의 문해 능력도 서서히 향상되기 시작했다(Barnard, 1851; Steiner, 1919, p. 59). 당시 상류층 여성들은 공립 보통학교 대신 유명한 사립학교 교육을 받거나 집안에 따로 가정교사를 들여 일반 시민들과는 다른 교육을 받는 쪽을 선호했다. 개혁운동 초기에 중상층들은 공교육을 가난한 사람들을 위한 자선 교육의 한 형태로 받아들였고, 부자들 중심의 고귀하고 고유하며 전통적인 가치를 지향하는 사립교육을 고수하려 했다.

하지만, 헨리 버나드 등 중상층 교육 행정가들을 중심으로 교육 현장은 가난한 사람들을 위한 교육까지를 포괄해 내는 확장형 플랫폼의 형태로 구축되어야 한다는 주장이 힘을 얻기 시작했다(Barnard, 1851; Steiner, 1919). 특수 교육의 기본적 토대 역시 마련되었고, 젊은 남녀 교사들을 교육하는 프로그램들도 폭넓게 운영되었다. 실력 있는 교사진이 구축되고 양질의 교육이 담보되자, 공교육은 가난한 사람들만을 위한 것이라는 편견 역시 점차 사라졌다. 그 결과 비교적 보수적인 지역의 여성들이나 중상층 여성들도 공립 보통학교에 유입되었고, 여성들의 교육기회 확대는, 여성들이 빈부격차를 뛰어 넘을 수 있게 하는 사회적 동력이 되기도 했다(Sklar, 1993, p. 532).

1821년 보스턴에서 미국 최초의 공립 고등학교가 설립되는 등 공교육 시스템은 중고등학교까지 점차 확대되고 있었고, 이에 발맞추어 여학생의 중고등학교 등록 숫자도 점차 늘어갔다(Story, 1975, p. 288). 여학생들의 학교 유입이 크게 확대되고 여학생들의 학업 능력도 향상되면서, 당시 남성 중심의 사고 즉, '지나치게 감정적이며 논리와 수리에 약한 여성'이라는 우생학적 관점에 도전하는 새로운 근거들이 생겨났다(Tyack & Hansot, 1992, p. 39).

예를 들어 1794년부터 1850년까지 통시적 관점으로 중고등학교 교육과정을 대별한 톨레이(Tolley, 1996, p. 147)의 연구에 따르면, 1800년대 초중반 여학생들의 과학 과목 학업 성취가 남학생들보다 상대적으로 높았던 것으로 보인다. 이는 주로 남학생과 여학생을 분리시켜 각기 다른 교육과정을 운영했던 시대상을 반영하는데, 19세기 초반(1800~1845) 지역신문에 게시된 중등학교 광고문에서 당시 여학생들이 과학 과목에서 남학생들보다 우수한 성취를 보일 수 있었던 이유를 엿볼 수 있다([그림 4] 참고).

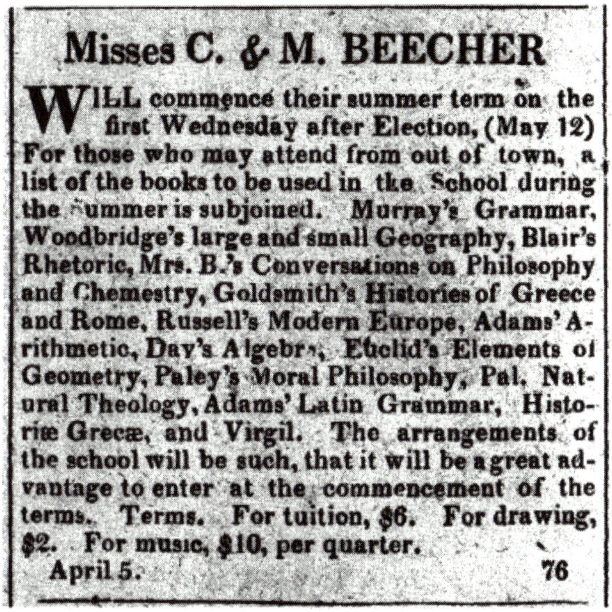

Misses C. & M. BEECHER

WILL commence their summer term on the first Wednesday after Election, (May 12) For those who may attend from out of town, a list of the books to be used in tke School during the Summer is subjoined. Murray's Grammar, Woodbridge's large and small Geography, Blair's Rhetoric, Mrs. B.'s Conversations on Philosophy and Chemestry, Goldsmith's Histories of Greece and Rome, Russell's Modern Europe, Adams' Arithmetic, Day's Algebra, Euclid's Elements of Geometry, Paley's Moral Philosophy, Pal. Natural Theology, Adams' Latin Grammar, Historiæ Grecæ, and Virgil. The arrangements of the school will be such, that it will be a great advantage to enter at the commencement of the terms. Terms. For tuition, $6. For drawing, $2. For music, $10, per quarter.

April 5. 76

[그림 4] 1824년 캐서린 비처와 매리 비처가 코네티컷에 설립한 여학교 광고문. 대수학 및 기하학이 교육과정에 포함되어 있다(Tolley, 1996, p. 135).

〈표 1〉 노스 캐롤라이나 및 버지니아 주 중고등학교 과학 과목 광고(1800~1840). 이 자료는 버지니아주 학교 61개, 노스 캐롤라이나 주 학교 103개 자료를 토대로 만들어졌다(Tolley, 1996, p. 142).

	자연 철학	천문학	화학	식물학	광물학	자연사
여중고 (n=78)	74%	47%	54%	35%	5%	13%
남중고 (n=86)	47%	22%	21%	2%	3%	1%

[그림 4]에서와 같이 당시 여학교들은 대수학(algebra) 및 기하학(geometry)을 핵심 교육과정에 포함시키고 있었으며, <표 1>에서 엿볼 수 있는 것처럼, 당시 여학교들이 남학교들보다 과학 과목을 더욱 중점적으로 가르쳤다. 천문학, 화학 및 지구과학 과목을 가르치는 여학교가 남학교보다 두 배 이상 많았고, 심지어 식물학을 가르치는 여학교는 남학교보다 압도적으로 많았다(여학교 35% 대 남학교 2%).

이러한 현상은 노스 캐롤라이나나 버지니아 주 이외에도 미국 남부 및 북부 주에서 두루 찾아볼 수 있었는데, 당시 남학교가 주로 라틴어나 그리스어 등 고전 문학에 치중하였던 데 반해 여학교에서는 과학 과목을 중점적으로 가르치게 되면서 나타난 현상으로 보인다(Tolley, 1996).

당시는 고전 읽기 능력을 특권층의 상징으로 여겼고, 하버드 등 유명 사립대학은 대입 사정에서 고전 번역 능력을 가장 중요한 입시 요소의 하나로 가중치를 두었다. 예를 들어 1810년 펜실베이니아 대학교의 경우 율리우스 카이사르(Julius Caesar)의 논평과 처녀작들을 영어에서 라틴어로 번역하는 시험을 치르게 하기도 했었는데, 이러한 입시 전형에 발을 맞추기 위해서라면 고등학교 교육과정은 고전 과목이 주축을 이룰 수밖에 없었다(Tolley, 1996, p. 149).

이와 관련하여 Tolley(1996)는 당시 중상층 미국인들이 과학 과목을 부수적 장식품 정도로 여겼을 것이라고 추론했다. <표 1>에 드러난 것처럼 당시 사립 교육 기관들 중에서 남학생들에게 과학 과목을 중점적으로 가르친 경우는 매우 드물었다.

하지만, 남학생들을 가진 중상층 부모들이 과학 과목에 크게 관심을 두지 않았던 것과 별개로, 사설 중등 교육기관들은 과학 과목의 부상을 색다르고 새로운 흐름으로 인식했던 것으로 보인다. 물론 여학생들에게 라틴어와 그리스어 대신 과학에 치중하는 교육을 한 것은, 대입 중심 과목에서 여학생들을 멀어지게 함으로써 졸업 후 사립명문 대학에 진학할 수 있는 기회를 원천적으로 박탈한 것이라 볼 수도 있다. 하지만 그 과정에서 역설적으로, 당시 팽배하던 우생학적 믿음, 즉 여학생은 본질적으로 감성적이고 열등한 존재라서 논리적, 수학적, 과학적인 사고가 불가능하다는 관점은 새로운 도전에 직면할 수밖에 없었다.

4) 여교사: 교직의 가능성과 한계

유럽으로부터의 대규모 이민과 대도시의 산업화로 인해 이미 동부의 인구는 폭발적으로 증가하고 있었고, 그러한 사회경제적 구조 변화는 미국 동부를 중심으로 1830년대 공립보통초등교육 운동이라는 사회적 담론과 직접적으로 맞물리면서 공교육 확산에 직접적인 영향을 미쳤다. 당시 미국은 유럽인들, 특히 영연방 출신 이주민들이 정치, 사회, 경제 전반을 주도하는 사회였다. 그렇다면 영연방과는 구별되는 새로운 국가 미국이 그 공화주의적 제도를 정착시켜야 한다는 사회적 책무를 어떻게 수행할 것인가? 당시 시민사회의 가치와 원칙들을 제대로 지켜내면서 동시에 어떤 방식으로 미래 세대에 그 새로운 가치를 전수할 것인가? 누가 어떤 방식으로 그 책무를 감당할 것인가?

당시 사회는 남성들에게 정치적, 경제적 책임을, 여성들에게 가정관리의 책임을 부여했다. 사회는 남성의 영역, 가정은 여성의 영역이라는 이분법이 주류사회의 지배적 담론으로 굳건히 자리잡고 있었던 것이다. 남성들이 정치, 신학, 철학 등을 발전시키는 동안, 여성들은 가정에서 아이들을 교육하라는 것이 사회적 당위이던 시대. 이제 여성들은 가정에서 아이들에게 단순한 산술 및 문해교육 정도를 담당하던 데서 나아가, 젊은 미래 세대에게 새로운 국가에 걸맞는 도덕적 책무와 가치관을 심어주어야 한다는 사회적 요구가 부여되었다(Conway, 1974). 가정이라는 울타리 안에서만 규정되던 여성의 역할에 '교육을 통한 새로운 국가 건설'이라는 사회적 의미가 부여되면서, 양성의 역할을 철저하게 분리해 오던 사회적 통념에 균열이 생기기 시작한 것이다.

비록 소수이긴 했지만, 페미니즘 운동의 영향으로 1790년대 이미 귀족층 여성들이 교직에 유입되어 있었다(Jensen, 1984, p. 3). 그러다 1830년대 이후 공교육이 확장되고 여학생들에게도 교육기회가 열리면서, 일찍부터 중고등교육을 마친 여성 교사들을 중심으로 공교육에서 여성 교사의 역할에 대한 담론의 장이 폭넓게 형성되었다. 비처(Beecher)처럼 교직이 여성들이 주체적으로 활약하는 전문직이자 정규직으로 자리를 잡아야 한다는 주장을 하는 여성운동가도 점차 많아졌다(Tyack & Hansot, 1992, p. 37).

하지만 여성의 활동 영역을 가정으로 제한해야 한다는 가부장적 이데올로기는 여전히 지배적이었다. 이들을 설득하기 위한 전략으로 호래스 만 등 당시 사회적 담론을 주도하던 유력 인사들은 학교라는 공간은 가정이라는 사적 공간의 연장이라는 주장을 펼쳤다(Clifford, 1982; Grumet, 1981). 가정에서 자녀교육을 담당하던 여성들이 학교로 옮겨와서 똑같은 일을 하는 것에 불과하다, 누나나 엄마가 교사누나, 교사엄마가 되는 것이니 여교사 채용이 기존의 가부장적 질서와 충돌하지는 않는 것이라는 주장을 피력하기 시작한 것이다. 비처 역시 일련의 저술에서 가정 내에서 아이들을 돌보는 일과 학교에서 아이들을 가르치는 일을 자연스럽게 등치시키기도 했다(Beecher, 1848). 호래스 만과 비처 모두 여성들의 자녀들에 대한 헌신과 사랑, 자녀들의 생활 습관에 대한 인내심, 잘못된 행동에 대한 공포보다는 행동 개선에 대한 희망적 사고 등을 여성 교사의 훌륭한 자질로 거론하기도 했다(Clifford, 1982; Grumet, 1981). 그 결과 '아이들과 여성이 존재하는 공간은 모두 사적'이라는 이율배반적 접근이 19세기 내내 전반적인 지배적 담론으로 자리를 잡게 되었다.

1800년대 초반 교직에 종사하는 여성의 비율은 10% 미만에 불과했었다(Tolley &Beadie, 2006, p. 44). 하지만 대도시를 중심으로 한 공교육의 급속한 확산과 함께 교사 부족 문제가 심각하게 대두되면서, 중산층 출신의 교육 받은 미혼여성들을 교직으로 유입하는 방안이 논의되었다(Weiler, 1989). 실제로 당시 여성 노동자들의 처우는 남성 노동자들보다 좋지 않았다. 여성에 대한 사회구조적인 차별이 팽배한 현실에서 여성들에게 다양한 취업 기회가 주어지지 않았으므로, 여성노동자들에게 낮은 월급을 지불해도 크게 불평하지 않았던 것이다(Dublin, 1975; Kessler-Harris, 2003). 공업화를 통해 대규모 생산이 가능해진 공장들은 더 이상 여성들을 고용하지 않아도 되었고, 그렇게 대량 생산된 공업용품, 특히 가전제품이나 공구들이 등장하면서 여성들의 가사 노동 부담도 현저하게 줄어들기 시작했다.

따라서, 중산층 가정 출신으로 고등학교 및 대학교 진학을 통해 수준 높은 교육을 받은 미혼 여성들에게는 새로운 돌파구가 필요했고, 학교는 그들에게 새로운 기회의 공간으로 여겨졌다(Conway, 1974).

비록 임금이 상대적으로 낮았고, 집에서 돌보는 아이들을 학교에서도 다시 만나 가르치게 되면서 가정과 직장이 분리되지 않는데서 오는 불편함도 감수해야 했다. 하지만 "교직은 진정한 여성의 직업"이라는 사회적 관점과 맞물리면서 여성 교사의 숫자와 비율은 점진적으로 증가했다(<표 2> 참고). 미혼 여성 중에서는 이후 10년, 20년, 혹은 30년 넘게 교직에 남아있는 경우도 많아졌고(Weiler, 1989, p. 19), 다각적이고 지속적인 여성 교사의 공교육 유입의 결과, 이후 1900년대 초기 여성 교사의 비율은 미국 전체 교사의 70%를 상회하게 되었다(Blount, 1996, p. 320)

〈표 2〉 매사추세츠 남녀 교사 비율 추이(Weiler, 1989, p. 26)

	남교사	여교사
1837년	2,370 명	3,591 명
1842년	2,414 명	4,301 명
1850년	2,437 명	5,238 명

3. 진보교육 시대 여성교육(1860~1950년대)

1) 공교육 체제 정비와 여성에게 열린 고등교육 기회

19세기 말 미국은 급격한 산업화 시대에 적합한 새로운 인재상을 요구하고 있었다. 산업이 기계화되면서 학교교육을 통해 숙련된 노동 인력을 양산해야 한다는 경제사회적 요구가 있었고, 새로운 과학적 성취를 통해 사회개혁을 추동해야 한다는 개혁적 요구도 팽배하였다. 주로는 유럽에서 이주해 온 이민자들이 뉴욕 등 대도시에 밀집하기 시작하면서 '미국 사회'라는 새로운 공동체 정신을 구축할 수 있는 새로운 교육제도를 마련해야 한다는 주장들이 시민 사회에서 설득력 있게 받아들여졌다. 존 듀이(John Dewey)라는 걸출한 교육 운동가가 활약하였고, 파커학교, 게리 지역사회 학교, 달톤 학교 등 혁신적 모델의 학교들이 등장했다(Cremin, 1959; Howlett, 2013; Reese, 2001).

한편 1918년 의무교육법(The Compulsory Education Act)이 통과되면서 6세에서 14세까지 모든 아동에게 학교 교육이 의무화되었다(Thattai, 2002, p. 2). 20세기 초반에 이르러 바야흐로 성별, 인종, 사회적 계층 상관없이 모든 학생들에게 의무 교육의 기회를 제공하는 진정한 의미의 공교육 제도가 확립된 것이다(Little & Ellison, 2015).

그런데 주목할 만한 사실은, 여학생들의 공교육 유입이 별도의 논쟁 없이 조용히 진행되었던 것에 반해, 흑인들을 공교육에 유입하는 문제는 커다란 사회적 파장을 불러왔다는 점이다. 이 시기 백인 여학생들은 사회계층의 구별 없이, 즉 부유층이든 하층민이든 모두 공교육의 기회를 얻을 수 있었지만, 흑인들의 경우 사회계층 구조의 가장 하부를 떠받치고 있었고, 여전히 흑인들을 노예로 여기는 미국 남부에서 교육의 장벽은 더욱 높았다. 하지만 흑인만을 대상으로 하는 학교들이 설립되면서 흑인들에게도 교육기회가 주어지기 시작했고, 흑인들의 문맹률, 특히 흑인 여학생들의 문맹률도 급격히 감소하였다. 미국 남부를 중심으로 꽤 오랫동안 흑인 노예들을 대상으로 하는 문해교육이 법적으로 전면 금지되어 있었기 때문에, 1870년대 흑인 여성들의 문맹률은 70%를 상회했다. 하지만 흑인들만을 대상으로 하는 공립 초등 보통 교육기관들이 점차 늘어나기 시작하면서 1890년에서 1910년까지 불과 20년 동안 10대들의 문맹률은 급격히 감소하였다 (<표 3> 참고) (Tyack & Hansot, 1992).

〈표 3〉 1890, 1900, 1910년 미국 흑인 성별 및 세대별 문맹률 비교(Tyack & Hansot, 1992, p. 53)

나이	1890		1900		1910	
	남성(%)	여성(%)	남성(%)	여성(%)	남성(%)	여성(%)
10~14	41.9	37.7	33.5	26.8	21.7	16.1
15~19	45.7	39.7	36.7	27.2	24.9	16.0
45~54	74.8	87.1	59.3	77.8	38.9	56.3

한편 1867년 미국 연방정부에 역사상 최초로 교육부가 신설되었던 점은 주목할 만하다(Kosar, February 19, 2011). 이전까지의 교육 정책이 주로는 개신교회 예배당 안에서, 지역 유지들과 목사들이 둘러 앉아 그 지역의 교육 현안들을 논의하는 방식으로 이루어졌었다면, 연방정부의 교육부 신설과 함께 이어진 주정부의 교육부 신설을 통해 교육 정책들의 수립과 실행 양상도 점진적으로 변화하기 시작했다. 최초 연방 교육부의 역할은 기초적인 교육 통계 자료들을 만들어내는 데 그쳤었다. 하지만 그 규모나 역할이 점진적으로 확대되면서, 이후 연방정부－주정부－지역교육청－학교로 이어지는 교육체계를 구축할 수 있게 되었다. 이는 교육 관료들이 학생 모집, 재정 지원, 교육 정책 운영 등에 전방위적으로 간여할 수 있게 되었음을 의미하기도 했다(Cubberley, 1909, p. 29).

1852년 매사추세츠 주에서 최초로 의무교육법을 통과시킨 이래 의무교육법은 미국 전역으로 빠르게 확대되었는데, 그 과정에서 주정부 교육부와 연방정부 교육부가 중요한 역할을 담당했다. 주정부별 속도 차는 있었지만, 이후 약 14세, 중학교까지 의무교육은 지속적으로 확대되었고, 1965년 미국 초중등교육법(The Elementary and Secondary Education Act)이 반포되면서 미국 전체 유치원부터 고등학교까지 공교육 의무교육이 확정되었다.

의무교육제도와 더불어 무상교육에 대한 논쟁도 각 주별로 계속되었는데, 예를 들어 네브라스카 주는 미국에서 가장 이른 1907년에, 아이오와주는 1913년에 공교육 수업료 전액 면제를 결정했다. 초등학교 무상의무교육은 1910년대 이미 보편적인 현상이었고, 중학교까지 무상교육을 실시하는 주정부도 점차 늘어나는 추세였다(Thattai, 2001, p. 2). 그 결과 지역교육청 숫자와 초중등 공립학교 숫자는 계속 증가하였고, 사립학교는 급속히 문을 닫거나 공립학교로 병합할 수밖에 없게 되었다(<표 4> 참고).

〈표 4〉 1929~1946년 공립 대 사립학교 수 비교(Snyder, 1993, p. 36에서 부분 발췌)

연도	지역 교육청	공립학교			사립학교	
		초등학교		중고등 학교	초등 학교	중고등 학교
		전체	1인교사 운영학교			
1929~30	-	238,306	149,282(62.6%)	23,930	9,275	3,258
1937~38	119,001	221,660	121,178(54.7%)	25,467	9,992	3,327
1939~40	117,108	-	113,600	-	11,306	3,568
1945~46	101,382	160,227	86,563(54.0%)	24,314	9,863	3,294
1947~48	94,926	146,760	75,096(51.2%)	25,484	10,071	3,292

그런데 당시 지역 학교들은 대부분 소규모였고, 한 지역 교육청 안에 고등학교가 없는 경우도 많았다. 한 학교에서 다양한 학령기의 학생들이 한 교실에서 수업을 받는 1인 교사 운영 학교가 전체 초등학교의 과반수를 넘겼고, 농경사회적 성격이 짙었던 지역사회 공동체를 지원하기 위해서 학사 일정도 농번기 일정과 맞물려 돌아갔다. 즉 농번기에는 수업 일수와 시수를 대폭 줄여 학생들이 집안일을 도울 수 있게 하는 한편 추수감사절 이후 동절기 수업을 대폭 늘여 학업에 집중할 수 있도록 했던 것이다. 그러한 유연성 덕분에 1890년에는 약 70퍼센트의 학생이 지역 학교에 등록하여 출석할 수 있었다(Tyack & Hansot, 1992).

그와 달리 비교적 규모가 컸던 대도시 학교들은 학년별 학사 운영이 가능했고, 학사 일정도 조직적으로 이루어졌다. 하지만 초등학교를 마치는 13세가 되면 학교를 떠나 공장이나 다른 일터를 찾아 가는 경우가 많았는데, 이는 취업과 학업을 병행하는 것이 현실적으로 불가능했기 때문이었다(Tyack & Hansot, 1992). 일단 생계를 유지하는 게 우선인 상황에서, 심지어는 무상교육이었을지라도, 학생들이나 학부모들 사이에서 고등학교 진학의 당위성은 크지 않았고, 그러므로 학생들에게 고등학교까지를 의무화하는 것은 실효성이 없었다.

하지만 그런 상황에서도, 고등학교 및 대학 진학을 통해 수준 높은 교육을 받을 수 있는 기회는 점진적으로 확대되고 있었던 것으로 보인다(Geiger, 2014). 1880년대 고등학교는 통상 대학 준비 기관 정도로나 여겨졌었는데, 1910년대에 이르러 점차 정식 공교육 시스템의 일부로 받아들여지기 시작했다.

한편 여학생들에게도 대학 교육의 문이 열린 것은 미국 연방 정부가 1862년 모릴 조약[The Morrill Bill]을 통과시키면서부터였다(Sullivan, 2019, p. 21). 모릴 조약을 토대로 연방정부는 주정부의 공립 대학 설립을 보조하기 위한 막대한 기금을 제공했다. 특히 랜드그랜트(Land-Grant)라고 불리는 대학 설립 기금을 주정부에 제공했는데(Carleton, 2002), 이 랜드그랜트를 토대로 설립된 주립대학들의 핵심적인 재원은 연방정부가 제공한 땅들이었다. 연방정부는 대규모 토지 문서를 주정부에 넘겨주면서 그 땅의 사용처를 대학부지 마련, 학교 설립, 입학생과 재학생의 학비 보조 등에 사용하도록 그 용도를 제한했다(Nevins, 1962). 특히 모릴 조약은 대학 입학 과정에서 여학생을 차별하지 못하도록 하는 규정을 포함했다. 그 덕분에 서부 대학들을 중심으로 대학 설립 초기부터 여성들에게 대학에 입학할 수 있는 자격을 부여하는 제도가 보편적으로 자리를 잡을 수 있었다. 그 결과 1861년에서 1880년까지 총 71%의(34개 대학 중 24개 대학) 주립 대학들이 여학생에게 공식적으로 입학 허가서를 발급하였고, 1880년 총 대학생의 1/3은 여성으로 채워졌다(Sorber, 2018, pp. 150-153).

2) 공학인가 분리인가: 여학생의 약진과 남녀공학 논쟁

초등학교에 들어가 기본적인 수학과 문해교육을 받게 된 여학생들의 성적은 가파르게 상승했다. 최소한 미국 북부에서 여학생과 남학생의 문해능력 차이는 거의 없어졌으며, 1870년대 이미 10~14세 여학생들은 문해능력 뿐만 아니라 전 과목에서 남학생보다 높은 성취를 보이기도 했다(Goodburn, 2003, p. 80).

여성교육에 대해서는 대체로 무관심했던 미국 사회였지만 이러한 남학생들의 상대적 부진에 대해서는 즉각적으로 반응하기 시작했다. 노동자 계급 남학생들이 중산층 중심의 가치와 규범에 경도된 학교제도에 저항하기 때문에 학업에서 높은 성취를 보이지 못한다는 분석도 있었다. 남성성을 존중하는 공교육 시스템에 정당성을 부여한다면 남학생들이 학교 교육을 지속할 수 있는 동기 부여가 될 것이라는 주장이 부각되기도 했다(Hall, 1903; Ware, 1994).

남녀공학이 남학생들을 역차별하고 있다면서 교육의 장에서 여학생과 남학생을 분리할 필요가 있다는 사회적 담론이 형성되었다. 남자 교사를 대거 채용하고, 교육과정 역시 남학생용과 여학생용으로 분리시켜야 한다는 주장에도 힘이 실렸다. 하지만 현실적으로 남자 교사 채용 비율을 증가시키기는 어려웠다. 남성들 사이에서 교직을 '남성성을 의심받는 직업'이라 인식하는 경향이 있었고, 시민전쟁[Civil War] 및 제1차 세계대전에 남성들이 계속 차출되면서 교직에 들어올 남성들의 숫자 역시 현저하게 줄어들었다. 그 결과 1900년대 공립학교 교사의 70%는 여교사들로 채워졌고, 1920년대에는 여교사의 비율이 86%까지 증가하였다([그림 5] 참고).

일각에서는 남교사 유치 전략의 하나로 운동부 코치, 직업교육, 수학, 및 과학 등 남성 교사들을 중심으로 하는 과목들을 확대시키기도 했었지만(Blount, 1998), 남성의 교직 유입 전략은 전반적으로 크게 성공하지 못했다. 교직이 상대적으로 보수가 적고 사회적인 존경도 받지 못하는 직업이라는 인식이 확대되면서, 교육 현장에 투입되는 남교사들은 대부분 대학교에 다니면서 임시적으로 일하는 아르바이트생들로 채워졌고(Morain, 1980), 정식으로 교수법을 배워 정규직으로 일하는 교사들은 대부분 여성들이었다(Tyack & Strober, 1981).

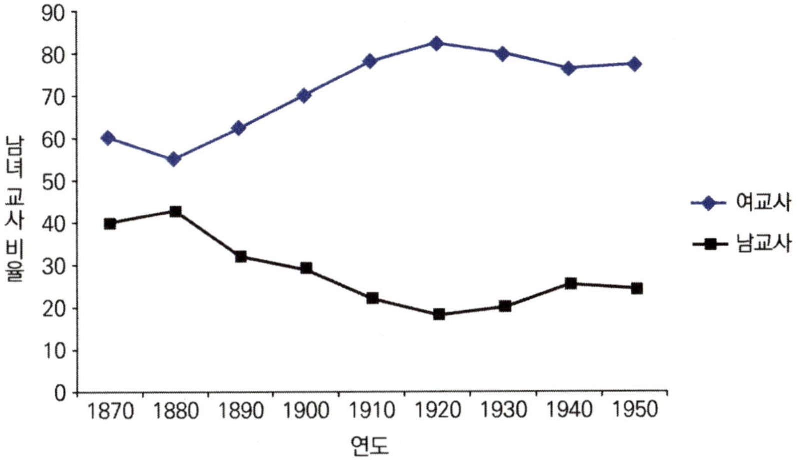

[그림 5] 남녀 교사 비율, 1870~1950. (Blount, 1998, p. 35)

<표 5>에서 볼 수 있는 것처럼, 고등학교의 경우 초등학교보다 남교사 비율이 상대적으로 높은 편이긴 했다. <표 6>에 드러난 것처럼 고등학교의 경우 종신직까지 걸리는 시간도 여교사들보다 빠른 편이었다. 하지만 여교사들과 달리 남교사들은 종신직이 되고 나서 곧바로 학교를 떠나 다른 직장으로 이직을 하는 경우가 많아서 4년 이상 장기 근속하는 남교사 숫자는 여교사보다 급격하게 떨어지는 경향을 보였다(Labaree, 1989).

〈표 5〉 공립학교 여성 직원 비율, 1905 및 1972-1973(Tyack & Hansot, 1982, p.183)

	1905	1972-1973
초등학교 교사	97.9 %	84.0 %
초등학교 교장	61.7 %	19.6 %
고등학교 교사	64.2 %	46.0 %
고등학교 교장	5.7 %	1.4 %
지역 교육청장	-	0.1 %

〈표 6〉 매사추세츠 주 월체스터(Worcester) 고등학교 정규 종신직(Tenured) 교사 숫자, 1845~1892(Labaree, 1989, p. 169).

학교 재직 연수	여교사 비율(%)	남교사 비율(%)	총교사수 대비 표집 교사 비율(%)
1년	39.8	**46.2**	42.6
2년	7.9	**15.4**	11.2
3년	11.1	**19.2**	14.8
4년	11.1	0.0	6.1
5년	6.3	3.8	5.2
6년에서 10년	15.9	9.6	13.0
11년 이상	7.9	5.8	7.0
	100.0%	100.0%	100.0%
표집 교사 수(N)	63명	52명	115명
평균 종신직까지 걸리는 연수	3.86년	3.10년	3.51년

당시 남교사 유인 정책은 표면적으로 학생들의 개별적 수요와 요구에 부합하는 실용적인 교육 시스템을 구축하자는 것이었다. 하지만 실제로는 남학생은 남교사들이 가르치는 남교사 주도의 교육 시스템

을 따로 만들어 남학생들을 여학생들로부터 분리하여 별도의 교육기회를 제공함으로써, 남학생들이 학교를 졸업한 이후에도 지속적으로 특권적 지위를 유지할 수 있도록 하는데 주된 목적이 있었다고 볼 수도 있다(Wirth, 1974). 남중, 남고와 같이 중고등학교 학생들을 성별로 분리해야 한다는 주장의 핵심 역시 남학생들이 여학생들과의 경쟁에서 우위를 점할 수 있는 제도적 기반을 마련해 주려는 데 있었다.

교육 행정가들은 남학생들이 여학생들에게 밀리지 않고 대학 진학과 사회진출 과정에서 특권적 지위를 유지할 수 있게 하는 방안을 마련하라는 사회적 요구에 직면했다. 이에 대한 첫 번째 대안으로 등장한 것은 남학생들을 대입 준비반으로 분리시켜 집중적으로 교육하는 한편 여학생들은 직업교육 관련 과목만을 수강할 수 있도록 제한하는 것이었다. 표면적인 명분은 사회적으로 효율적인(socially efficient) 교육과정 운영을 통해서 남성과 여성 각각의 특징적 정체성을 확립함으로써 졸업 이후의 사회 활동에 유리한 방향으로 이끌자는 것이었다(Grizzell, 1923; Thomas, 1899).

당시 고등학교 교육과정은 전통 교과 즉 고전, 언어, 영어, 역사, 과학, 직업 등 과목을 두루 가르쳤으나, 1900년대 이후 전공별 주요 과목을 분화시키기 시작했다. 1890년대까지 중등 교육과정 편성의 주된 의제는 실용적인 실습을 중심으로 하는 실용적 교육이었고, 아마추어에 불과한 고등학생들을 전문가 수준으로 교육시켜 산업 현장에 배출해야 한다는 주장에 힘이 실리기도 했다. 고등학교를 대학교육의 준비 기관으로 전락시켜서는 안 된다, 대학에 진학하는 극소수를 위해 대다수를 희생시키는 교육과정은 타당하지 않다는 주장이 사회적인 지지를 받기도 했다(Angus & Mirel, 1999, pp.74-75).

하지만 1892년 전미 교육위원회[the National Council of Education]가 창설되고 이를 대표하는 10인회[the Committee of Ten]가 결성되면서, 고등학교 교육과정 편성에 적극적으로 개입하기 시작하였다. 10인회는 미국의 모든 고등학생들이 이수해야 할 공동 필수 과목을 확정한 뒤, 계열별 교육과정 다양화를 추진했다. 즉, 대학진학 예비과정과 취업과정을 따로 분리하여 각각 다른 교육과정을 운영해야 한다고 주장한 것이다.

이러한 주장이 엘리트주의의 산물이 아니냐는 반론에 부딪히자, 10인회는 고등학교 교육의 핵심은 대학에 진학하는 소수가 아닌 대학진학을 선택하지 않는 대다수 학생들이고, 교육과정의 다양화는 실용적인 직업교육이 필요한 대다수 학생들을 위한 제도라는 주장을 적극적으로 펼쳤다(National Education Association of the United States, 1894).

당시 진보교육 운동의 확대와 연방정부의 세력 강화와 맞물리면서, 전미교육위원회와 10인회의 주장에 큰 힘이 실렸고, 1900년대 이후 고등학교 교육과정은 크게 두 갈래로 분화하였다. 10인회는 대입 필수 과목으로 고전어, 라틴어, 현대어, 영어, 수학, 과학 교육을 확정하는 한편 상업이나 산업미술은 그 목록에서 제외하였다(DeBoer, 2019, p. 41). 그 결과 백인 중상층 남학생들의 수학, 과학에 대한 관심이 크게 늘었던 반면, 여학생들이나 노동계급(blue collar) 남학생들은 상업이나 산업미술, 기술 계열 등 실용적인 직업 관련 교과를 수강하도록 유도 되었다(Angus & Mirel, 1999). 여학생들이 다양한 교과에서 아무리 높은 성취를 보이고 다양한 전공에 관심을 갖고 있다 하더라도 학교에서는 가정학(domestic science), 가정경제(home economics),

속기(stenography), 타자(typing)와 같은 실용적 과목만을 수강할 수 있도록 제한하는 경우가 많았다(Hansot & Tyack, 1982; Rury, 2012).

이후 과학 교육 강화에 대한 논쟁이 계속 되면서 대입에서 과학 과목이 차지하는 위상이 점점 높아졌고, <표 7>에서 볼 수 있듯이, 1924~1925년 이미 남학생들의 과학, 수학 과목 선택 비율이 여학생보다 훨씬 높아졌다(과학: 여 37.8%, 남 49.7%; 수학: 여 49.4%, 남 62.5%). 단순히 학생 수로만 비교하더라도 상업 과목을 선택한 여학생의 숫자는 남학생보다 두 배 이상 많아졌다(여 213,614; 남 95,781).

〈표 7〉 North Central Association 학력 인증 19개 주(애리조나, 알칸소, 콜로라도, 일리노이, 인디애나, 아이오와, 미시건, 미네소타, 미주리, 몬태나, 네브라스카, 뉴 멕시코, 노스 다코타, 오하이오, 사우스 다코타, 위스콘신, 와이오밍 등) 고등학교 성별 별 등록 현황, 1924~1925(Angus & Mirel, 1999, p. 49)

과목	여학생		남학생		합계	
	학생수	비율(%)	학생수	비율(%)	학생수	비율(%)
영어	305,338	85.7	280,630	86.6	585,968	86.3
수학	175,581	49.4	201,361	62.5	376,942	55,5
과학	134,731	37.8	160,313	49.7	295,044	43.5
상업	213,614	59.9	95,781	29.6	309,395	45.6
음악	119,953	33.6	96,440	29.8	216,393	31.9
일반계 전체	1,004,134		975,150		1,979,284	
실업계 전체	467,833		319,585		787,418	

라틴어나 그리스어의 경우는 여전히 대입 필수 과목이었으므로, 대입을 준비하는 학생이라면 남녀 구분 없이 모두 고전어를 중요하게 여겼다. 1900년대 초반 미국 전체 고등학생의 50% 이상이 라틴어를

수강했으며, 1928년 라틴어 수강생 숫자는 미국 전체에 설강된 모든 외국어 과목 수강생 숫자를 합친 것보다 많았을 정도였다고 한다(LaFleur, 1991, p. 124). 그런데 1950년대 후반부터 성별과 상관없이 라틴어나 그리스어 등 고전어에 대한 관심은 점차 약해졌던 반면, 남학생들이 수학, 과학 영역으로 유도되는 현상은 지속되고 있었다. 특히 1957년 소비에트 연합의 스프투니크 위성 발사 이후 미국 교육의 위기 담론이 고조되면서 수학, 과학 영역의 중요성이 강조되었고, 그 때부터 수학, 과학은 남학생들의 영역으로 급부상하게 되었다(Hare, 1999).

이런 교육과정 변화와 함께, 전통주의자들(traditionalists)의 주도로 여성의 정체성 관련 담론의 장이 형성되었다. 남녀공학 대신 남고, 여고 분리를 주장하던 전통주의자들은, 여학생들이 교육을 받으면 받을수록 여성으로서의 마음가짐이 흩어지고 아내나 어머니로서의 역할을 점점 등한시한다고 비판했다(Clifford, 1983; Schwager, 1987). 예를 들어 당시 하버드 의대 교수 에드워드 클락(Edward Clarke)은 의학 등 복잡한 학문적 노력을 이어가는 것은 한창 여성적 신체 발육이 진행되어야 할 10대 여학생들의 신체 건강과 모성 발달에 악영향을 미친다는 주장을 펼쳤는데(Clarke, 1873, Rury, 2012, p.91에서 재인용), 이들 전통주의자들 입장에서 보자면, 페미니스트들이 여성의 투표권과 참정권을 요구하고, 이혼율이 증가하고, 대학교육을 받은 여성들이 결혼제도에 반기를 들고, 전통적으로 남성들에게만 주어졌던 직업군에 여성들이 밀려들고 하는 일련의 사회 현상은 여성들이 잘못된 교육(miseducation)을 받고 있다는 살아있는 증거였다(Clifford, 1983; Schwager, 1987).

이들의 주장은 반여성 레토릭 즉 안티-페미니즘 담론 확대와 맞물리면서 사회적으로 큰 반향을 일으키기도 했다(Hall, 1903; Ware, 1994). 게다가 교육과정의 실용성 및 다양성을 추구하던 일부 진보주의 교육 운동가들 사이에서도 가정학이나 가정경제와 같은 과목들은 '공화주의적 모성(republican motherhood)'을 학교 현장에서 구현함으로써 미국을 문명사회로 이끌어가는 중요한 열쇠가 될 것이라는 믿음이 있었다(Rury, 2012).

하지만 당시 모든 여학생들이 당시 교육제도나 제한적인 교육과정의 수동적인 수혜자의 역할에 만족한 것은 아니었다. 제도적으로는 가정 경제나 산업 디자인 등 여학생 중심의 교육과정을 선택하도록 설계되었음에도 불구하고, 상당수의 여학생들은 가정 내에서 전통적인 성역할을 담당하는데 머무르지 않고 사회에서 다른 일을 해보겠다는 선택을 했다. 물론 상업 계열 교육과정을 선택하여 돈을 벌고 싶어하는 학생들도 많았지만, 고등학교 졸업 이후 곧바로 대학에 진학하여 학문적 성취를 이루고자 하는 여학생들의 숫자도 계속 증가하였다(Counts, 1926).

한편 주목할 만한 사실은, 수강 과목에서 남녀 차이를 두는 사례는 빈번했던 데 반해, 학교 자체를 여고, 남고로 분리해야 한다는 주장들이 시민사회의 동의를 얻어내지는 못했다는 점이다. 여학생으로부터 남학생을 분리하여 별도의 학급을 만들고 별도의 교육과정을 운용하기 위해서는 엄청난 교육 재정을 투입해야만 한다. 당시 공립 보통 초중등학교 제도가 점진적으로 확대되고 있긴 했지만 대도시를 제외한 중소도시나 산간 도서벽지는 여전히 교실 하나에서 전체 학년, 전체 학생이 함께 공부해야 하는 경우도 많았다(<표 7> 참고). 전체 학교에 교사도 한두 명에 불과했다. 심지어 고등학교는 이때까지 전 국민 공통 교육으로 자리잡지 못하고 있었고, 지극히 일부 소수의 학생들만이 고등학교에 진학할 수 있었다. 그런데 그 소수 집단을 다시 성별을 기준으로 쪼개서 가르쳐야 할 필요가 크지 않았던 것이었다 (Grizzell, 1923; Rury, 1984; Thomas, 1899).

상당 기간 논쟁이 지속되었음에도 불구하고 남녀공학이 계속 유지된 것은 관료적 교육 행정 시스템 때문이기도 했다(Madigan, 2009). 공학인가 분리인가 하는 논쟁의 중심에 남학생의 특권적 지위 유지나 여학생을 위한 공평한 교육기회 마련 등 상대적으로 이념적인 논쟁이 개입했지만, 그러한 논쟁이 현실적으로 시스템의 급격한 변화를 기피하는 보수적 교육 관료들의 벽을 넘기는 어려웠다. 남녀공학 논쟁은 이후 1990년대까지도 계속되었지만 중고등학교에서 남학생을 여학생으로부터 분리시키려는 시도는 결과적으로 크게 성공을 거두지 못했다고 볼 수 있다.

오히려, 여학생들의 고등학교 졸업률은 1860년대 이후 남학생들보다 현저하게 높아졌다(<표 8> 참고). 1869~1870년 이미 여학생의 고교 졸업생 숫자가 남자 고교 졸업생 숫자보다 2천 명이 많았으며, 1949~1950년에는 6만 명 이상이 더 많았다(여학생 629,000명; 남학생 571,000명).

〈표 8〉 남녀 고등학교 졸업학생 숫자, 1869~1950, (Snyder, 1993, p. 55)

(단위: 천)

연도	17세 총인구	고등학교 졸업생 수			17세 100명당 졸업생수
		총	성별		
			남학생	여학생	
1869~70	815	16	7	9	2.0
1879~80	946	24	11	13	2.5
1889~90	1,259	44	19	25	3.5
1899~1900	1,489	95	38	57	6.4
1909~10	1,786	156	64	93	8.8
1919~20	1,855	311	128	188	16.8
1929~30	2,296	667	300	367	29.0
1930~31	2,327	747	337	409	32.1
1931~32	2,330	827	375	452	35.5
1932~33	2,335	871	403	468	37.3
1933~34	2,334	915	432	483	39.2
1934~35	2,348	965	459	506	41.1
1935~36	2,377	1,015	486	530	42.7
1936~37	2,416	1,068	505	563	44.2
1937~38	2,456	1,120	524	596	45.6
1939~40	2,403	1,221	579	643	50.8
1941~42	2,421	1,242	577	666	51.3
1943~44	2,386	1,019	424	595	42.7
1945~46	2,278	1,080	467	613	47.4
1947~48	2,261	1,190	563	627	52.6
1949~50	2,034	1,200	571	629	59.0

3) 대공황, 전쟁, 그리고 여성의 대학교육

여고생의 고등학교 졸업률과 대학진학률이 직접 연결되지는 않는다. 미국 남북전쟁[The Civil War, 1861~1865] 직후 안티오크, 오벌린, 힐스데일 등 단 세 개의 대학만이 여성들의 입학을 허가했었다. 여자대학의 전신은 세미너리 혹은 아카데미라 불리던 사립 여학교들인데, 1820년대까지 유행하다가 이후 공립 보통학교들이 확산되면서 점점 그 세력이 약화되는 추세였다. 하지만 여학생들의 교육기회가 확산되고 초중등학교에서 여학생들의 학업성취도가 높아지면서, 여자 대학을 설립하거나 여학생들의 대학 입학을 허가하라는 요구가 사회적으로 확산되었다(Harwarth et al., 1997, pp.1-2).

그 결과 1867년 아이오와 대학교와 데서리트 대학교(유타대학교의 전신)에서 여학생의 입학을 허가하였고, 1870년대는 총 여덟 개 주립대학에서 여학생들을 받아들였다(Harwarth et al., 1997, pp.3-4).

하지만, 대학교육의 장에 여학생들의 숫자가 증가하는데 위기 의식을 느낀 남성 중심 사회는 이후 구조적으로 여학생들의 입학을 제한하거나 대학 진입 장벽을 까다롭게 만드는 제도들을 도입하기 시작했다(Hing, 1993). 예를 들어 노스웨스턴 대학의 경우 기숙사에 들어갈 수 있는 여학생들의 숫자를 갑자기 줄이기 시작했고, 1899년 스탠포드 대학교의 경우는 여학생 총 정원을 500명 이내로 제한함으로써 대학에서 여학생 숫자가 증가하는 것을 적극적으로 막기도 했다(Leifer, 1974, p. 1).

남녀공학 대학교 내부에서 여자 대학생들은 또 다른 차별에 직면했다(Dexter, 1919). 예를 들어 1833년 설립된 전미 최초의 남녀공학

대학이었던 오벌린 대학의 경우, 여학생들이 남학생들과 같은 대학에 다니는 경우라고 하더라도, 여성들의 대학교육은 남성들의 역할을 보좌할 수 있게 하는 전공으로 제한되는 경향이 있었다. 그리고 심지어는 여학생들이 대학 교육을 받는 동안 내내 남학생들의 의식주를 전담하게 만들었다. 남학생들이 복음주의를 숭상하고 미국적 가치를 드높이는 등 대학 교육의 주된 목적과 가치를 실현하는 동안, 여학생들은 정규 수업 이외의 시간을 남학생들의 식사, 빨래, 청소 등에 할애해야만 했다.

대학교를 남녀공학으로 개설한 직후 대학 행정가들은 대학교 시설, 특히 기숙사 관리를 위한 노동 인력을 별도로 고용하지 않았다(Hogeland, 1972; McCandless, 2009). 청소, 식사, 세탁, 의류 수선 등 기숙사에 사는 남학생들을 위한 노동력의 필요성을 인식하긴 했지만, 그 모든 일들을 당시 재학 중인 여학생들에게 전담시켰다. 여학생들은 대학교육을 받을 수 있는 기회를 얻은 대가로, 세탁소에서 남학생들의 옷을 빨고 망가진 옷을 수선하는 일 등을 도맡아 처리해야만 했던 것이다. 대학 행정부는 여학생들이 그런 업무들을 처리할 수 있는 시간을 할애해 주지도, 따로 월급이나 수당을 책정해 주지도 않았다. 따라서 여학생들은 낮에는 학과 전공 공부를 따라가고, 밤늦게까지 남학생들을 위한 잡무들을 처리해야만 했다. 매일 요리를 해서 남학생들에게 가져다주고, 그들이 식사를 마칠 때까지 탁자에 앉아 기다렸다가 설겆이까지 마치는, 소위 전통적인 여성의 역할을 대학교 안에서도 감당해야만 했었던 것이다(Conway, 1974a, pp. 5-6).

그리고 이러한 그들의 여성으로서의 역할은 또 다른 차원 즉, 남성들에게 정서적 안정감을 줌으로써 그들의 학문적 성취를 극대화한다는 점에서 그 가치를 인정받았다. 주변에 여학생이 있으면 남학생들의 학업 성취 동기도 강해진다는 식의 관점은, 역설적으로, 특히 유명 사립대학교에서 여성들의 입학을 허용하는데 상당부분 기여했다. 1900년대 초기 미국 대학교육이 남녀공학으로 발달하고 여성의 상급 학교 진학 기회를 확장하게 된 주된 동인이 여성의 지적 능력 인정이나 학문적 성취 장려가 아니라 남성들의 정서적, 학문적 성취를 보조하기 위한 도구적 관점 때문이었다는 사실은(Conway, 1974a, pp. 7-8; Conway, 1974b, pp. 241-242) 결코 영광스러울 수 없는 미국 교육사의 일면이다.

이러한 남녀공학 대학교의 차별적 시스템에 저항하고 여학생들에게 양질의 교육을 제공함으로써 보다 나은 리더십 기회를 확충해야 한다는 목표를 갖고 여자대학의 설립이 확대되었다(Harwarth et al., 1997, pp. 6-12). 1870년대 이후 여성들이 총 338개 직종에서 일하는 등 다양한 분야에서 경제, 사회적 활동 반경을 넓혀가고 있었고, 따라서 1900년대 초중반부터 전통적인 여성성을 부각시키던 전공에서 한 걸음 더 나아가, 전통적으로 남성의 전유물로 여겨졌던 전공으로까지 활동 범위를 넓혀나가는 여학생들이 많아졌다. 1920년대부터 1950년대까지 여성들의 대학 진출은 2년제에서 4년제까지 확대되었고, 여학생들은 인문대학, 전문대학, 교육대학 등 다양한 시스템 안에서 활약하였다. 전공 면에서도 인문학, 사회학, 물리학, 생물학 등 다양한 분야에서 활발하게 활동하였다(Harwarth et al., 1997, pp.12-14).

대학교육 관련 가장 큰 변화는 미국의 경제 대공황(1929~1939) 시기에 찾아왔다. 대공황으로 인해 기존의 경제 시스템이 완전히 무너지면서 학생들은 더 이상 졸업 후 좋은 직장을 찾을 수 없게 되었다.

경제적 쇠퇴는 1920년대 초반, 농촌 지역에서 이미 시작되고 있었지만, 1929년 주식시장 폭락으로 대공황의 서막을 알렸다. 미국 평균 총 25%의 노동자들이 해고되었고, 개인들의 수입은 평균 연 655달러에서 353달러로 반토막이 났다. 이후 1932년 루즈벨트 대통령의 뉴딜 정책이 시행되면서 급한 불은 끌 수 있었지만 한번 무너진 경제를 회복하는 데는 긴 시간이 걸렸다(Tyack &Hansot, 1984, p. 39).

대공황으로 취업 시장이 막히자 학생들은 우회로 혹은 돌파구로서 대학 진학을 선택하는 경우도 있었는데(Tyack &Hansot, 1984), 당시 현금이 없었던 학생들은 집에서 키우던 송아지나 광산 입구에 쌓아 두었던 석탄, 혹은 환금성이 있는 여러 가지 물품들을 수업료 대신 학교에 가져다 내기도 했었다. 이에 대학들은 다양한 장학금 제도를 만들고 일하면서 학교에 다닐 수 있도록 일자리도 만들어주고, 인턴십 프로그램도 만들어서 학생들을 대학으로 유인하고 무사히 학교를 마칠 수 있게 돕기도 했다. 경제 시스템 붕괴로 인해 취업 경쟁이 심화되자 취업 시장 과열을 막기 위해 연방정부가 긴급 구호 자금을 만들기도 했었다. 전미 청년 행정협회[the National Youth Administration, NYA]가 주축이 되어 당시 대학생들을 지원하기 위한 프로그램들을 확대하기도 했다(Freeman, 2002).

1944년 제정된 제대군인 원호법[The G.I. Bill]은 제2차 세계대전 참전 군인들을 포괄적으로 지원하는 법인데, 전쟁에서 돌아온 참전 군인들에게도 대학은 좋은 선택지가 되었다(Adams, 2000; Olson, 1973, p. 596). 학비가 전액 면제가 되었기 때문에 재정적인 부담도 적었고, 무엇보다 취업 현장에 즉시 투입되는 것보다 대학교육을 받으면서 전쟁의 트라우마를 극복하고 시민사회에 점진적으로 적응해 나갈 시간이 필요하기도 했기 때문이다.

하지만 대공황과 전쟁은 여성들에게 매우 가혹하게 다가왔다. 이전 1920년대까지는 여성의 사회참여 기회가 확대되고, 여성들이 리더십 포지션에 진출할 수 있는 기회도 많아지고 있었다. 하지만 경제 공황이 심화되면서, 어떤 일자리든지 남성에게 우선권을 주어야 한다는 사회적 통념이 생겨났다. 동일 업무를 수행하는 여성들에게 차별적인 임금을 지급해도 문제되지 않았으며, 결혼을 하면 즉시 직장에서 나가야 한다는 규정이 등장했다(Nash & Romero, 2012).

1936 갤럽 조사에 따르면, '남편이 일할 경우 여성들은 취업해서는 안 된다'는 문항에 80%의 미국인들이 동의했다(Saad, July 20, 2017). 1932년 공표된 미국 경제 조약 [The National Economy Act]에 따라, 아내와 남편이 동시에 취업을 하는 경우 연방법으로 처벌을 할 수도 있었다. 회사들은 여성 직원이 결혼을 하면 즉시 회사를 사직하도록 하는 방식으로 연방법을 따랐다(McGuire, 2008, p. 528). 심지어 대표적인 여성직군으로 여겨졌던 교직의 경우도 예외는 없었다. 남편이 사회에서 일을 한다면, 여성 교사들은 더 이상 학교에서 학생들을 가르칠 수 없게 된 것이었다(Nash & Romero, 2012). 기혼 여성들에게 취업 시장이 완전히 막혀 버린 것을 지켜본 여학생들에게, 고등학교 졸업 후 취업이나 결혼을 할 것이 아니라면 대학 진학은 불가피한 선택이 되기도 했다(Nash & Romero, 2012).

당시 여학생들의 대학 진학을 장려하는 주장에 새롭게 우생학이 등장하는 점은 흥미롭다. 기존의 우생학은 유전적으로 남성들보다 열등한 존재인 여성들이 대학을 진학하는 것은 불필요하고 불합리하다고 주장하기 위한 주된 논거로 쓰였다. 더구나 대학교육 때문에 출산

연령이 높아지면 출산율이 떨어지고 우생학적으로도 열성인 아이들이 태어날 가능성이 높다는 이유로 여성들의 대학 진학을 방해했다. 그런데 반대로 당시 여성학자들과 일군의 우생학자들은 대학교육을 받은 여성들이 상대적으로 건강하고 지적 수준도 높은 아이들을 출산한다는 이유를 들어 여성들의 대학 진학에 정당성을 부여했다(Nash & Romero, 2012). 또한 여성학자들은 여성들의 상급 학교 진학이 시민 교육에 도움이 된다는 주장을 했다. 그들은 대학교육을 통해 여성들의 사회적 책무에 대해 집중적으로 가르치고, 투표를 통한 참정권의 중요성을 알리며, 자원봉사의 사회적 가치를 공유하고, 평화 및 사회적 화합을 추구하도록 돕는다면 그것이 곧 시민사회의 성장으로 이어질 것이라고 역설했다(Gibbons, 2014; McClelland, 2014; Richardson, 2003).

이런 사회적 환경에서 여학생들의 대학진학은 1900년대부터 1940년대 사이 급격하게 증가했고, 1930년에서 1940년 사이 여학생 등록 비율은 총 학생수의 40%에 달하기도 했다. 남학생 숫자보다는 크게 뒤지지만 여학생들의 석박사 진학 역시 1950년대까지 점진적으로 증가했다(Nash & Romero, 2012, pp. 5-6).

4. 시민권리운동(The Civil Rights Movement) 이후의 여성교육(1960~1990년대)

1960년대에도 여학생들의 대학진학률은 계속 증가하여(Goldin & Katz, 1999; Goldin et al., 2006), [그림 6]에 드러난 것처럼 1970년대 후반 여학생들의 대학 등록 숫자가 남학생들보다 커지는 전환점을 맞이했다(Goldin & Katz, 1999; Goldin et al., 2006). 하지만 여전히 대학 내 여학생들에 대한 구조적 차별은 만연했고, 이제 숫자적으로도 우세한 여학생들이 더 이상 그러한 구조적 차별을 방관할 이유는 없었다. 그 결과 1960년대 시민권리운동의 큰 물결을 타고, 다양한 여성운동 단체들이 출범하였고, 여성교육 관련 논의 역시 다양한 방식으로 확대되었다(Eisenmann, 2009).

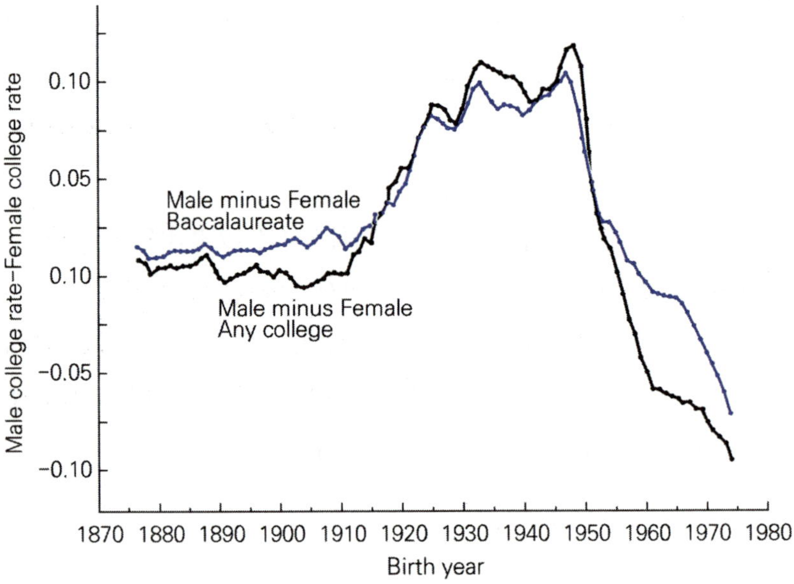

[그림 6] 대학 등록 학생 수 성별 차, 1876~1975년도 출생 학생 통계 (Goldin et al., 2006, p. 137)

1) 여성운동 단체 나우(NOW)의 출발 및 각종 여성운동 단체의 성장(1963년)

1963년은 미국 여성교육사에서 복잡한 일이 가장 많이 발생했던 한 해였다(Eisenmann, 2009). 사회적으로는 민주당 정부에서 존 F. 케네디 대통령이 당선되면서 상대적으로 민주적인 법과 제도들이 운용될 것이라는 사회적 기대가 있었고, 경제는 지속적으로 발전하고 있었으며, 인구도 점진적으로 늘고 있었다. 경제, 사회적으로 안정감이 생기면서 시민으로서의 권리를 주장하는 시민 사회 운동이 사회적으로 급부상하기 시작했고, 국제적으로는 제2차 세계대전 이후 냉전시대[The Cold War]가 시작되면서 국내외적으로 이념적 갈등이 극대화되던 시기이기도 했다. 따라서 여성운동이나 여성교육운동은 사회적 담론으로 크게 부각되지 않았고 활동 범위도 좁혀진 상태로 상대적으로는 비교적 조용하게 진행되었다. 하지만 1963년 흑인 차별에서 기인한 인종갈등이 정점을 찍은 듯 보였고, 그 해 겨울 케네디 대통령이 암살되었으며, 여성 운동 단체들은 나우[NOW, The National Organization for Women]라는 단체를 중심으로 여성해방운동의 불씨를 당겼다(Eisenmann, 2009).

이 무렵 킨제이 보고서를 포함 각종 연구 보고서들은 제2차 세계대전 이후 노동 시장이나 사회 각 분야에서 여성들의 역할과 요구에 대해 분석하기 시작했다(Dolan, 1957). 여성들이 현대 사회의 새로운 요구들에 부응하지 못하는 데서 심리적 소외감을 느끼는 현상에 대한 연구도 이루어졌다(Hatch & Hatch, 1958). 1963년 케네디 내각의 한 위원회는 여성의 지위에 관한 리포트를 발표하였는데, 이 리포트는

(1) 당시 대통령 당선에 크게 기여한 여성 유권자들에 대한 감사 차원에서, (2) 남성 본위인 소련과는 크게 구별되는 미국 사회 여성의 자유와 성공 스토리를 부각시키려는 의도에서 작성되었다(Eisenmann, 2009).

케네디는 당시 정치적, 경제적, 법적으로 여성들이 직면한 불평등한 사회의 구조적인 문제들에 대해 적극적으로 대응하였다. 지방 자치 정부, 주정부, 연방 정부 등 각 층위에서 시행되고 있었던 불평등한 법규들을 개정할 수 있도록 행정적인 지원을 했고, 여성들이 아내로, 어머니로, 그리고 노동자로서의 삶을 영위할 수 있도록 새롭고 확대된 서비스를 보장할 것을, 그 중에서도 특히 교육과 보육, 상담, 직업교육 등과 관련된 지원을 확대할 것을 약속했다(Kaplan & Mead, 1965).

2) 시민권리운동(1964) 확산과 학교 내 성차별 금지법 제정

1963년 남녀 평등 헌법 수정안[The Equal Rights Amendment]이 성공적으로 통과되고 1964년 시민권리조약[The Civil Rights Act]이 공식적으로 반포된 것은 당시 격렬한 시민 사회 권리 운동의 결과였다(Aiken et al., 2013). 인종, 출신국, 피부색, 종교, 성별 등과 관련된 어떤 차별도 허용하지 않겠다고 미국 사회가 헌법으로 선포하게 된 역사적인 순간이었다.

뒤이어 1972년, 미국 의회는 수정헌법 제9조[Title IX]를 발동하였다. 이는 1964년 시민권리조약의 교육 분야 헌법을 수정하여, “미국의 어떤 사람도 성별을 바탕으로 활동의 제약을 받아서는 안 되며, 연방 정부의 지원을 받는 어떤 교육 프로그램이나 교육활동에서도 차별의 수혜자나 차별의 대상이 존재해서는 안 된다."(20 U.S. Code §1681)고 명시했다(Hepler, 2013; Mertz, 2006; Valentin, 1997). 시민권리조약 반포 이후 약 10년 만에, 성별을 이유로 사람을 차별할 수 없도록 하는 법이 구체적으로 제도화된 것이다.

수정헌법 제9조는 성희롱이나 성폭력을 포함한 어떠한 성적인 차별 행위에 대해서도 여학생들과 여성 직원들이 법적인 보호를 받을 수 있도록 했고, 그 효력은 공립, 사립 등 모든 학교에 포괄적으로 미쳤다. 유치원에서 대학원까지, 입학 사정, 학생 모집, 각종 교육 프로그램과 교육 활동, 수강 신청, 학생 상담, 재정 지원, 주거 공간 제공, 건강 및 보험의 수혜, 장학금 지원, 여학생들의 운동부 활동 지원 등 거의 모든 교육 활동을 전방위적으로 아우르면서 여학생과 여성 직원을 보호할 수 있게 된 것이었다(Valentin, 1997). 한 걸음 더 나아가 1975년부터는 각급 학교에 수정헌법 제9조 관련 업무를 전담하는 직원을 의무적으로 상주시키라는 법이 통과되었다. 법이 문서가 아닌 현실로, 실제 교육 현장에서 여성직원과 여학생들을 직접 보호하고 해당 법이 정당하게 집행 될 수 있는 전환점이 마련된 것이었다(Valentin, 1997).

한편 1974년에는 학교나 지역 공동체 안에서 여학생 및 여성들을 지원할 수 있게 하는 여성교육 평등조약(The Women's Educational Equity Act, WEEA)도 만들어졌다(Simonson & Menzer, 1984)[3]. 성

3) 이 법은 1978년 그 적용 범위가 확대되었고, 1984, 1988, 1996, 1997년에 재개정되었다.

폭력, 성차별 행위자를 처벌하는 형태의 수정헌법 제9조와 달리, 여성교육 평등조약은 여학생과 여성들을 위해 평등한 교육기회를 마련하고, 성별을 토대로 한 고정관념을 타파하기 위해 국가, 주정부 할 것 없이 전방위적 차원에서 교육 및 지원 프로그램을 만드는 데 그 목적이 있었다(Fleming, 2000). 여성교육 활동 지원을 위한 기금을 조성하여 여성의 지위 향상과 공평한 교육기회 마련을 위해 활동하는 기관이나 단체들을 적극적으로 지원하였는데, 1980년대 레이건 행정부 때 지원금이 사라지는 등 어려움을 겪기도 했었지만, 그럴 때마다 적극적으로 대응하여 오히려 활동 반경을 넓히기도 했다.

이러한 전방위적인 노력의 결과, 1990년대 중반 남학생 및 남성들 대비 여학생과 여성들의 교육기회는 다음과 같이 향상되었다(Valentin, 1997, pp. 5-6).

- 대학 내 여성 육상 선수 비율: 1972년 15%에서 1995년 37%로 증가
- 고등학교 여학생 육상 선수 비율: 1971년 7.5%에서 1995년 35%로 증가
- 여고생의 대학진학 비율: 1971년 18%에서 1994년 63%로 증가
- 학사 학위 취득: 1971년 18%에서 1994년 27%로 증가
- 의대 학위 취득: 1972년 9%에서 1994년 38%로 증가
- 법대 학위 취득: 1972년 7%에서 199년 43%로 증가
- 박사 학위 취득: 1977년 25%에서 1994년 44%로 증가
- 고등학교 수학 과학 수강 및 학업 성취: 남학생들과 엇비슷한 비율의 수강신청률, 학업 성취의 격차 감소

특히 수학 과학 영역에서 여학생의 성적이 크게 향상되어 남학생들을 거의 따라잡게 되면서, 여학생들은 태생적으로 수학을 못 한다는 고정관념이 타파되기 시작했다. 여학생들이 수학이나 과학을 못 하는 것이 아니라 교사나 부모들의 지지를 받지 못하기 때문에 어려움을 갖는다는 연구 결과들이 발표되었다(Kerr et al., 2004; Tolley, 2014). 차별적인 대학교육 시스템 안에서 여학생들이 수학, 과학 분야의 학위를 취득하기 매우 어렵기 때문에 여학생들의 성취 동기가 상대적으로 약하다는 연구도 등장했다(American Association of University Women, 1991).

당시 교육부 리포트에 따르면, 수학과 물리 박사과정 학생 중 여학생은 17%에 불과했다. 1996년 노동부 통계자료에 의하면 비서직 여성 비율은 98.6%, 안내직원 여성비율은 96.9%에 달했다. 반면 수학과 기술직의 여성비율은 4.1%, 엔지니어, 건축사, 측량사 등 직군에서 여성비율은 9.2%에 불과했다. 취업 시장에서 동일한 전공자들의 월급을 비교한 결과, 자연과학을 전공한 여성은 동일 전공 남성보다 약 15% 적은 임금을 받은 것으로 드러났다. 또한 1993년 여성 대졸자의 평균 임금은 남성 대졸자의 평균 임금보다 약 20% 정도 낮았다(Hussar & Gerald, 1996). 그러므로 교육 기관 내 성차별을 금지하는 수정헌법 제9조는 1990년대 말에도 여성교육을 위해 계속되어야 할 필수적인 법률이었다. 교육 기관 내 여성교육 환경은 진보하고 있었으나 그 속도는 매우 느렸고, 여전히 갈 길은 멀었다. 여대생들의 학업성취도나 학력 수준 상승이 고용 기회 확대나 사회적 성공으로까지 이어지지 못하는 현상은 이후로도 쉽게 개선되지 않았기 때문이다.

3) 대학 내 여성센터의 확산

한편, 헌법 수정안 제9조가 발효되자 전미 대학 여성 연합[The American Association of University Woman, AAUW]은 활동 폭을 전폭적으로 넓히기 시작했고, 초중등학교 및 대학 내 여성들이 모두 공평한 대우를 받을 수 있도록 촉구하는 사회 운동들을 적극적으로 펼쳤다(Levine, 1995).

1970년대 이후 여성 평등을 위한 실천 연합[The Women's Equity Action League, WEAL]은 미국 전역에서 여교수들에게 불공정한 기준을 토대로 정년 트랙 심사에서 불이익을 주는 현상을 추적하여 사회 문제로 공론화했고, 1968년 전체 박사학위 취득자의 25%가 여성이었음에도 불구하고 하버드, 버클리 등 유명 대학에 여성 교수가 한 명도 채용되지 않은 현실에 대해 적극적으로 문제를 제기했다(Ellis & Mitchell, 2009). 이러한 주장들은 미국 정부 특히 주무부서인 건강, 교육, 복지부[The Department of Health, Education, and Welfare]에 의해서 적극적으로 검토되었고, 이후 대학당국이 교직원 및 교수 채용 과정에서 여성에 대한 선입견을 표출하거나 차별적인 기준을 적용하는 경우, 혹은 그런 사례가 발각되었는데도 이후 대응책을 마련하지 않는 경우 모두 연방정부의 지원금을 철회하는 등 적극적인 제재가 가능해졌다(Evans, 1980).

이런 사회적 맥락 안에서, 1970년대 이후 각 대학 내 여성센터가 확산된 것은 어쩌면 당연한 귀결이다(Ellis & Mitchell, 2009). 미국 내 여성들의 지위와 역할에 대한 문제 제기는 사회적으로 계속되고 있었고, 대학 내부에서 발생하는 각종 여성 차별에 적극적으로 대응하기 위해서는 대학 내부에 관련 단체나 기관이 상주할 필요가 있다는 생각이 사회적인 지지를 얻었다. 그 결과 1970년대부터 1990년대 후반까지 약 30년 동안 총 500여개의 여성센터가 대학 캠퍼스에 생겨났다.

대학 내 여성센터들은 여성들에 대한 사회적 불평등에 대한 인식 확대, 데이트 강간 및 가정 폭력에 대한 대응과 처벌, 직장에서의 성희롱과 성차별에 대한 문제 제기 등 다양한 분야에서 비판적으로 문제를 제기하고 정부와 사회에 대응책 마련을 촉구했다. 이들의 활동은 궁극적으로 "평등사회를 향한 여정(A journey toward equity)" (Davie, 2002, p. 3)이라 말할 수 있었다.

예를 들어 1983년 위스콘신 대학에 설립된 여성센터는 여성을 억압하는 사회적 기관과 관계들에 저항하고 변화를 추구함으로써 새로운 사회를 만드는 여성들의 세력 확장을 그 중심 활동 목표로 삼았다(Ellis & Mitchell, 2009). 이들 여성센터들은 대학 내에 머무르지 않고 대학 바깥의 지역사회와 적극적으로 소통하면서 구체적인 사회 변화를 불러올 다양한 활동들을 전개했다. 그리고 무엇보다 이러한 여성센터들은, 남성 중심의 대학 문화에서 심리적으로 위축되고 차별받던 여자 대학생들에게 서로의 문제점을 공유하고 격려하면서 정치 사회적 활동 반경을 넓혀 나가는데 도움이 되기도 했다(Morgan, 1970).

물론 이들 운동에 대한 대학 당국의 저항도 만만치 않았다. 예를 들어 하버드 대학의 경우 1971년 여성센터 건립을 허락하지 않았다. 여성운동가들이 약 10일 동안 하버드 빌딩을 점령하는 등 대규모 시위를 벌이기도 했지만 성공하지 못했고, 이후 하버드 대학에 여성센터가 건립되는 것은 총 35년이 더 걸렸다. 그때까지 여성운동가들은 하버드 캠퍼스 바로 건너편에 여성센터를 건립하여 활동을 이어가는 수밖에 없었다(Ellis & Mitchell, 2009). 시민권리운동 이후 시민 사회가 공평과 자유를 향한 행진을 계속 이어가는 동안에도 하버드를 비롯한 대다수의 유명 대학들은 연방법의 규제와 법망을 적당히 피해가면서 여전히 백인 남성 중심의 차별적인 행진을 계속하고 있었기 때문이었다.

5. 미국 여성교육의 최근 동향(2000년대 이후)

2010년 대학 등록 학생 중 여학생 비율이 57%를 넘겼고, 학사 학위를 취득한 백인 여학생의 비율은 1970년대에 비해 3배까지 증가했으며, 박사 학위 취득 비율도 53%, 즉 여자 박사의 비율이 남자 박사 비율을 상회하게 되었다. 과학 분야에서 여성들의 학위 취득 숫자가 남자들보다 많아졌고, 리더십이나 저널리스트 등 스포츠를 제외한 모든 교과 외 활동에서 여학생들의 활약이 남학생들보다 두드러졌다. 초중고 고르게 여학생들의 성적이 남학생들보다 우수해졌고, 모든 시험에서 좋은 성적을 냈다(Buchanan, 2012).

1990년대 이후 고등학교 수학 및 과학 과목을 수강하는 숫자도 여학생들이 더 많아지는 경향을 보였으며([그림 7] 참고), 심지어는 수학, 과학 성적 면에서도 남학생들이 비교우위를 점하지 못하게 되었다. 여학생들의 활약은 교과 활동 및 비교과 활동 전 분야에서 두드러졌다(DiPrete & Buchmann, 2013; Rosin, 2012). 대학생 육상 선수 등록은 1970년대보다 7배 증가하였고, 중고등학교 여학생 운동 선수 숫자는 70년대 30만 명 이내에서 3백만 명까지 대폭 증가하였다 (Gurney et al., 2016). 수정헌법 제9조는 운동뿐만 아니라 영어, 수학, 성교육, 임신한 학생 보호, 대학생들의 성관계, 초등학교 1학년 때부터 적절한 신체접촉 방법 등에 전방위적인 영향을 미쳤고, 특히 최근에는 트렌스젠더 학생들의 권리 인정, 세세하게는 그들에게 어떤 인칭대명사를 써야 하는지까지도 논의가 되었다(Melnick, 2018).

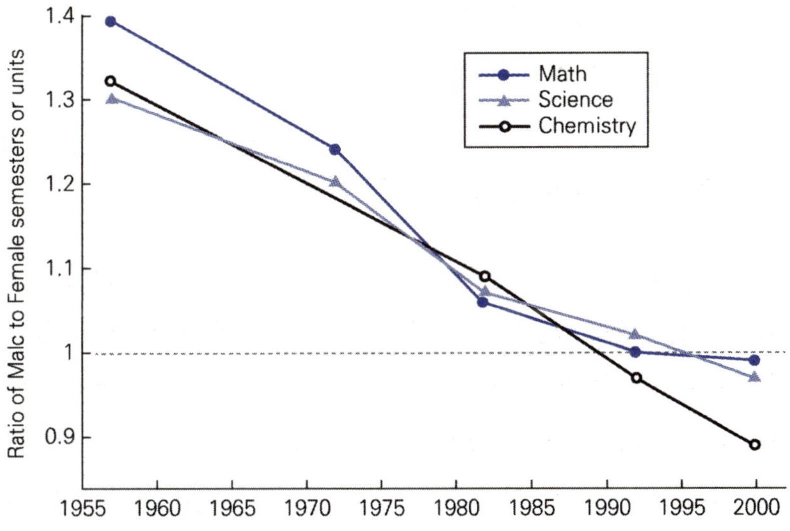

[그림 7] 여학생 대비 남학생의 고등학교 수학 및 과학 과목 수강 학생 비율, 1957~2000(Goldin et al., 2006, p. 141). 1990년대 들어 수학, 과학, 화학 과목을 수강하는 여학생 숫자가 남학생들에 비해 크게 증가하였음을 보여준다.

"남성들의 시대는 가고, 이제는 여성들이 이득을 보는 시대가 도래했다. … 대학 캠퍼스에서 여학생들의 우세는 아마도 이번 세기 가장 이상하고 심오한 변화일 것이다"(Rosin, 2012, p. 149)라고 주장하는 학자도 생겨났다. 하지만 2023년 현재 동일 전공 졸업생들 중에서도 남자 대학생이 여자 대학생보다 전공 관련 업종에 취직할 확률이 높고, 관련 업종에서 출발점부터 훨씬 높은 연봉을 받고 시작하며(Zheng & Weeden, 2023), 동일 직종에 더 오래 머무를 수 있음이 밝혀졌다. 남성들이 꾸준히 65세까지 승진도 하고 월급도 오르는 동안, 여성들은 25세~55세에 정점을 찍고 곧바로 내려가게 되는 것이다(Almeida & Salas-Betsch, 2023). 대학에서의 성취가 노동 시장의 성공으로 직결되지 않는 현실에서, 여자 대학생들은 졸업 후 여전히 선택지가 많지 않은 형편이다.

1) 학교와 사회의 간격, 그리고 차별

'공부를 잘 해야 좋은 직장에 취직할 수 있다'는 명제는 여학생들에게는 잘 들어맞지 않는다. 초중고를 거쳐 대학 및 대학원을 졸업할 때까지 우수한 성적을 유지했다 하더라도, 막상 사회에 진출했을 때 여학생들은 자신의 학업적 성취에 걸맞는 직업을 갖기 어려운 현실이다. 예를 들어 2005년 미국 여성들의 주당 임금은 남성들의 70%에 불과했으며(여성 $585; 남성 $722), 이러한 차별적 현상은 현재까지도 계속되고 있다. 이는 주로 남성들이 의학, 과학, 수학, IT 등 고임금 직업군에 몰려 있기 때문이기도 한데, 고등학교 때부터 이미 여학생들의 수학, 과학 성적이 남학생들에게 크게 뒤지지 않았던 사실을 고려하자면, 고등학교에서 대학 전공을 선택할 때부터 이미 여학생들에 대한 구조적인 차별이 있어 왔음을 짐작할 수 있다(Mather, 2007, 단락 #7).

물론 여학생들을 과학, 기술 분야 전공에 유입하려는 시도는 계속되어 왔다. 초중고부터 여학생들을 대상으로 하는 과학, 기술 분야에 대한 관심 함양(Bishop, 2015; Valla & Williams, 2012), 여고생들을 대상으로 하는 수학, 과학 집중교육을 통한 관련 전공 선택 가능성 확대(Maltese & Tai, 2011), 수학, 과학을 가르치는 여교사들과 여학생들의 유대감 형성(Bottia et al., 2015), 여학생들에게 프로그래밍 분야의 교과 외 활동 강화(Ault, 2008) 등 다양한 연구와 시도들이 있었다. 여학생들의 과학, 기술 분야 전공에 대한 관심 역시 계속 늘어나고 있는 추세였고(Le & Robbins, 2016), 학생들을 과학, 기술 영역에 유입하기 위한 교육 환경을 마련하기 위한 노력들도 이어졌다(Doerschuk et al., 2016).

하지만 그럼에도 불구하고, 어렵게 과학, 기술 전공으로 진학한 여학생들이 다른 전공으로 떠나가고 있다(Gayles & Ampaw, 2014). 전공 지도 교수들의 여학생들에 대한 무관심, 여학생들을 대상으로 하는 심리 상담이나 학습 지원의 부족, 강의실 내 남학생들과 상호작용의 어려움 등 다양한 이유들이 밝혀지고 있다. 하지만 남학생들 중심의 교육 환경을 대폭 개선하고, 관련 전공 영역에서 일하고 있는 여교수의 숫자를 대폭 늘려 여학생들에게 리서치 기회나 여성 교수들과 상호작용할 수 있는 기회의 장을 열어 준다거나(Vieyra et al., 2011; Wilker, 2017), 여성 상담 직원들의 숫자를 대폭 늘리는 등의 실질적이고 현실적인 대응책을 내놓는 대학은 많지 않은 것이 현실이다.

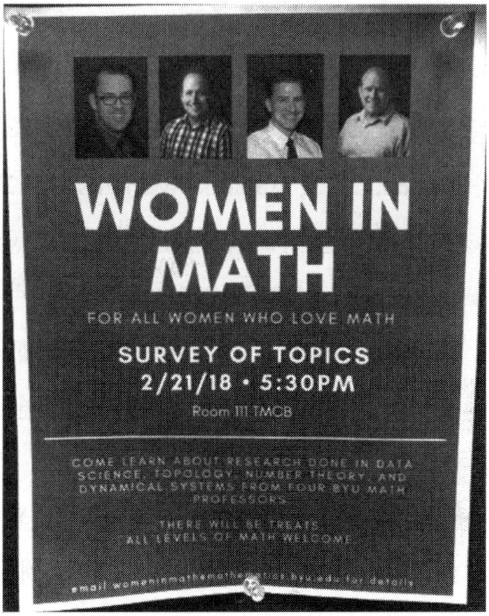

[그림 8] 2018년 미국 한 대학 수학과에서 개최한 수학 관련 행사 홍보 전단지. 여학생들에게 수학에 대한 관심을 불러 일으키자는 취지로 기획한 워크숍인데, 막상 행사 패널에서는 여교수들이나 여학생들을 제외시켜 미국 사회에서 커다란 반향을 일으켰다(Stevens, 2018, February 22).

[그림 8]에 드러난 풍자적, 역설적 상황처럼, 여성들은 문제적 상황을 제대로 인식하지도 못하는 남성 중심 사회에 살고 있다. 막상 성공적으로 대학을 마치고 졸업을 하고 좋은 회사에 취직을 했다고 하더라도, 여성들에게 우호적이지 않은 냉랭한 직장 분위기를 견뎌내는 일 역시 결코 쉽지 않다. 편견, 차별, 숨막히게 답답한 강의실 경험, 소속감 형성의 어려움 등은 여전히 여성들의 과학, 기술 분야 진출을 가로막는 장애물들이기도 하다(Walton et al., 2015).

교육 기관 안에서 여학생들에 대한 성차별은 상존하고 있으며, 특히 직업교육, 수학, IT 등 과목에서 여전히 여학생들에 대한 차별적인 행위들이 이어지고 있다. 특히 과학 기술 분야에서 여성들이 일상적으로 겪는 성폭력 및 적대감 등을 어떻게 극복할 것인가는 지속적인 화두가 되기도 한다(Greenberger & Chaudhry, 2005). 특히 과학, 기술 분야로의 여성 인력 유입이 점진적으로 증가하고 있는 상황에서(1970년 8%에서 2019년 27%), 과학 기술 분야 여성들을 향한 구조적인 차별을 막을 수 있는 대책 마련이 시급해졌다. 이와 관련 바이든-해리스 행정부는 2050년까지 과학, 기술 영역 여성 노동자 처우 개선 프로그램[White House Summit on Equity and Excellence in STEMM by 2025, the STEMM Opportunity Alliance, SOA]을 마련하고 20억 달러(한화 약 2조 8천억 원)을 지원하기로 했다(The White House, May 1, 2024).

2019년 COVID-19이 전 세계를 강타한 뒤로 여성들의 사회진출에 대한 제약이 심해졌고(Albanesi & Kim, 2021; Mckinsey et al., 2020), 특히 2023년 실리콘 밸리 은행의 도산과 함께 미국 전역에서 컴퓨터 관련 분야 종사자의 대규모 해고도 있었다(Weissmann et al., 2019). 이렇게 어려운 현실 속에서 마련된 바이든-해리스 행정부의 정책들을 통해 여성들에게 공평한 교육, 양성평등 및 젠더 다양성을 추구하는 사회, 다각적으로 생태적 변환을 이루어 내는 사회공동체를 구현해 낼 수 있을까? 대선을 앞두고 격동하는 정치적 상황 속에서 그 성패를 가늠하기 쉽지 않다.

2) 성폭력 및 성정체성: 수정헌법 제9조 논쟁의 확대

1970년대까지 여성교육 정책 관련 사회 운동의 포커스가 남성 대 여성 프레임을 중심에 두고, 여성 차별 철폐 및 여성교육 기회 확대라는 구조적인 거대 담론 중심으로 이루어졌었다면, 2000년대 이후 여성교육 논쟁의 축은 다양한 성정체성 및 동성애 학생의 인권 보호 등까지 확대되었다. 남성성/여성성을 강조하는 교육과정에 대한 비판적 접근, 특히 트랜스젠더 학생들의 운동부 참가 등 학교 현장에서 발생되는 구체적 현안들에 대한 해결책을 마련하는 쪽으로 논의가 확대되기 시작한 것이다(Melnick, 2018, pp. 227-230).

이런 변화의 전 과정을 수정헌법 제9조가 주도했다. 부시 행정부(2001~2009)는 집권 초기부터 여성 노동 및 교육 정책에서 기존의 수정헌법 제9조를 있는 그대로 따르라는 기조를 선택했다. 수정헌법 제9조를 약화시킬 것이라는 일각의 우려와 달리 부시 행정부는 대학에서 '남성 육상선수들이 수정헌법 제9조에 명시된 성평등을 이유로 피해를 입지 않아야 한다'는 부수적인 조건 이외 별다른 정책적 변화를 시도하지 않았다. 이에 대해 전미여성법률센터(The National Women's Law Center)는 "부시 행정부와 교육부가 수정헌법 제9조를 무력화시킬 지도 모른다는 세간의 우려와 짐작을 모두 내려놓게 만들었다."고 논평하면서 "이는 여성 육상선수들을 위한 커다란 승리"라 자축했다(Litsky, 2003, July 12).

2011년 오바마 행정부는 학교에서 성폭력을 퇴치할 수 있도록 규율하기 위해 수정헌법 제9조 및 관련 법규들을 재정비하고, 학교교육 현장에서 성평등과 성폭력 방지라는 두 가지 당면 과제를 적극적으로 수행해야 함을 천명하였다(Gurney et al., 2016). 하지만 오바마의 뒤를 이어 집권한 트럼프는 "오늘의 행동, 그리고 미래에 일어날 모든 행동들을 통해, 트럼프 행정부는 미국 학생들을 위해 싸울 것이다."라고 선언했다(Trump, 2020, as cited in Trump White House, 2020, May 6). 트럼프 행정부는 학교 내 성폭력 관련 사건 조사를 할 때 성폭행이라 인정할 만한 증거 채택의 기준을 까다롭게 하고, 오직 서면으로 성폭력 행위에 대한 증거를 제시할 수 있는 경우에 한해서만 성폭력 가해자에 대한 조사를 할 수 있도록 제한했는데(Lasson, 2020; Wiseman, 2020), 이는 수정헌법 제9조의 역할을 최대한 축소함으로써 성폭력 가해자의 대다수인 남학생을 보호한다는 점에서, 트럼프가 말한 '미국 학생들'이란 결국 '미국 남학생'들에 제한되었을 뿐이라는 비판을 받았다(Johnson & Taylor Jr, 2018).

바이든 집권 후 트럼프 시대에 시행된 수정헌법 제9조 관련 조항들을 되돌려 놓기 위한 정책들이 등장했다. 바이든 행정부는 특히 (1) 학교 내 성폭력이나 성적 모욕 행위에 대한 조사와 처벌, (2) 성폭력 피해자와 피의자 권리 사이의 균형, (3) 트랜스젠더 학생들의 권리 등 세 가지 핵심 과제를 추진하는데 목표를 두었다(Maginn, 2022, p. 368). 특히 학교 밖에서 일어난 성폭력 행위에 대해서도 학생들이 연관된 일이라면 학교가 주도적으로 조사할 수 있게 하였고, 공식적인 문서 형태의 보고가 없었다고 하더라도 학교 차원에서 성폭력 피의자에 대해 조사하고 처벌할 수 있도록 허용하는 등 피해자를 보호할 수 있는 가능성이 예전보다 높아졌다(Browning, 2021, pp. 841-843).

6. 맺으며

1938년 버지니아 울프는 미국 교육의 역사를 남성 교육의 역사로 전제하고 여성들이 그들의 행진에 자리를 만들고 그들이 만들어내는 장렬한 행진에 여성들이 어떤 방식으로 동참할 것인가 하는 문제를 제기했다. 미국이 영국으로부터 독립한 1776년 이후 약 250년 역사를 살펴본 결과, 여성들은 다양한 방식으로 그들에게 주어진 정치적, 사회적, 문화적 제한들을 극복하고 남성들이 구축한 제도 교육 안에 비교적 성공적으로 안착했음을 발견했다. 적어도 학교라는 제도 교육 안에서 여학생은 남학생보다 우수한 성취를 보이고 있으며, 학부, 석사, 박사 과정에 이르기까지, 그리고 다양한 전공 시스템 안에서, 여성들의 진출은 급격하게 확대되었다. 남성들의 고유 영역으로 간주되었던 의학, 법학, 경영학, 수학 및 과학 등 전 분야에서 여학생들의 활약은 두드러지고 있다. 따라서 더 이상 여학생들을 남학생들을 돕는 부차적이고 열등한 존재로 여길 수는 없게 되었다.

미국 제도 교육 안에서 성평등, 성폭력 관련 담론이 성정체성 문제 특히 트랜스젠더 학생들의 인권 보호와 교육기회 부여 차원으로까지 확대된 것은 의미 있는 진전이다. 수정헌법 제9조 제정 이후 여학생들의 운동부 참여나 수학, 과학, 기술 등 이른 바 STEM 영역의 참여가 대폭 확대된 것은 주목할 만하다. 그런데 그 모든 논쟁과 실천의 과정은 '남학생 대 여학생'이라는 이분법 안에서만 이루어졌었다는 한계가 있었다. 특히 트랜스젠더 학생들의 운동부 참여나 라커룸 사용과 같은 실질적인 문제에 대해 적극적으로 개입하고 개별 학생들의 교육권을 보호하기 위한 조치들은 취하고 있는 점은 주목할 만하다.

본 장에서의 여성교육 논의 역시 양성을 이분법적으로 대별하는 수준에서 이루어질 수밖에 없었는데, 젠더 다양성의 측면에서 여성교육 문제를 좀 더 포괄적으로 접근하지 못했다는 한계가 남는다. 여성교육의 공평과 정의 확대를 목표로 제정된 수정헌법 제9조는 수정헌법 제7조 즉, 인종적, 문화적 다양성을 존중하고 공평하고 정의로운 미국 사회를 만들어야 한다는 대전제에서 출발했었다. 여성교육의 역사에서 이민 여성교육 문제를 제외할 수 없고, 흑인 여성, 라틴계 여성, 아시안 여성, 네이티브 인디언 여성 등 다양한 인종적 정체성을 지닌 여성들의 교육 문제를 여성교육사에서 포함시켜야 한다. 특수교육의 현장에서 장애 여학생들이 겪는 성폭력이나 불평등 문제 역시 사회적 이슈다. 앞으로 교차성(intersectionality)이라는 관점에 근간을 두고, 인종, 계층, 성 등 다양한 정체성이 서로 복잡하게 교차하는 지점에 대한 통시적인 연구를 이어갈 필요가 있다.

참고 문헌

Adams, J. A. (2000). The GI Bill and the changing place of US higher education after World War II.

Aiken, J. R., Salmon, E. D., & Hanges, p. J. (2013). The origins and legacy of the Civil Rights Act of 1964. *Journal of Business and Psychology*, *28*, 383-399.

Aiston, S. J. (2009). Women, education and agency, 1600-2000: an historical perspective. In *Women, Education, and Agency, 1600-2000* (pp. 1-8). Routledge.

Akin, J. (1829). *A downright gabbler, or a goose that deserves to be hissed.* American Political Prints, Boston. https://www.loc.gov/pictures/resource/pga.05109/

Albanesi, S., & Kim, J. (2021). *The gendered impact of the COVID-19 recession on the US labor market*.

Almeida, B., & Salas-Betsch, I. (2023). *Fact sheet: the state of women in the labor market in 2023*. AmericanProgress.Org. https://www.americanprogress.org/article/fact-sheet-the-state-of-women-in-the-labor-market-in-2023/#:~:text=As%20of%20January%202023%3A,of%20their%20February%202020%20levels

American Association of University Women. (1991). *Shortchanging girls, shortchanging America: A call to action* (Vol. 4792). American Association of University Women.

Angus, D. L., & Mirel, J. (1999). *The failed promise of the American high school, 1890-1995*. Teachers College Press.

Ault, p. C. (2008). *Salmon cycles: influences of a science field study immersion experience with native American young women*. Lewis and Clark College.

Barnard, H. (1851). *Normal schools, and other institutions: Agencies, and means eesigned for the professional education of teachers*. Case, Tiffany.

Beecher, C. E. (1848). *A treatise on domestic economy, for the use of young ladies at home, and at school*. Harper.

Bell, B. (1999). *Minimus pupil's book: starting out in Latin*. Cambridge University Press.

Blount, J. (1996). Manly men and womanly women: Deviance, gender role polarization, and the shift in women's school employment, 1900–1976. Harvard Educational Review, *66*(2), 318-339.

Blount, J. M. (1998). *Destined to rule the schools: Women and the superintendency, 1873-1995*. State University of New York Press.

Bottia, M. C., Stearns, E., Mickelson, R. A., Moller, S., & Valentino, L. (2015). Growing the roots of STEM majors: Female math and science high school faculty and the participation of students in STEM. *Economics of Education Review*, *45*, 14-27.

Browning, B. (2021). New Title IX rules come under cross: Due process requirements and direct cross-examination in campus sexual assault cases. *Ky. LJ*, *110*, 825.

Buchanan, M. J. p. (2012). Title IX turns 40: A brief history and look forward. *Texas Review of Entertainment and Sports Law*, *14*, 91.

Carleton, D. (2002). *Landmark congressional laws on education*. Greenwood Publishing Group.

Clarke, E. H. (1873). *Sex in education, or, a fair chance for the girls*. James R. Osgood.

Clifford, G. J. (1982). Marry, stitch, die, or do worse: Educating women for work. *Work, youth, and schooling: Historical perspectives on vocationalism in American education*, 223-268.

Clifford, G. J. (1983). "Shaking dangerous questions from the crease": Gender and American higher education. *Feminist Issues*, *3*(2), 3-62.

Conway, J. K. (1974a). Coeducation and women's studies: Two approaches to the question of woman's place in the contemporary university. *Daedalus*, 239-249.

Conway, J. K. (1974b). Perspectives on the history of women's education in the United States. *History of Education Quarterly*, *14*(1), 1-12.

Counts, G. S. (1926). *The senior high school curriculum*. University of Chicago.

Cremin, L. A. (1959). John Dewey and the progressive-education movement, 1915-1952. *The School Review*, *67*(2), 160-173.

Cubberley, E. p. (1909). *Changing conceptions of education*. Houghton Mifflin.

Davie, S. L. (2002). University and college women's centers: A journal toward equity.

DeBoer, G. (2019). *A history of ideas in science education*. Teachers College Press.

Deffenbaugh, W. S., & Keesecker, W. W. (1935). *Compulsory school attendance laws and their administration*. US Government Printing Office.

Dexter, E. G. (1919). *A history of education in the United States*. Macmillan.

DiPrete, T. A., & Buchmann, C. (2013). *The rise of women: The growing gender gap in education and what it means for American schools*. Russell Sage Foundation.

Doerschuk, P., Bahrim, C., Daniel, J., Kruger, J., Mann, J., & Martin, C. (2016). Closing the gaps and filling the STEM pipeline: A multidisciplinary approach. *Journal of Science Education and Technology*, *25*, 682-695.

Dolan, E. F. (1957). Womanpower. A statement by the National Manpower Council with chapters by the council staff. National Manpower Council. Columbia University Press, New York.

Dublin, T. L. (1975). *Women at work: The transformation of work and community in Lowell, Massachusetts, 1826-1860. Comumbia University.*

Eisenmann, L. (2009). Thinking Feminist in 1963: Challenges from Betty Friedan and the US President's Commission on the status of women. In *Women, education, and agency, 1600-2000* (pp. 223-240). Routledge.

Ellis, S., & Mitchell, H. (2009). "Enhancing the quality of the educational experience": Female activists and US university and college women's centres. In *Women, education, and agency, 1600-2000* (pp. 241-262). Routledge.

Evans, S. M. (1980). *Personal politics: The roots of women's liberation in the civil rights movement and the new left* (Vol. 228). Vintage.

Fine, M. (1988). Sexuality, schooling, and adolescent females: The missing discourse of desire. *Harvard educational review, 58*(1), 29-54.

Fleming, p. M. (2000). The Women's Educational Equity Act Resources for ongoing efforts. *Equity & Excellence in Education, 33*(1), 87-90.

Franks, A. (2005). *Margaret Sanger's eugenic legacy: The control of female fertility*. McFarland.

Gayles, J. G., & Ampaw, F. (2014). The impact of college experiences on degree completion in STEM fields at four-year institutions: Does gender matter? *The Journal of Higher Education, 85*(4), 439-468.

Geiger, R. L. (2014). The history of American higher education. In t*he history of American higher education*. Princeton University Press.

Gibbons, S. (2014). "Our power to remodel civilization": The development of eugenic feminism in Alberta, 1909-1921. *Canadian Bulletin of Medical History, 31*(1), 123-142.

Go, S., & Lindert, p. (2010). The uneven rise of American public schools to 1850. *The Journal of Economic History, 70*(1), 1-26.

Goldin, C., & Katz, L. F. (1999). The shaping of higher education: The formative years in the United States, 1890 to 1940. *Journal of Economic Perspectives, 13*(1), 37-62.

Goldin, C., Katz, L. F., & Kuziemko, I. (2006). The homecoming of American college women: The reversal of the college gender gap. *Journal of Economic Perspectives, 20*(4), 133-156.

Goodburn, A. M. (2003). Girls' literacy in the progressive era: Female and American Indian identity at the Genoa Indian School. Faculty

Publications--Department of English, 12.

Greenberger, M. D., & Chaudhry, N. K. (2005). Sex discrimination in education-miles to go before we sleep. *Human Rights*, *32*, 19.

Grizzell, E. D. (1923). *Origin and development of the high school in New England before 1865*. University of Pennsylvania.

Grumet, M. (1981). Pedagogy for patriarchy: The feminization of teaching. *Interchange*, *12*(2-3), 165-184.

Gurney, G., Lopiano, D. A., & Zimbalist, A. (2016). *Unwinding madness: What went wrong with college sports and how to fix it*. Brookings Institution Press.

Hall, G. S. (1903). Coeducation in the high school.

Hansot, E., & Tyack, D. B. (1982). *Managers of virtue: Public school leadership in America, 1820-1980*. Basic Books.

Hare, D. L. (1999). *Sputnik and United States K-12 science education*. The University of Nebraska-Lincoln.

Harwarth, I., DeBra, E., & Maline, M. (1997). *Women's colleges in the united states: History, Issues, & Challenges*. Diane Publishing.

Hatch, M. G., & Hatch, D. L. (1958). Problems of married working women as presented by three popular working women's magazines. *Social Forces*, *37*, 148.

Hepler, C. I. (2013). A bibliography of Title IX of the Education Amendments of 1972. *Western New England Law Review*, *35*, 441.

Higginson, J. (1974). Dame schools. *British Journal of Educational Studies*, *22*(2), 166-181.

Hing, B. O. (1993). *Making and remaking Asian America: 1850-1990* (Vol. 74). Stanford University Press.

Hinsdale, B. A. (1898). *Horace Mann and the common school revival in the United States*. C. Scribner's sons.

Hogeland, R. W. (1972). Coeducation of the sexes at Oberlin College: A study of social ideas in mid-nineteenth-century America. *Journal of*

Social History, *6*(2), 160-176.

House, T. W. (2020, May 6). *President Donald J. Trump is working to protect students from sexual misconduct and restore fairness and due process to our campuses*. https://trumpwhitehouse.archives.gov/briefings-statements/president-donald-j-trump-working-protect-students-sexual-misconduct-restore-fairness-due-process-campuses/

Howlett, J. (2013). *Progressive education: A critical introduction*. A&C Black.

Hussar, W. J., & Gerald, D. E. (1996). *Projections of education statistics to 2006* (Vol. 25). US Government Printing Office.

Ignatius, S. (1956). *Saint Ignatius' idea of a Jesuit University: A study in the history of catholic education, including part four of the Constitutions of the Society of Jesus*. Marquette University Press.

Jensen, J. M. (1984). Not only ours but others: The Quaker teaching daughters of the mid-Atlantic, 1790–1850. *History of Education Quarterly*, *24*(1), 3-19.

Johnson, K., & Taylor Jr, S. (2018). *The campus rape frenzy: The attack on due process at America's universities*. Encounter Books.

Kaestle, C. F. (1983). *Pillars of the republic: Common schools and American society, 1780-1860* (Vol. 154). Macmillan.

Kann, M. (1999). *The gendering of American politics: Founding Mothers, Founding Fathers, and political patriarchy*. ABC-CLIO.

Kaplan, F. B., & Mead, M. (1965). American women, the report of the president;s commision on the status of women and other publications of the commission.

Kerr, B., Kurpius, R., & Sharon, E. (2004). Encouraging talented girls in math and science: Effects of a guidance intervention. *High ability studies*, *15*(1), 85-102.

Kessler-Harris, A. (2003). *Out to work: A history of wage-earning women in the United States*. Oxford University Press.

Kosar, K. R. (February 19, 2011). Act to estabilsih a federal Department of Education, 1867. https://federaleducationpolicy.org/2011/02/19/1867-act-to-establish-a-federal-department-of-education/

Labaree, D. (1989). Career ladders and the early public high school teacher. *American teachers: Histories of a profession at work.*

LaFleur, R. A. (1991). The classical languages and college admissions: An American classical league survey. *The Classical Outlook*, *68*(4), 124-132.

Larson, E. J. (1995). "In the finest, most womanly way:" Women in the Southern eugenics movement. *American Journal of Legal History*, *39*(2), 119-147.

Lasson, K. (2020). Dalliances, defenses, and due process: Prosecuting sexual harassment in the Me Too ea. *Univerisity of Massachusetts Law Review*, *15*, 54.

Le, H., & Robbins, S. B. (2016). Building the STEM pipeline: Findings of a 9-year longitudinal research project. *Journal of Vocational Behavior*, *95*, 21-30.

Leifer, A. D. (1974). When are undergraduate admissions sexist? The case of Stanford University.

Levine, S. (1995). *Degrees of equality: The American Association of University Women and the challenge of twentieth-century feminism* (Vol. 79). Temple University Press.

Litsky, F. (2003, July 12). COLLEGES; Bush administration says Title IX should stay as it is. https://www.nytimes.com/2003/07/12/sports/colleges-bush-administration-says-title-ix-should-stay-as-it-is.html

Little, T., & Ellison, K. (2015). *Loving learning: How progressive education can save America's schools*. WW Norton & Company.

Madigan, J. C. (2009). The education of women and girls in the United States: A historical perspective. *Advances in Gender and Education*, *1*(1), 11.

Maginn, G. (2022). Beyond deliberate indifference: Rethinking institutional responsibility and Title IX liability in K-12 education. *Minnesota*

Journal of Law & Inequality, *40*(2), 335.

Maltese, A. V., & Tai, R. H. (2011). Pipeline persistence: Examining the association of educational experiences with earned degrees in STEM among US students. *Science education*, *95*(5), 877-907.

Mather, M. (2007). *The crossover in male-female college enrollment rates*.

McCandless, A. T. (2009). Stopping the "flow of co-eds and other female species": A historical perspective on gender discrimination at Southern (US) colleges and universities. Forum on Public Policy Online.

McClelland, A. E. (2014). *The education of women in the United States: A guide to theory, teaching, and research*. Routledge.

McDowell Jr, E. I. (1968). Changing conceptions of secondary Education as developed by committees of the National Education Association, 1892-1922. University of Connecticut.

McGuire, J. T. (2008). "The most unjust piece of legislation": Section 213 of the Economy Act of 1932 and feminism during the New Deal. *Journal of Policy History*, *20*(4), 516-541.

Mckinsey, Company, Madgavkar, A., White, O., Krishnan, M., Azcue, X., & Mahajan, D. (2020). COVID-19 and gender equality: Countering the regressive effects.

Melnick, R. S. (2018). The transformation of Title IX: Regulating gender equality in education.

Mertz, N. T. (2006). The promise of Title IX: Longitudinal study of gender in urban school administration, 1972 to 2002. *Urban Education*, *41*(6), 544-559.

Miller, M. H. (2022). The making and remaking of Title IX as a tool against sexual violence. *Campus Crime: Legal, Social*, 56.

Mondale, S. (2002). *School: The story of American public education*. Beacon Press.

Morain, T. (1980). The departure of males from the teaching profession in nineteenth-century Iowa. *Civil War History*, *26*(2), 161-170.

Morgan, R. (1970). Sisterhood is powerful. *New York.*

Nash, M. (2016). *Women's education in the United States, 1780-1840.* Springer.

Nash, M. A., & Romero, L. S. (2012). "Citizenship for the college girl": Challenges and opportunities in higher education for women in the United States in the 1930s. *Teachers College Record, 114*(2), 1-35.

Norton, M. B. (1996). *Liberty's daughters: The revolutionary experience of American women, 1750-1800: with a new preface.* Cornell University Press.

Nye, R. B. (1960). Cultural life of the new nation, 1776-1830.

OECD. (2022). *Education at a glance data base.* OECD Publishing.

OECD. (2023). *PISA 2022 results: Factsheets United States.* https://www.oecd.org/publication/pisa-2022-results/country-notes/united-states-a78ba65a/#chapter-d1e11

Olson, K. W. (1973). The GI Bill and higher education: Success and surprise. *American Quarterly, 25*(5), 596-610.

Osgood, R. L. (1997). Undermining the common school ideal: Intermediate schools and ungraded classes in Boston, 1838-1900. *History of Education Quarterly, 37*(4), 375-398.

Palmer, p. (2010). *Domesticity and dirt: Housewives and domestic servants in the United States, 1920-1945.* Temple University Press.

Parker, P. (2015). The historical role of women in higher education. *Administrative Issues Journal, 5*(1), 3.

Parker, W. S. (1870-1930). Dame school [Painting]. Digital Common Wealth. https://www.digitalcommonwealth.org/search/commonwealth:j67320373

Potter, R. E. (1967). *The stream of American education.* American Book Company.

Reese, W. J. (2001). The origins of progressive education. *History of Education Quarterly, 41*(1), 1-24.

Reisner, E. H. (1922). *Nationalism and education since 1789: A social and political history of modern education*. Macmillan.

Richardson, A. (2003). *Love and eugenics in the late nineteenth century: Rational reproduction and the new woman*. Oxford University Press on Demand.

Roberts, A., & Kwon, R. (2021). The interplay of female empowerment and subjective beliefs about women in 51 countries. *International Journal of Comparative Sociology*, *62*(1), 3-31.

Rosin, H. (2012). *The end of men: And the rise of women*. Penguin.

Rury, J. L. (1984). Vocationalism for home and work: Women's education in the United States, 1880-1930. *History of Education Quarterly*, *24*(1), 21-44.

Rury, J. L. (2012). *Education and social change: Contours in the history of American schooling*. Routledge.

Saad, L. (July 20, 2017). Gallup Vault: A sea change in support for working women. https://news.gallup.com/vault/214328/gallup-vault-sea-change-support-working-women.aspx

Schwager, S. (1987). Educating women in America. *Signs: Journal of Women in Culture and Society*, *12*(2), 333-372.

Sedlak, M., & Schlossman, S. (1986). Who will teach? Historical perspectives on the changing appeal of teaching as a profession. ERIC.

Simonson, J. R., & Menzer, J. A. (1984). Catching up: A review of the Women's Educational Equity Act Program.

Sklar, K. K. (1973). *Catharine Beecher: A study in American domesticity*. Yale University Press.

Sklar, K. K. (1993). The schooling of girls and changing community values in Massachusetts towns, 1750-1820. *History of Education Quarterly*, *33*(4), 511-542.

Snyder, T. D. (1993). *120 years of American education: A statistical portrait*. US Department of Education, Office of Educational Research and Improvement ⋯.

Sorber, N. M. (2018). *Land-grant colleges and popular revolt: The origins of the Morrill Act and the reform of higher education*. Cornell University Press.

Steiner, B. C. (1919). Life of Henry Barnard: The First United States Commissioner of Education, 1867-1870. Bulletin, 1919, No. 8. *Bureau of Education, Department of the Interior*.

Stevens, T. (2018, February 22). A poster advertising a BYU women in Math paenl - featuring only men - draws criticism online. *The Salt Lake Tribune*. www.sltrib.com

Story, R. (1975). Harvard students, the Boston elite, and the New England preparatory system, 1800–1876. *History of Education Quarterly*, *15*(3), 281-298.

Sullivan, M. (2019). The winds of change: Women in higher education in the 19th century.

Thattai, D. (2001). A history of public education in the United States. *Journal of Literacy and Education in Developing Societies*, *1*(2), 2001-2011.

The White House. (May 1, 2024). *FACT SHEET: Biden-Harris administration announces new multi-sector actions to eliminate systemic barriers in STEMM.* https://www.whitehouse.gov/ostp/news-updates/2024/05/01/fact-sheet-biden-harris-administration-announces-new-multi-sector-actions-to-eliminate-systemic-barriers-in-stemm/

Thomas, M. C. (1899). *Education of women* (Vol. 7). JB Lyon.

Thorne, B. (1993). *Gender play: Girls and boys in school*. Rutgers University Press.

Thorne, B. (2013). Girls and boys together··· but mostly apart: Gender arrangements in elementary schools. *Relationships and development* (pp. 167-184). Psychology Press.

Tolley, K. (1996). Science for ladies, classics for gentlemen: a comparative analysis of scientific subjects in the curricula of boys' and girls' secondary schools in the United States, 1794-1850. *History of Education*

Quarterly, 36(2), 129-153.

Tolley, K. (2014). *The science education of American girls: A historical perspective*. Routledge.

Triplett, M. R. (2012). Sexual assault on college campuses: Seeking the appropriate balance between due process and victim protection. *Duke Law Journal*, 487-527.

Tolley, K., & Beadie, N. (2006). Socioeconomic incentives to teach in New York and North Carolina: Toward a more complex model of teacher labor markets, 1800–1850. *History of Education Quarterly, 46*(1), 36-72.

Tyack, D., & Hansot, E. (1984). Hard times, then and now: Public schools in the 1930s and 1980s. *Harvard educational review*, *54*(1), 33-67.

Tyack, D., & Hansot, E. (1988). Silence and policy talk: Historical puzzles about gender and education. *Educational Researcher, 17*(3), 33-41. https://doi.org/10.3102/0013189x017003033

Tyack, D., & Hansot, E. (1992). *Learning together: A history of coeducation in American public schools*. Russell Sage Foundation.

Valentin, I. (1997). Title IX: A brief history. *Holy Cross Journal of Law and Public Policy. 2*, 123.

Vieyra, M., Gilmore, J., & Timmerman, B. (2011). Requiring research may improve retention in STEM fields for underrepresented women. *Council on Undergraduate Research Quarterly, 32*(1), 13-20.

Vinovskis, M. A. (1987). Family and schooling in colonial and nineteenth-century America. *Journal of Family History, 12*(1-3), 19-37.

Vinovskis, M. A., & Bernard, R. M. (1978). Beyond Catharine Beecher: Female education in the antebellum period. *Signs: Journal of Women in Culture and Society, 3*(4), 856-869.

Walton, G. M., Logel, C., Peach, J. M., Spencer, S. J., & Zanna, M. p. (2015). Two brief interventions to mitigate a “chilly climate” transform women’s experience, relationships, and achievement in engineering. *Journal of educational Psychology*, *107*(2), 468.

Ware, C. F. (1994). *Greenwich village, 1920-1930: A comment on American civilization in the post-war years* (Vol. 4). Univ of California Press.

Watson, H. L. (2006). *Liberty and power: The politics of Jacksonian America*. Macmillan.

Weiler, K. (1989). Women's history and the history of women teachers. *Journal of Education*, *171*(3), 9-30. https://doi.org/10.1177/002205748917100303

Weissmann, G. S., Ibarra, R. A., Howland-Davis, M., & Lammey, M. V. (2019). The multicontext path to redefining how we access and think about diversity, equity, and inclusion in STEM. *Journal of Geoscience Education*, *67*, 320 - 329.

Welding, L. (2024). *College enrollment statistics in the U.S.* . Best Colleges https://www.bestcolleges.com/research/college-enrollment-statistics/

Wilker, J. (2017). *Women in STEM: The effect of undergraduate research on persistence*. Walden University.

Wirth, A. G. (1974). Philosophical issues in the vocational-liberal studies controversy: John Dewey vs. the social efficiency philosophers.

Wiseman, S. (2020). Re-Tooling Title IX: How Adopting Intermediary Cross-Examination in Title IX Sexual Misconduct Adjudication Can Provide Fairness and Due Process for All. *University of Louisville Law Review*, *59*, 125.

Woolf, V. (1966). *Three guineas* (Vol. 12). Houghton Mifflin Harcourt.

World Economic Forum. (2022). *Global gender gap report* https://www3.weforum.org/docs/WEF_GGGR_2022.pdf

Zheng, H., & Weeden, K. A. (2023). How gender segregation in higher education contributes to gender segregation in the US labor market. *Demography*, *60*(3), 761-784.

Ⅳ

독일의 여성교육: 여성 인문중등(김나지움)교육과 고등교육을 중심으로

김해순(Hae-Soon Kim)

1. 들어가며

오늘날 독일에서 여학생과 남학생은 인문 중등교육 과정인 김나지움(Gymnasium, 9년제 중·고등학교)과 대학에 비슷한 숫자로 입학한다. 때로는 여학생 수가 더 많다. 대학입학을 위한 '소녀 김나지움(Maedchengymnasium, 이하 여성 김나지움)'이 시작된 19세기와 특히 국가사회주의(1933~1945, 나치) 시기와 비교하면 이는 눈부신 발전이라 할 수 있다. 이는 하루아침에 이루어진 것이 아니다. 19세기까지도 여성 김나지움 개설과 여성 고등교육에 반대하는 사람이 많았다. 이들 중에 특히 남성 학자들은 여성의 학문 능력을 폄훼하며 여성의 대학 강의 참여를 반대했다. 이러한 남성들을 향한 여성들의 저항도 컸다. 여성 김나지움 개설과 여성의 대학 정식 입학을 위해 헌신한 여성들과 이에 연대하는 남성들 및 투쟁하는 다양한 여성운동가들은 독일 교육제도의 변화를 주도해 나갔다. 여성 폄하적인 교육내용을 개선하는 데도 이들의 교육 담론은 한몫했다. 여성 김나지움은 최초로 1893년에 카를스루에(Karlsruhe)에 세워졌다. 이는 남성 김나지움이 1528년에 작센(Sachsen)에 세워졌던 것과 비교된다. 최초의 대학은 1386년에 하이델베르크(Heidelberg)에 신설되었고, 이 대학은 정식 입학을 남성에게만 허락했다. 여성의 공식 대학입학은 바덴(Baden)에서 1900년에야 가능했다. 오늘날 김나지움에 다니는 여학생의 성적은 일반적으로 남학생보다 더 높지만, 대학교육은 아직도 남성 위주로 흘러가는 경향이 있다. 특히 대학 졸업 후 사회에서 여성들은 여전히 다양한 불이익을 경험하고 있다.

본 논고에서는 대학입학을 위한 여성 김나지움(1960년대부터는 전국적으로 도입된 남녀공학을 위주로)과 고등교육에 주목하여 이의 역사적 전개 과정을 서술, 분석하고자 한다. 시기적으로는 여성 김나지움이 시작된 1893년과 여성의 대학입학이 가능했던 1900년 이후부터가 핵심 내용이다. 여성 김나지움 교육과 대학교육 시작 전의 여성교육의 경우에는 그 특징을 간단하게 짚는다. 이를 토대로 이후 여성교육의 변천을 설명하고자 한다.

이 글에서는 독일 여성교육의 변천을 크게 세 시기로 구분하였다. 하나는 여성 인문중등교육 및 고등교육 출발과 전개 단계이다. 이 시기는 독일제국(Deutsches Reich, 1871~1918), 바이마르 공화국(Weimarer Republik, 1918~1933), 국가사회주의(Nationalsozialistischer Staat, 1933~1945), 제2차 세계대전(1945)까지를 아우르는 시기이다. 이 시기들은 성평등적 헌법이 마련된 제2차 세계대전 이후 시기와 구분된다. 제2차 세계대전 이후는 통일(1990) 이전까지와 통일 이후부터 현재까지로 나뉜다. 독일통일 이후에 동독뿐만 아니라 전 독일 연방 주에서 교육개혁 정책들이 시행되었기에 이 점을 고려해 통일 이전과 이후를 분리하였다.

이 글은 독일교육과 여성교육에 대한 역사적 문헌 자료를 토대로 한 것이다. 이 글을 통하여 이제껏 간과되어 온 여성들의 교육 환경의 역사적 토대와 그 변화에 대한 이해 지평이 부분적으로나마 확대될 수 있기를 기대한다. 더불어 험난했던 독일 여성교육 변천사가 한국 여성교육을 비교교육적 시각에서 이해할 수 있게 하여 향후 보다 성평등한 교육환경을 만들어가는 데에도 도움이 될 수 있기를 희망한다.

2. 여성 인문중등교육과 고등교육의 출발: 시작에서 제2차 세계대전까지

독일제국은 1871년부터 1945년 사이에 존재한 독일 민족 국가의 이름이며, 독일의 법적 명칭이다. 이는 일반적으로 독일제국의 군주제 시대(1871~1918), 바이마르 공화국 시대(1918/19~1933), 나치 독재 국가사회주의 시대(1933~1945)로 나뉜다(Grotz & Schroeder, 2021). 독일제국이라는 칭호는 때때로 두 시기에 적용되곤 한다. 신성로마제국(962~1806)을 제1 제국으로 칭하기도 하고, 비스마르크 정권 아래 이루어진 독일통일(1871)을 제2 제국의 탄생으로 보기도 한다. 그러나 일반적으로 독일통일이 이루어진 1871년 이후 시기를 독일제국이라 부른다. 이는 1871년 4월에 공포된 '독일제국헌법'에 따른 것이다. 오스트리아-헝가리 제국의 왕위 계승자인 프란츠 페르디난트 대공과 그의 아내 호헨베르크 공작부인 초텍이 1914년에 사라예보를 방문하던 중 세르비아 민족주의 운동이었던 '믈라다 보스나(Mlada Bosna)'의 '젊은 보스니아(Junges Bosnien)' 가브릴로 프린치프에 의해 암살당했다. 이를 응징하기 위해 오스트리아-헝가리 제국은 전쟁을 선포했고, 독일제국의 지원을 요청했다(Keegan, John. 2000, p. 48). 이 갈등은 결국 제1차 세계대전으로 이어졌다. 독일제국은 이 전쟁에 참여하였고 제1차 세계대전에 패배했다. 힘을 잃은 독일제국은 1918년 11월의 혁명으로 붕괴되었다. 본 논문에서 지칭하는 '독일 제국'은 이와 같은 역사와 특징을 지닌 1871년에서 1918년 사이의 제2 독일 제국을 의미한다.

1) 여성 대학교육 출발 배경

독일을 포함한 유럽에서 가정 밖의 정규 여성교육은 이미 고대[1]에서 실행되었음이 여러 문헌에서 발견된다. 고대부터 중세 초기(6세기부터)까지 실행된 유대교의 여성교육이 그 예가 될 수 있다. 유대교의 종교 규정은 고대부터 시행되었고 유대교에서 여성교육이 진행되었다는 증거는 기원후 4세기에 나타난다(Sehling, 2006, p. 406).

중세기에 가정 밖 여성교육은 교회가 주도하였고, 중세 초기 여성교육은 거의 전적으로 수도원 교육에 제한되어 있었다. 여성 수도회 등에서 실시된 여성교육은 여성들에게 읽기, 쓰기, 수공예 및 집안일을 가르치는 것을 목표로 삼았다. 기독교 가부장주의가 추구하는 여성의 남성에 대한 복종과 어머니로서 자식을 위한 헌신적이고 사회를 위한 이타적인 가치를 여성의 덕목으로 교육했다. 이러한 여성상이 세속 여성의 삶에도 영향을 미쳤다.

그에 비해 대부분의 일반적인 중세 교회학교들은 남성 수도사 양성을 위한 것이었다. 수도사들은 정치, 경제, 문화 등 세상의 모든 영역에 대해 영향력을 발휘할 수 있는 지식을 획득해야 했다.

16세기에서 17세기를 거치는 동안 유럽에서 가톨릭 교회의 영향력은 급격히 무너져 갔다. 여기에는 16세기 로마 가톨릭 서방 교회와 교황의 부패에 대항하는 마틴 루터(Martin Luther, 1483-1546)의 종

1) 고대는 역사 과학의 개념이며, 지중해와 근동 문명의 경우 선사시대 말기(기원전 4천 년 중반까지)부터 중세 초기(6세기부터)까지의 기간을 포괄한다. 고대를 구분하는 데는 다양한 견해가 있다. 기원전 약 1000년에서 서기 약 500년 또는 기원전 800년부터 서기 약 600년까지도 본다(김해순, 2021, pp. 75-76).

교개혁운동의 영향이 컸다. 당시 서방교회는 지은 죄를 사하여 준다고 주장하며 대량으로 면죄부를 판매하기도 하는 등, 극도로 부패했었다. 구원을 하나님이 믿음을 가진 사람들에게 주시는 선물이라고 믿었던 루터로부터 출발한 종교개혁운동(1517-1648)은 100년 이상 유럽을 휩쓸었고 그 가운데 가톨릭 교회의 힘은 급격히 약화되어 갔다.

종교개혁운동을 전개하는 동안 루터는 의무교육제도 도입을 요구했다. 그는 1524년 독일 모든 도시 의원들에게 기독교 학교를 설립하고 유지해야 한다는 편지를 보냈고, 의무교육은 소년 소녀 모두에게 적용되어야 함을 강조했다. 이에 칼뱅주의로 개종한 요한 1세(Johann I, 1550~1604) 치하에서 신성로마제국의 공국이었던 팔츠-츠바이브뤼켄(Pfalz-Zweibrücken)은 1592년에 세계 최초로 소년과 소녀들을 위한 의무교육제도를 도입하였다(Sehling, 2006, p. 406). 뒤를 이어 의무교육은 1598년에 스트라스부르, 1642년에 작센-고타(Sachsen-Gotha), 1647년에 브라운슈바이크-볼펜뷔텔(Braunschweig-Wolfenbuettel)(Jacobi, 2013)에 도입되었다.

그러나 사실 초등교육이 의무화되었다는 것이 모든 여아가 초등교육을 받았다는 것을 의미하지는 않았으며 많은 지역에서 교육은 남성에게만 해당되는 것이었다. 교육과 수업 요구에 대한 우선 결정권이 가정에 있었으므로 자녀를 학교에 보낼 것인지에 대한 판단은 개별 가정이 했기 때문이다(Heinemann, 1990, p. 253; 유진영, 2011, p. 90에서 재인용). 예를 들어, 고타의 프리덴슈타인 성(Schloss Friedenstein in Gotha)에서 교육의 300년의 역사를 기념하기 위해 개최된 17세기 고타 학교제도에 관한 전시회(2013.1.7.) 자료를 분석한 고타 연구 도서관 학자인 살라토브스키(Sascha Salatowsky)는 당시 성적증명서

등을 주의 깊게 살펴보았는데, 모든 서류에서 여자 이름을 찾지 못했다고 했다(Deutschlandfunk, 2024). 이는 당시 이 지역에서 남자아이들만 교육받았다는 것을 의미한다. 일반적으로 17세기에 모든 개혁교회에서 남학생을 위한 초등학교는 있었으나, 여학교나 혼성학교는 드물었다고 한다(Musée protestant, 2024).

의무교육은 점차 계몽주의의 영향을 받았다. 16세기와 17세기에 계몽주의 사상가들은 과학혁명에서 얻은 지식과 사상을 전파하는 데 교육의 중요성을 강조했다. 계몽주의는 관습법과 시대에 뒤떨어진 사상 혹은 이데올로기로부터 인간을 해방시켜야 함을 이성에 호소했다. 나아가 계몽주의자들은 이성을 부모나 교육전문가에 의해 배우는 '교육(Erziehung)'이 아니고 사회적 상호작용의 과정에서 도야(훌륭한 사람이 되도록 몸과 마음을 닦아 기른 사람)되는 즉, 자신 스스로의 '교육(Bildung)'을 통해 얻을 수 있다고 보았다(Sesink, 2001). 계몽주의가 전파되면서 모든 것이 신에 의해 미리 결정된 것이 아니라는 사조가 일었고, 18세기 중반의 교육학은 개인의 미덕이나 직업능력이 아니라 이성적 존재로서의 인간을 중시했다. 계몽의 목적은 교육과 지식을 통해 사람들을 미성숙에서 벗어나게 하는 것이었다. 이는 이성과 비판을 중시하며 개인의 건전한 판단과 사회·정치적 진보를 지향하는 것이었다(Himmelfarb, 2008, pp. 11-12).

계몽주의적 사고가 확대되면서 각 지역의 정부들은 하나의 강력하고 효율적인 정부를 만들고자 했다. 나아가 이 새로운 체제를 이끌어갈 관료들을 배출할 수 있는 체계적인 교육제도를 필요로 했다. 지역정부들은 교회로부터 교육의 주도권을 넘겨받아 계몽사상에 기초하여 대중을 위한 공공 교육제도를 마련하고자 했다(Schneider, 1984, pp.

56-57; 유정희, 1997, p. 105에서 재인용). 1717년 일반 칙령과 1763년 일반 주립 학교 규정(Generallandschulreglement)을 통해 프로이센에서도 점차적으로 의무교육을 도입했다(Birmelé, 2002, pp. 87-88).

19세기 초 프로이센은 광범위한 교육개혁을 진행했다. 뮬러(Muller, 1987)에 의하면, 당시 독일제국 영방을 대표했던 프로이센 정부에서는 각 지역별로 혼재된 다양한 학교 형태에 일련의 통일성을 부여하기 위해 각종 칙령을 제정하여 발표하였다. 이 시기에 중등학교 졸업자격시험이자 대학 입학자격이 아비투어로 표준화되었다. 이 시기 학교들은 커리큘럼도 다양했고 학교를 움직이는 법령도 제각각이었다. 프로이센에서는 제반 규정에 따라 시행되는 아비투어 시험과 입학자격 인정을 아비투어로 표준화하고(1810년), 대학입학자격국가시험(1804~30년)과 중등학교 교사 자격기준을 도입(1812년)하여 지역별로 다양하게 운영되던 교육구조를 점차 유사한 틀로 변화시켜 나갔다. 이에 당시 전국적으로 널리 분포된 중등교육기관이었던 김나지움에서는 지역과 상관없이 동등한 지위를 갖는 아비투어를 제공하게 되었다(Muller, 1987, pp. 18-19).

그러나 19세기 독일에서 아비투어는 사실상 남성만이 치를 수 있는 것이었다. 당시 독일의 대학은 여성의 입학을 공식적으로 허용하지 않았으며 여성들을 위한 김나지움도 존재하지 않았다. 이탈리아 볼로냐 대학 에코(Umbert Eco)의 문헌에 따르면 13세기와 14세기에 여성들이 볼로냐 대학에서 공부하고 가르치기도 했다고 한다(Eco, 2023). 그러나 1386년 독일에 설립된 하이델베르크 대학이나 그 밖의 대학에서도 여성의 입학은 허용되지 않았었다. 여성에게 대학교육이 공적으로 허용된 것은 위에서 언급했듯 그 보다 훨씬 뒤인 1900년이었다.

그 이전에도 독일의 대학에서 여성이 교육받는 경우가 간혹 존재하기는 했다. 그러나 그것은 공식 입학에 의한 것이 아니었으며 일부 특권층 여성들이 아버지나 남편의 강의를 강의실 옆방이나 커튼 뒤에 숨어서 들었던 것이 전부였다고 한다(Niemeyer, 1996, pp. 280-283).[2)] 결론적으로 19세기 초 독일에서 진행되었던 제반 교육제도의 체계적 정비는 남성들을 위한 교육에 한정되어 있었다.

이러한 상황에서 19세기 독일 여성들은 여성교육을 위해 활발한 운동을 펼쳤다. 이 운동의 핵심은 초, 중, 고등교육 전체 교육시스템에 여성교육을 포함시키는 데 있었다. 따라서 당시 독일의 여성운동은 곧 교육운동이었다고 할 수 있다(Nave-Herz, 1997, p. 25; Kersting, 2013, p. 171).

1850년대와 1860년대를 거치면서 독일에 본격적으로 진행되었던 산업화 영향으로 1870년대 신생 독일 제국에서는 새로운 시대 상황에 고무된 여성들이 여성들의 지위 개선을 위한 집단적인 움직임을 보이기 시작했다. 1865년 여성의 권익을 대변하는 최초의 독일 여성 조직인 독일여성총연합(Deutscher Frauenbund)이 결성되기도 하였다. 그러나 이들은 여성들의 아내와 어머니로서의 역할을 보다 잘 감당하기 위해 정비된 교육기관이 필요하다는 입장을 유지했다. 1872년 여성교육을 주제로 한 대규모 회의가 바이마르에서 개최되었는데 이 회의에서도 남학교를 모방하거나 실업교육화된 여성교육을 거부했

2) Niemeyer(1996)에 의하면, 강의를 숨어서 들었던 특권층 여성은 마리아 테레지아 황후가 '이 나라에서 가장 학식 있는 여성 중 한 명'이라고 묘사한 고트쉐드(Gottsched, Luise, 1713~1762)이다. 그는 남편의 강의를 학교에서 비밀리에 청강했다고 한다(pp. 280-283).

다. 이 회의에서는 지식과 영적인 면의 조화를 강조하면서 라틴어, 그리스어, 과학 등을 제외한 근대 언어와 문학 위주의 여학교 교육과정을 채택하였다.

19세기에 해외 여러 나라에서는 여성들의 대학교육이 확대되고 있었다. 미국에서는 1833년부터, 프랑스에서는 1861년부터, 스위스에서는 1865년부터, 영국에서는 1869년부터 여성들이 대학에서 공부하기 시작했다(Schneider, 2007, pp. 20-23). 19세기 말까지 독일에서는 여성들이 대학교육을 받으려면 외국에 나가야만 했던 상황이었고 여러 여성운동가들은 하나의 목소리로 이 문제를 해결하려 하였다. 이들은 여성을 위한 김나지움과 고등교육 기관 설립을 촉구하는 청원서를 공공기관에 보냈다. 그 예가 프로이센에서 1887년에 여자 교육을 남자와 동일하게 해달라는 프로이센 교육부에 제출된 청원서였다. 랑에(Helene Lange)는 청원서에 "고등여학교와 그 목적에 대하여(Über die höhere Mädchenschule und ihre Bestimmung)"라는 기존 고등교육 형태에 대한 강력한 비판을 담은 문서를 첨부하였다(Küllchen, 2010, p. 27). 이러한 청원서 제출 운동은 전체 연방 차원으로 확대되어 여성운동가들은 독일 연방의회에 '여자대학' 설립에 대해 청원서를 제출했다. 이에 1891년 3월에 처음으로 이 문제가 연방의회에서 논의되었다. 그러나 연방의회는 교육은 주 정부의 책임이라며 이 문제에 대한 결론을 피해갔다. 여성운동가들의 압력은 이후 갈수록 커져갔다(Koerner, 1997, p. 84). 같은 해에 이들은 50,000명의 서명을 덧붙여 여성이 의학을 공부할 수 있도록 해 달라는 청원서를 제출했다. 1892년에는 55,000명의 서명을 받아 여성 김나지움과 대학 설립을 요청하는 청원서를 연방의회에 보냈다. 1893년에도 60,000명의 서명을 받아서 청원서를 다시 연방의회에 제출했다. 그러나 연방의회는 이 청원서에 대한 답변을 그 다음 해까지 하지 않았다(Gerhard, 1990, p. 157).

사실 1892년 2월 프로이센 정부도 모든 대학 교수들에게 여학생 대학 입학 금지 제도 수정에 대한 의견서를 제출하게 함으로써 이 문제에 대응하려 했다. 그러나 독일 대학의 많은 교수들은 여성이 남성과 동등한 지적 능력을 지녔음을 인정하려고 하지 않았다. 그들은 여성의 경우 능력이 제한적일 수밖에 없으며, 여성은 감정적이고 그 본성이 어머니와 주부에 적합하다고 믿었고 또 그렇게 주장했다. 조지 베른슈타인과 로테로레 베른슈타인(George Bernstein and Lottelore Bernstein)에 따르면 과학 분야의 연구를 위해서는 특정한 지적 능력이 필수적인데, 여성들에게 그러한 능력이 결여되어 있다고 베를린 대학 베버(Friedrich Albrecht Weber) 교수는 피력했고, 기어르케 교수(Otto Friedrich von Gierke)는 자신들의 대학은 남자들의 대학이며, 완전히 남성들의 정신에 맞게 짜여진 것이어서 몇몇 뛰어난 여성 청강생들로 인해 대학 본연의 남성적 특성을 포기할 수는 절대로 없다고 주장했다(Bernstein & Bernstein, 1979, p. 476). 많은 남성들은 여성을 위한 김나지움 설립에 회의적이었고 소녀들이 소년들만큼 공부하는 능력이 있고 학습 내용을 진지하게 다룰 수 있는지에 대해 우려했을 뿐만 아니라 여성의 지적인 일을 할 수 있는 능력에 대해서도 의심했다. 그러나 이후 남성 학자들 중에서도 여성 김나지움 개설을 찬성하는 사람이 점차 늘어갔다. 이를 위한 여성교육자와 교육운동가들의 활동도 심화되었다. 1892년에 비엔나에서 여성 김나지움 과정이 개설되었고, 이에 고무되어 독일에서는 1893년 바덴 카를스루

에에서 최초로 여성 인문중등학교인 김나지움이 개교했으며 그것은 당대에 큰 센세이션을 일으켰다(KARLSRUHE, 2019. 3. 7).

카를스루에 여성 김나지움 설립은 여성 인권운동가인 케틀러(Hedwig Kettler, 1851~1937)의 노력 덕분이었다고 전해진다. 케틀러는 교육권과 직업선택의 자유는 인권이라고 단언했다. 그리고 1893년 9월 16일에 김나지움 개교식에서 케틀러는, 소녀들을 위한 본격적인 인문계 김나지움 설립과 대학교 입학을 통해 바덴이 교육운동의 최전선에 섰으며, 이는 결정적으로 여성들의 학문적 해방을 의미함을 강조했다.

여성 김나지움이 설립되면서 여성에게 고등교육의 길이 열렸다. 그러나 이 당시 여성이 대학에 가려면 아비투어를 개인적으로 준비하거나, 남자 고등학교가 여성을 외부 학생으로 받아들일 때 아비투어를 준비할 수 있었다(Komander, 2006). 1896년 3월 29일, 젊은 여성들은 베를린에서 처음으로 아비투어 시험을 치를 수 있었다. 1899년에 4명의 여학생이 독일 최초로 아비투어에 합격했다(Albisetti, 1985). 1900년 2월에 바덴 대공국은 많은 남성 교수들의 항의에도 불구하고 공식적인 여성 대학 입학 허용을 추진했다. 이로써 바덴-뷔르템부르크 주는 독일에서 여성에게 정규 대학교육을 허용한 최초의 연방 주가 되었다.

2) 제도교육체계에 동등하게 포섭된 여성교육: 1908-09 개혁

1899년에서 1914년 사이 독일의 여러 주에서 여성교육에 대한 개혁이 대대적으로 전개되었다. 사실 그 이전까지는 여성 김나지움이 설립되고 확대되기 시작했지만, 교육과 관련한 공적인 법이 출생 가정의 자녀 교육에 대한 결정권을 넘어서는 힘을 갖지 못했다. 1900년대 독일의 대법전 내용은 사회변화에도 불구하고 여성의 교육권을 가정법의 범위에 묶어 두고 있었다(유진영, 2011, p. 90). 프로이센은 1891년 학교취학 의무를 지연하는 가정에 대한 처벌규정을 공표하였으나 실제 프로이센에서 4년제 초등학교 출석 의무화는 1923년이 되어서야 이루어졌다(Heinemann, 1999, p. 254). 고등여학교의 교육과정도 남학교와 법적으로나, 실제적으로나 다른 것일 수밖에 없었다. 1905년 바덴 주에서부터 드디어 고등여학교(Mädchenschule) 교육과정이 주 정부 수준에서 통일되어 각 학교의 수준이 일정하게 유지되는 것이 가능해졌다. 기존의 고등여학교가 수학과 자연과학, 어학 과목 등, 고등학교 과정을 포함하는 10년 과정의 교육기관인 리제움(Lyzeum, 여자고등학교)으로 개편되기도 하였다. 이 학교들은 아비투어 과정도 개설할 수 있었다. 1908년 프로이센 정부는 여성의 대학입학을 허용했으며 기술전문학교에서도 여학생의 입학을 허용하기 시작했다. 1909년에 프로이센은 교사세미나를 졸업하고 2년의 교직경력이 있는 여학생의 경우, 아비투어 없이도 대학 철학부에 입학을 가능하게 하는 법령을 발표했다.

이러한 배경 하에 제1차 세계대전(1914~1918) 발발은 많은 독일 여성들에게 정치적, 사회적 의미에서 극적인 전환점이 되었다. 남성은 전쟁에 징집되자 그 빈 공간에 여성이 들어갈 수 있는 기회를 얻었던 것이다. 여성들은 일반 사회와 직업 세계에서 새로운 역할을 맡을 수 있었으며 대학교육을 받을 기회도 늘어났다. 1915년 독일에서 대학에 입학한 여학생 수는 4,820명이었는데 1919년에 그 수는 8,843명으로 거의 두 배가 증가했다(Kompetenzzentrum frauen in wissenschaft und forschung, n.d.). 그러나 전쟁이 끝나고 전선에서 돌아온 남성들이 일상생활에 복귀하게 되자 대다수의 여성들은 다시 대학과 직업세계에서 밀려났다. 여성의 대학입학 기회는 다시 줄었고 대학 학위를 받은 여학생이라 할지라도 저임금 개인 강사 이외에는 찾을 수 있는 일자리가 거의 없었다.

3) 여성의 인문중등교육과 고등교육의 정착: 바이마르 공화국

제1차 세계대전 끝 무렵인 1918/19년 11월 혁명으로 독일에서는 독일제국이라는 군주제가 무너지고 의회 민주주의를 토대로 한 바이마르 공화국이 시작되었다.

헌법에 보장된 여성의 시민권

1919년 출범한 바이마르 공화국은 독일 최초로 민주주의를 기본이념으로 한 공화국이었다. 공화국 헌법 109조는 '모든 독일인은 법 앞에 평등하다. 남성과 여성은 기본적으로 동일한 시민권과 의무를 가진다'라고 규정하고 있었다. 이 법규로 동등한 시민권을 가진 여성에게 처음으로 투표권이 부여되었다. 이는 여성이 공직에 진출할 수 있는 기반이 되었고 여성의 사회적, 정치적 진로에 새로운 이정표를 제시했다. 이 헌법은 남녀가 동등하게 교육을 받을 권리도 포함하고 있었다. 바이마르 헌법은 취학 의무를 일반의 의무로 규정했다(145조). 또한, 아동을 특정 학교에 입학시킬 것인가의 여부를 전적으로 아동의 특성에 의하여 정하도록 하고 부모의 경제적 및 사회적 지위 혹은 종교적 신앙에 의해 정해서는 안 된다는 점(146조)을 법적으로 규정했다. 이로써 국가법보다 가정법이 우선시되었던 이전 상황이 급전환되었다. 이후 학교에 다니는 여아들의 수가 지속적으로 증가했고 점차 대학에 진학하는 여성들도 늘어났다. 실제 일상생활에서 여성들은 여성의 덕목과 가치를 규정하는 기존 이데올로기에 여전히 묶여 있었다. 그러나 이때부터 여성들은 교육받을 수 있는 권리를 헌법에서 보장받고 투표권을 행사할 수 있게 되었다. 이 점에서 이 시기는 독일 여성교육사에서 획기적 전환점이 되었다고 할 수 있다.

산업화와 기술혁명이 20세기 초기에 유럽에서 확산되면서 이와 함께 바이마르 공화국 사회도 변화해 나갔다. 이 과정에서 여성 역할도 점차 변화를 보였다. 이 시기 출현한 용어가 '신여성(New Woman)'이었다. 신여성이라 일컫는 이들은 대도시를 삶의 기반으로 하는 적어도 고등여학교 교육 이상을 받은 여성들이었다. 이들은 자신의 삶을 자신감과 독립성을 가지고 진취적으로 발전시키고자 했으며 외형적 이미지도 기존 여성들의 그것과 차별화하고자 했다. 단발머리, 끝이 뾰족한 상의에 꽂힌 담배, 무릎길이의 스커트 등은 새로운 유행이 되었다. 그러나 이러한 여성상은 극소수 상류층이나 귀족 출신 고학력 여성들에 의해서만 구현될 수 있는 것이었다. 이들은 주로 학계, 언론인, 작가, 무용가 또는 20세기로 전환될 무렵에 태어난 예술가 등, 소수의 고학력 엘리트 여성들이었다. 이들에게는 최신 패션, 문화, 오락 등의 활동을 즐기며 소비할 수 있는 재정적 기반이 있었다.

하지만 이러한 여성상에 대한 사회적 평가는 전반적으로 긍정적이지 않았다. 이에 교육받은 여성은 이중적 요구에 당면할 수밖에 없었다. 한편으로 이들은 신여성으로의 삶을 추구하였지만 다른 한편으로는 여전히 강하게 존재하는 기존 여성상에 대한 사회적 요구에 당면해야만 했다. 특히 1929년 세계 경제위기가 시작되자 이로 인한 여파로 신여성의 이미지는 점점 빛을 잃어갔다. 이 과정에서 여성의 학업과 취업에 대한 사회적 논쟁과 저항이 격화되었다. 곧 여성이 더 많은 교육을 받으려 함으로써 "여학생에 의해 강의실이 과밀화"되고 "남성생활공간에 여성이 침입"하여 남성의 고유 공간이 사라지고 있다는 것이다(Weyrather, 1981, p. 25). 이러한 상황에서 여성들이 학교 교육을 받을 의지를 적극적으로 구현해 나간다는 것은 쉽지 않았다.

여자 김나지움 제도 도입

바이마르 공화국 시대가 시작되었지만, 개편된 학교제도가 전국에서 일제히 시행되었던 것은 아니다. 교육은 주정부 소관이었으므로 지역마다 조금씩 달랐다. 이에 대해 국가는 적극적으로 통제하지 않았다. 바이마르 공화국 차원에서는 남녀공학도 허용되었으나 이것이 실지로 지역에서 인기를 얻지는 못했다. 특히 교회가 남녀공학 학교에 대한 반대에 앞장섰다. 예컨대 바이에른(Bayern)은 기존의 학교제도를 여전히 고수하며 새로운 학교제도 도입에 저항했다. 이 지역 학생들 대다수는 7년제 초등학교를 다녔고, 그 후 2~3년 동안 성인교육이나 직업훈련을 받는 체제하에 있었다. 고등여학교를 다니는 여성은 많지 않았는데 1919년부터 여성에게도 대학입학은 허용되었다. 여학생들을 위한 아비투어 준비 프로그램이 없었던 바이에른에서 여학생들은 남자 김나지움에서 아비투어를 준비한 후에 대학에 입학할 수 있었다.

그러나 바이에른의 학교제도도 바이마르 공화국에서 지속적으로 변화하였으며 특히 고등여학교 제도의 변화가 컸다. 바이에른 지역에 1911년부터 설립되기 시작한 고등여학교는 종종 여교사 교육기관(Lehrerinnenbildungsanstalten) 부속기관으로 설립되곤 했다. 1916년부터는 여자를 위한 3년제 그리고 6년제 중등과정이 설치되기도 했다. 그러나 고등여학교에 인문계 과정 개설은 극히 일부 학교에서만 볼 수 있는 것이었다. 1919년 이전 바이에른과 같은 지역에서는 어떤 고등여학교를 졸업하더라도 대학입학 자격을 인정받지 못했다. 1919년에 바이에른 주 총리 호프만(Hoffmann, 1867~1930)은 여성들이 자신의 거주 장소에 아비투어 자격을 갖출 수 있는 여학교가 없을 경우, 남자 김나지움에서 아비투어를 준비할 수 있도록 허용했다. 1927년 바이에른 여자 중등교육은 또 다른 변화를 겪었다. 이때 드디어 9년제 여자 김나지움(Das neunjaehrige Maedchengymnasium) 제도가 도입된 것이다. 여자 김나지움은 구조와 커리큘럼 측면에서 남자 김나지움과 동일한 것이었다. 이로써 여학생들이 받는 교육이 남학생의 그것과 외형적으로 유사해졌다. 여자아이들도 이제 초등학교에서 9년제 김나지움으로 진학할 수 있게 되었으며, 인문계 여자 아카데미로 진학할 수도 있었다. 10년제 학교인 리제움을 다니다가 여자 김나지움으로 옮겨갈 수도 있었다. 이후 바이에른에서 여성 김나지움은 큰 발전을 이루었다.

갈 길이 먼 여성 고등교육

바이마르 공화국 시기 여성 고등교육은 독일제국 때보다 더 진전되었지만, 국제적으로 보면 아직도 큰 발전을 이루었다고 보기는 어려웠다. 이 시기 여성은 대학에 입학할 수는 있었지만 석사나 박사 학위 등, 학문적 전문 자격을 취득할 수는 없었다.

이를 개선하기 위해 여성교육의 선구자들은 1920년대에 '국제여대생연맹'을 설립하여 전 세계적으로 협력하는 여성 학자 협회로 역할을 하면서 여성의 학문적 힘을 키우고자 했다. 이들의 역할에 힘입어 여성의 고등교육과 사회진출 기회를 차단했던 성차별 기조가 서서히 걷혀가기 시작했다. 1920년이 되어서야 여성에 대한 하빌리타치온(Habilitation)(Academics, 2024)[3] 금지령이 해제되었다.

이 과정에서 독일 여성의 고등교육 참여율은 1911년에 4.9%, 1921년에 9.6%, 1931년에 18.9%로 점차 증가했다(Statista, 2024). 학교 단위로 보아도 전체적인 경향과 거의 비슷한 발전을 라이프치히 대학 사례에서도 볼 수 있다. 이 대학에서 1925/ 26년 겨울학기에 여학생은 전체 중 8.4%였는데 다음 해 1926/27년 겨울학기에는 9.8%에 달했

3) 하빌리타치온은 20세기 말까지 독일의 대학교 및 이에 준하는 대학교에서는 대부분의 과목(공학 및 예술 과목 제외)의 교수직 임명을 위한 표준 요건이었다. 그러나 2002년에 독일에서 앵글로색슨식 교육체계를 바탕으로 "Juniorprofessur/Juniordozentur" 직이 신설되면서 하빌리타치온 없이도 대학교수로 임용될 가능성이 확대되었다. 하빌리타치온과 동등한 학문적 성취를 인정하는 교수 자격 경로가 생기면서 하빌리타치온의 중요성이 일부 상실되었다. 하빌리타치온의 수는(과학 영역을 비롯하여 분야 간에 큰 차이가 있음에도 불구하고) 2002년 이후 첫 해 동안 약 3분의 1 정도 감소하다가 그 후 안정화되었다. 그러나 하빌리타치온은 오늘날에도 독일의 여러 분야에서 교수직을 얻는데 여전히 중요한 조건이 되고 있다(Academics, 2024).

다(Krause, 2003, p. 250). 1933년 이후 국가사회주의(나치)가 정권을 잡는 가운데 '국제여대생연맹'은 일부 유대인 연구원들의 생명을 구하면서 해체를 맞게 되었다.

바이마르 공화국 말기에 세계 경제위기로 독일 경제 성장이 둔화되는 과정에서 여성의 고등교육 필요성에 대한 부정적인 논쟁이 다시 부상하기 시작했다. 여성의 대학 진출이 남성 실업률 증가 원인이라며 여성의 대학 진출 자체에 대한 비난이 일기도 했다(Huerkamp, 1996). 예컨대 1932년 독일 의학협회는 여성 의대생 수에 대한 자료를 대학에 요구했다. 이는 여의사 수의 증가를 통제하려는 데에 그 목적이 있었다. 남성 의사들은 여의사를 노동 시장에서 원치 않는 경쟁자로 보았다.

3) 여성의 중등(김나지움)교육과 고등교육의 난기류: 나치 정권과 제2차 세계대전

나치 교육 정책에 의해 과거로 회귀한 여성교육

인종차별과 성차별 이데올로기를 정책 토대로 삼았던 나치가 1933년 독일에서 정권을 잡으면서 이들은 자신의 이데올로기를 독일인 삶의 모든 영역에 침투시키고자 했다. 나치 이데올로기가 지향하는 여성의 공식적 이미지는 민족주의적 이데올로기였다. 이들은 아리아(Arier) 혈통 이외에도 충성심, 의무 이행, 기꺼이 희생하려는 의지, 이타심과 같은 가치를 이상적인 여성이 갖추어야 할 덕목으로 보았다. 이는 점차 독일 교육의 핵심 내용으로 자리 잡기 시작했다. 나치 정권이 규정한 “국가 공동체”(Heinsohn et al.(eds.), 1997/2022) 내에서 엄격한 가부장적 사회 질서가 다시 적극적으로 강화되었다. 나치 국가 공동체를 위해 여성은 희생하는 어머니로서 의무를 다해야만 했다. 나아가 여성에게는 남성에게 복종하고 가족과 자식을 위한 헌신이 강조되었다. 이를 전파하고 실천하기 위해 학교 교육은 중요한 수단이었다. 또한, 여성에게 노동은 가족을 위해서만, 그리고 전쟁에 나간 남성을 위한 대리 노동만이 허용되었다. 나치 정권하에서 여성이 교육받는다는 것은 중요한 가치로 여겨지지 않았고 여성의 지성은 거부되었다. 나치 정권은 자신들의 여성 정책을 준수하도록 출산에 대한 보상과 여성 고용 감소에 대해 인센티브를 주고자 했다. 그러나 힌터베르크(Georg Hinterberg)에 따르면 전쟁이 진행됨에 따라 여성 노동력이 계속 필요하게 되었고 이에 나치 정권은 그들의 노동정책을 부분적으로 수정하기에 이른다(Hinterberger, 2018).

나치는 1933년 4월 25일에 ‘독일 학교 및 대학교의 과밀 방지법’을 통과시켰고 이에 따라 인종 분리를 고등학교 및 대학교육 기준으로 도입하였다(Wenning, 1986). 이들은 ‘비아리안(Nichtarier)’ 혈통에 대한 차별을 토대로 고등학교와 대학교 학생 수를 규제했다. 여기에서 비아리안 이외에도 부정적인 영향을 받았던 이들은 여성이었다. 1933년 12월 28일자 조례에서 제국 내무부 장관이었던 프릭(Wilhelm Frick)은 1934년 1월부터 적용될 학생 입학에 대한 일반 지침을 설정했다. 이에 따르면 1934년 고등학교 졸업자 중 최대 15,000명만 대학 진학이 허용되었고, 이 중 여성 비율은 10%로 제한되었다(Huerkamp, 1996). 주에 따라서는 더 많은 여성이 규제를 받았다. 예컨대 대학입학 자격을 얻기 전에 학업 성적뿐만 아니라 개인의 정치적인 성향까지 확인하도록 하는 경우도 있었다(Huerkamp, 1996, pp. 80-81). 그런데 남성 입학생 수가 전쟁에 따른 징집으로 현저히 줄어들자 대학입학의 최대 학생 수 제한 규정은 다음 해 1935년에 바로 삭제되었다. 그에 비해 인종차별적 규정은 1940년까지 유효하게 적용되었다(Olenhusen, 1966, p. 168). 1939년 7월 30일 이후 유대인 학생들은 공립학교에 다닐 수 없게 했다. 그러나 이 조례는 1940년 1월에 공적으로 발표되지는 않은 채 폐지되었다(Olenhusen, 1966, p. 163).

나치 정권은 1933년 4월 7일의 '직업 공무원 복직을 위한 법률'을 토대로 유대인, 정치적으로 바람직하지 않은 사람들, 예컨대 사회주의자, 평화주의자인 교사와 학교 교장 등을 해고하고자 했다(Dumschat, 2023). 이는 나치 정권의 권력과 교육 정책을 강화하고 교사와 교수진이 일률적으로 나치 정책과 이데올로기를 따르도록 하려는 법률이었다. 여성은 1935년부터 변호사나 판사가 될 수 없었다. 남성들의 사회적 명성과 사회적 지위 확보에 걸림돌이 된다고 여겨지는 여성 활동은 그것이 무엇이든 거부하는 당대의 남성들은 이러한 정책에 우호적이었다(Costas, 1997, p. 25).

'독일 학교 및 대학교의 과밀 방지법'에 따라 여학생 수를 줄이는 것 이외도 여성을 족쇄 매는 기준은 더 있었다. 1935년 3월부터 제국 교육부의 명령에 따라 여학생들은 의무적으로 6개월간 여성 청소년을 위한 제국 노동 서비스(Reichsarbeitsdienst der weiblichen Jugend(RADwJ): National Labor Service for Young females), 예컨대 여성 노동 수용소(Frauenarbeitslager) 과정을 이수해야 했다(Mertens, 1989. 7. 7). 이러한 경험이 없으면 대학입학 자체가 불가능했다. 이로 인해 여고생들의 대학입학은 더욱더 어려워졌다.

전쟁으로 인한 여성 고등교육 및 경제활동 인구 증감

'독일 학교와 대학교의 과밀 방지법'은 전쟁이 깊어지면서 제한된 범위에서만 시행되었으며 나중에는 암묵적으로 철회되었다. 1933년부터 1935년까지 여대생 수는 17,685명에서 10,190명으로 감소했다(research.uni-leipzig, 2024). 독일군은 1936년 11월 30일 법령에 따라 전쟁을 준비하면서 중등교육 시간을 단축함으로써 장교 후보군을 확보하여 나치 방위군을 대폭 확장할 수 있었다. 이러한 방위군 증원 가속화로 대학의 남학생 수가 예상보다 많이(약 40%) 줄었다(Huerkamp, 1996). 남자 김나지움의 경우 이미 1937년 3월에 12학년(원래는 13년)에서 고등학교 졸업시험을 보아야 했다. 여학교에서도 1940년 부활절부터 12학년 이후 아비투어 필기시험을 보도록 했다(Berg & Langewiesche, 1989, p. 189). 학생 수가 줄어들면서 1935년 2월 9일에 대학진학자 규모의 10%로 제한했던 여성의 입학 제한이 해제되었다(Eilers, 1963, p. 19). 여성 고등교육도 정식으로 장려되었다. 1938년에 독일의 대학에 입학한 여성은 총 6,337명으로 전체 대학생 중 14.7%를 차지했었는데 1939년에는 그 비율이 12.6%로 더 줄었으나 전쟁이 깊어 가면서 남성이 계속 징집됨으로써 1941년에 대학 내 여학생 비율은 58.8%로 대폭 증가했다(Steffens, 2005).

특히 이 시기 의대에서 여학생 수가 증가했다. 예컨대 라이프치히 의과대학에 1939년 겨울학기에 여학생 수가 급격히 증가하여 전체 의대생 중 52.6%가 여학생이었다(Steffens, 2005). 의대에 여성이 우세한 데는 몇 가지 이유가 있다. 국가사회주의자들은 의학 공부를 근본적으로 여성 분야로 여겼다. 여성들도 특히 일반 분야 개업과 소아과 전문의를 할 수 있는 의대를 선호했다. 건강 프로젝트, 스포츠 의학 및 히틀러 청소년과 독일여성청년단(Bund Deutscher Maedel)의 건강 관리 등, 나치 정권이 추진했던 건강 관련 프로젝트들도 여성에게 유리했다(Steffens, 2005, pp. 475-495). 사실상 전쟁으로 그리고 심각한 의사 부족으로 인해 여성 의학 연구에 대한 제한도 전쟁 중에 해제되어 독일 전체 의료계에서 여성 의사의 비율이 1933년에는 6.5%에 불과했지만 1944년에 그것은 2배 이상 증가했다(Wildt, 2014).

1933년 이후에는 일반적으로 특히 대학 철학과에서 여학생 비율이 우세했다. 많은 여성이 진로 목표로 고등교육을 받은 후 교사가 되기를 열망했기 때문이었다. 여성들은 교사가 되기 위해 현대 언어, 독일어 연구 및 체육 과목에 집중해서 공부했다.

이 시기 여성의 경제활동도 계속 증가하는 현상을 볼 수 있다. 1933년에는 1,160만 명의 여성이, 그리고 전쟁이 심화되기 시작한 1939년에는 1,460만 명의 여성이 고용되었다. 이는 이 시기 독일의 15세에서 60세 사이의 전체 여성 중 52%가 임금을 받는 업무에 고용되어 있었음을 의미한다(Wildt, 2014). 그러나 이들 여성 대부분은 농업 및 가사 분야에 고용되어 있었다. 노동력이 매우 부족했던 1943년 말에, 히틀러가 이념적 이유로 군수 생산에 여성의 참여가 증가하는 것에 반대하고 남녀 동일 임금을 거부했지만, 여성이 없어서는 안 될 일부 분야, 예컨대 운송회사의 차장과 같은 분야에서는 여성도 전임 남성과 동일한 급여를 받았다(Wildt. 2014).

대학 내 높은 여학생 비율은 제2차 세계대전이 끝나고 남성이 전쟁에서 돌아오면서 다시 떨어졌다. 제2차 세계대전 후 정권을 잡은 독일 집권당인 기민연/기사연(CDU/CSU)은 독일 사회 내 성별 질서를 전쟁 전의 상태로 회복시키고자 했다. 이에 남성들은 다시 대학에서 공부하게 되고 여학생들은 대학에서 쫓겨났다(Huerkamp, 1996).

3. 민주주의적 성평등 토대 구축: 제2차 세계대전(1945) 이후부터 통일 전까지

1) 민주주의 이념에 기초한 교육체제 재정비와 탈나치화

나치 정권이 전쟁에서 패하고 전범 국가가 된 독일은 연합군(미국, 소련, 영국, 프랑스)에 의해 점령되었다. 이들 4개 연합국 간 갈등이 극으로 치달으면서 결국 냉전으로 진입했고 그 결과 세계는 크게 두 진영으로 분할되었다. 독일도 1949년에 동서로 분단되었다. 서방 연합군(미국, 영국, 프랑스)은 서독 지역과 서베를린을 소련은 동독 지역과 동베를린을 관리했다(이하에서 동독과 동베를린 교육에 대한 분석은 생략한다). 분단된 독일 사회와 교육 등 모든 분야는 연합군이 강행한 이념 아래 재편되기 시작했다. 이로써 나치 국가가 지향했던 여성교육과 여성상이 새로운 변화 국면을 맞게 되었다.

서방 연합국은 그들의 점령 지역에 있는 학교제도를 민주주의적 이념에 기초하여 재편하기에 이른다. 미국 점령 지역에서는 미국 교육 전문가 죽(George F. Zook)을 위주로 교육 관리위원회가 설립되었다(Herrlitz et al., 2005, p. 159). 이 위원회는 민주화를 위한 필수불가결한 전제 조건으로 학생들이 가능한 한 오랫동안 함께 학교생활을 하도록 했고, 이를 위해 미국 종합고등학교 모델을 권고했다. 대신 바이마르 시대의 중등교육 과정인 3단계 학교제도(Das dreigliedrige Schulsystem)[4]를 폐지하도록 했다. 나아가 나치의 정신을 제거하며 민주적 의식을 강화하기 위해서는 '민주적 삶'에 대한 교육과 '시민 책임'에 대한 정치 교육도 일관되게 이루어져야 함을 강조했다. 탈나치화가 시작된 것이다.

서독(이하 독일)에서 서방 연합군은 처음에 독일 문화 연방주의를 복원하고 학교제도에 대한 책임을 다시 주 정부에 이양했다. 따라서 교육 민주화 원칙인 '통제위원회 지침 54호(Control Council Directive No 54)'의 이행은 새로 선출된 주 정부와 교육부가 담당했다. 그러나 독일 교육자와 교육 관련자들은 이 통제위원회의 지침을 몇 가지 예외를 제외하고는 유보하거나 부정적으로 받아들였다. 무엇보다 보수 정당, 교회, 대학, 교육받은 중산층 등은 이에 반대하는 광범위한 운동을 진행하며 연합군에 의해 계획된 교육개혁을 공개적으로 반대했다.

특히 보수가 통치하는 주 정부에서 학교 행정부는 연합국이 요구하는 전반적인 교육개혁 이행을 지연시키기 위해 온갖 책략을 사용하면서 거부했다. 진보당인 일부 사회민주당(SPD)의 주 정부에서도 점령군이 추진한 학교 정책의 추진력이 더 좋았다고는 하지만 브레멘, 함부르크, 슐레스비히-홀슈타인에서 시행된 초등학교 교육 기간 연장은 곧 사회적 지지를 잃었다. 미군정은 격화되는 동서갈등 속에서 보수세력의 협력이 필요하여 결국 전략적 우선순위를 바꾸었다. 통제위

4) 중등과정에는 3개 유형의 학교가 있다. 이는 하우프트슐레(Hauptschule), 레알슐레(Realschule), 김나지움(Gymnasium)이다. 공부를 잘할 것으로 기대되는 학생은 김나지움으로, 그렇지 않은 학생은 하우프트슐레에 보내진다. 이 두 유형의 사이에 있는 학생은 레알슐레로 보내진다.

원회에서 권고한 교육개혁 이행을 더 이상 미군정은 고집하지 않았다. 이로 인해 이차 세계대전 이후 바이마르 시대의 3단계 학교제도가 복원되었다.

그러나 1960년대에 이 3단계 학교제도에 내재된 문제는 다시 정치적 논쟁이 되었다. 예컨대 경제협력개발기구(OECD)가 실행한 비교연구는 현대화라는 차원에서 볼 때 독일의 초등학교와 인문계 학교교육 영역은 큰 결함이 있음을 지적했다.[5] 결함이란 현재 국가에서 필요한 과학적, 기술적 요구에 학교 교육이 관심을 보이지 않고 있다는 것이었다. 이러한 독일 교육을 교육의 재앙으로 보는 학자도 있었다. 그가 바로 교육학자이자 철학자인 피히트(Picht, 1964)였다. 사회학자이자 중도우파 자민당(FDP) 정치인이었던 다렌도르프(Ralf Dahrendorf)도 교육적 접근 방식에도 경제적 문제와 더불어 사회적, 정치적인 이슈를 함께 고려해야 함을 강조했다. 그는, 교육은 시민의 권리라고 주장한 그의 저서에서 "학생들은 사회적 유대와 의무 때문에 그들의 권리를 행사할 수 없다"(Dahrendorf, 1965, p. 23)고 경고했다. 그는 교육에 대한 시민권을 보장하기 위해서는 "최고의 헌법만으로는 충분하지 않다"고 강조하며, 이를 위해서는 정치가 필요함을 피력했다(Dahrendorf, 1965, p. 24).

교육제도 개혁에 대한 논의와 함께 1950년대와 1960년대에 강력한 '교육제도 확장'이 진행되었다. 이 과정에서 노동계층이나 시골 출신 등 여러 불리한 집단들뿐만 아니라 여성들의 교육기회도 확장되어

---

5) 3단계 학교제도에서는 초등학교 4년이 되면 김나지움, 하우프트슐레, 그리고 레알슐레로 갈 아이들을 구분한다. 이 제도는 성장하면서 변화할 가능성을 고려하지 않고 아이들을 너무 일찍 분류한다는 비판을 받았다.

갔다. 1970년대 연방정부위원회는 3단계 학교제도 형태에 더해 제한된 수의 '종합학교(Gesamtschule)'를 신설한다고 밝혔다(Köller, 2003). 드디어 3단계 학교제도의 대안으로 통합적인 종합학교(Die integrierte Gesamtschule)를 제한적으로 도입하여 시험하기에 이른 것이다. 다양한 논란 속에서 종합학교에 대한 사회적 지원도 제한적이었지만 불리한 집단에 대한 불이익이 제거되어야 한다는 데에 대한 사회적 공감이 점차 높아졌다. 이에 더 많은 김나지움, 레알슐레(Realschule) 등이 신설되는 가운데 제한적이나마 종합학교(Gesamtschule)도 신설됨으로써 대학 입학자들은 점차 확대되어 나갔다. 모든 사회 계층의 아이들이 함께 모여 공부하는 종합학교는 10년간의 학교 실험을 거쳐 1981년 공식 제도로 도입되었다. 일정한 비율로 제한했던 김나지움 졸업생 수도 늘려나갔다. 더불어 1960년대 이후 점점 확대되기 시작했던 남녀 공동교육(이하 공학)을 보다 확대해 나갔다. 이러한 제반 교육개혁 정책들은 여학생들의 교육기회 확대에 크게 공헌했다.

전후 독일의 교육 문제가 개선되어 나가고 교육제도들이 확장되어 갔음에도 불구하고 1970년대 중반이 되면서 문화적 각성과 정치 개혁에 대한 열정이 점차 사라지면서 교육 분야의 지속적인 개혁 의지도 서서히 줄었다. 이러한 상황은 1973년 석유 파동과 이에 따른 극심한 경기 침체와도 관련이 있다. 어려운 경제 상황 속에서 기존에 계획된 교육개혁을 위한 자금 조달은 쉽지 않았다. 교육 분야는 노동 시장, 연금, 건강, 환경 및 에너지 정책과 같은 다른 긴급한 분야에 비해 그 중요성을 잃어갔다. 1980년대 독일의 대학들은 자금 부족으로 어려움을 겪었고, 이로 인해 대학에서의 연구와 교육은 자금난을 겪게 되었다. 1980년대에 부상한 또 다른 문제는 독일 경제에서 요구되는 숙련된 인력, 곧 적절히 훈련받은 인력이 지속적으로 부족하다는 점이었다. 이에 1960년대 교육개혁 프로그램에 영향을 미쳤던 교육의 비권위적 '해방적' 사상도 비판을 받았으며 전반적으로 1970년대 대규모 교육개혁의 효과가 목표한 바에 미치지 못했다는 인식이 팽배해졌다.

2) 남녀공학 중심의 여성 인문중등교육 확대

독일에서 남녀 학생이 함께 하는 남녀공학제도는 일반적으로 초등단계에서는 이미 아주 오래전부터 실행되고 있었다. 19세기 말까지 보통 마을 학교 교사는 한 명뿐이어서 실용적인 이유로 하나의 초등학교에서 남녀 불문하고 아이들을 함께 가르쳤다. 중등교육 과정에서도 이미 제2차 세계대전 전에 여러 학교가 남녀공학으로 운영된 사례들을 볼 수 있었다. 제2차 세계대전 이후 동독에서는 남녀공학 제도가 1945년부터 시행되었다. 이와는 달리 서독 서베를린과 헤센주 등은 1950년대에 이 제도를 도입하기 시작했고 1960년대 이후 점차 다른 지역에서도 남녀공학 제도가 도입되었다. 이는 일반적으로 학교교육에 필요한 개혁으로 환영받았다.

서독에서 1950년대와 1960년대에 시행되었던 남녀공학 교육 경험은 남녀공학 제도가 여성이라는 점이 중등교육 참여에 장애가 되지 않는다는 사실을 보여주었다. 1965년에는 아비투어를 한 남학생 수가 여학생보다 거의 두 배로 많았지만, 남녀공학 김나지움이 늘어나면서 10년이 지난 1975년에는 여학생 수가 남학생 수와 동등해 졌다 (Hannover & Kessels, 2011, pp. 89-103). 1980년대에는 아비투어를 한 여학생 수가 때로는 남학생보다 더 많은 경우도 있었다(Hannover & Kessels, 2011, pp. 89-103).

아비투어를 한 여학생 숫자가 많아졌다고 하여 남녀공학 학교에서 여성을 차별하는 문화가 사라진 것은 아니었다. 남녀공학제도는 성불평등을 줄인다는 점을 전제로 시작되었지만, 남녀공학도 여학생들에게 일상적인 학교생활 내에서 불이익과 성불평등을 초래한다는 점이 강조되었다. 1960년대 후반부터 1980년대 후반까지 독일 여성운동의 주요 목표도 여학생에 대한 차별 철폐였다. 여성운동가들이 주장한 학교 내 성불평등 문제는 다음과 같은 것들이었다(Portmann, 1999, pp. 31-32).

- 수업 내용은 명백하게 남학생의 관심사에 맞춰져 있다. 남학생은 교사로부터 더 많은 관심을 받는다. 그들은 더 자주 호명되고 칭찬을 받기도 하지만 더 자주 비난도 받는다. 남학생과 여학생이 똑같이 도움을 요청하더라도 교사는 남학생에게 더 많이 반응한다. 실제 학교 성적과 관계없이 교사는 남학생이 여학생보다 더 유능하다고 보며 여학생 성적은 노력과 적응과 관련지어 본다.
- 여학생들은 학교에서 수학, 과학, 기술을 선택하거나 방과 후에 그에 상응하는 활동과 학습 프로그램을 선택할 가능성이 적다고 보고 있다.
- 학업 성과와 관계없이, 교사는 남자아이에 대해서는 권위와 책임이 있는 직업을, 여자아이에게는 도움과 지원의 성격을 갖는 직업을 갖는다고 예측한다.
- 남학생들은 성공을 자신의 능력 등 내적 요인에 기인하며 실

> 패는 불운이나 불의 등 외부 요인에 기인한다고 인식하는 경향이 있다. 여학생들은 자신의 성공은 행운, 우연 등 외적 요인에 기인하며, 실패는 자신의 실패에 기인한다고 인식하는 경향이 높다. 성취도에 대한 자체 평가는 남학생이 여학생보다 훨씬 높다. 더 나은 학교 성적에도 불구하고, 여학생은 남학생에 비해 자신감이 더 낮은 경향을 보이고 있다.

남녀공학이 안고 있는 문제에 대한 새로운 논쟁은 1980년대 신여성운동, 교사, 학교 연구자들이 수많은 실증적 연구를 통해 이른바 '은밀한 교육과정(Der heimlicher Lehrplan)'이 존재함을 밝히면서 시작됐다. 은밀한 교육과정은 1970년경에 주로 비판적 의미로 교육학에서 사용되기 시작했던 용어다. 이는, 외형적으로 보면 모든 학생이 하나의 학교 교육과정으로 동일한 것을 배우는 것으로 보이지만 실제로 학생들은 기존의 사회, 곧 많은 이들이 '정상적'이라 칭하는 성차별적 사회 형태를 의식, 무의식적으로 학습하게 됨으로써 그것이 각자의 배울 과목 선택이나 직업 선택에 영향을 미친다는 점을 지칭하는 용어이다(Gatto, 2009). 예컨대 학교 내에서 남녀 학생들이 사회화되는 과정에서 각자는 기존 사회 제도 내에서 남녀 역할을 답습하게 되고 또 이를 재생산해 낸다는 것이다. 실제로 남녀공학 학교에서 동일한 교육과정으로 남녀 학생들이 교육을 받았음에도 불구하고 여학생들은 '전형적인 여성 학과목'으로 간주되는 생물학, 영어, 프랑스어, 독일어 등을 주로 선택하는 경향이 나타났다. 이는 남학생들이 수학, 화학, 물리학과 같은 과목을 선호하는 것과 비교되는 것이었다. 이와 달리 남녀공학이 아닌 여학교에서는 생물학, 영어, 독일어 등 '전형적인 여성 과목'을 선택하는 여학생 수가 줄어드는 반면 화학, 물리학, 그리고 수학 과목을 선택하는 수가 증가하고 있다고 프르트만(Portmann)은 연구를 통해 보고했다. 그에 따르면 여학교의 교육과정이 남학교와 차이가 별로 없음에도 불구하고 여학교에서 훨씬 더 많은 여학생이 전형적인 '남학생 과목'으로 간주되는 수학과 화학을 선택하고 있다는 것이다. 이는 보통 여학교를 다니는 여학생들이 남녀공학에서보다 소위 '남학생 과목'을 덜 선택하리라는 기대에 정면으로 어긋나는 결과라 할 수 있다. 이러한 불일치를 프르트만은 "은밀한 교육과정(Der heimliche Lehrplan)"이라 명명했다(Portmann, 1999, p. 31). 이를 방증하는 사례는 더 있었다. 1985년 여름 도르트문트 대학교에서 컴퓨터과학 및 화학을 전공한 여성 중 3분의 1이 장기간 또는 오로지 여학교만 다닌 학생들이었음이 밝혀졌다(Metz-Göckel, 1987, pp. 455-474). 아흔(Aachen)과 파더보른(Paderborn) 대학의 화학 및 컴퓨터과학 전공 학생들의 경우 여학교 졸업생 비율이 훨씬 더 높았다(Kauermann-Walter & Metz-Goeckel, 1991, pp. 3-13). 여학교를 나온 여학생이 남녀공학을 다닌 여학생보다 '남성 학과'를 더 많이 선택한다는 것은, 남녀 학생을 분리한 교육이 반드시 성별 분리를 가르치고 그 구조를 재생산하는 것은 아니었음을 시사해 주고 있다. 동시에 남녀공학 체제에서 더욱 성평등한 교육이 실행되고 있었던 것도 아니라는 점도 암시하고 있다.

3) 여성 고등교육: 점진적 확대

제2차 세계대전이 종결되고 전쟁에서 돌아온 남성이 고등교육을 다시 장악하기 시작했다. 여성들은 남성들을 위해 고등교육뿐만 아니라 직장도 포기해야 했다. 전쟁 기간에 남성이 부재할 때 여성들은 가정뿐만 아니라 일반 사회와 국가 경제를 이끌었으며 전술했듯이 대학에서도 여학생들이 전체 학생의 50% 이상을 차지했다. 나아가 전체 여성 중 50% 이상이 직장생활을 했고 동시에 가족들을 돌보았다.

비록 일시적인 현상이었지만, 이러한 경험은 독일 여성들의 의식구조에 큰 영향을 미쳤다. 이에 늘어난 여성 중등교육 인구는 여성 고등교육 인구 확대로 이어졌다. 제2차 세계대전 후 독일이 정치적으로 민주화되면서 여성교육에 대한 일반적인 의식이 크게 높아진 가운데 활성화되었던 여성운동도 여성의 고등교육 진출 확대에 한몫했다. 연방 통계(Statistisches Bundesamt, 2004)에 따르면 제2차 세계대전 후 여성 고등교육 인구는 계속 증가했다. 대학에서 여학생 점유율은 1950년에 전체 학생의 19.8%이던 것이 1963년에는 30.6%로, 1979년에 36%로, 그리고 통일 전 1989년에는 48.6%로 늘어났다.

4. 독일통일 이후

독일은 1990년 10월 3일에 통일이 되었다. 통일 독일은 동독 교육제도를 서독의 것으로 개편함으로써 양 체제를 통합해 나갔다. 이와 관련하여 대대적인 이데올로기 논쟁이 있었으나 별 대안 없이 서독 교육제도가 동독에도 점차 적용되었다. 한편 2002년 12월에 시작된 첫 국제학생평가 프로그램 'PISA(Programme for International Student Assessment)'에서 나타난 독일 학생들의 성적은 독일 사회 전체에 엄청난 충격을 가져다주었고 독일 사회 전체 교육체제 개편 필요성에 대한 또 다른 논쟁을 불러일으켰다. 거기에 1999년부터 논의되기 시작하여 2010년까지 적용한다는 볼로냐 프로세스는 독일 고등교육체제에도 변화를 가져왔다. 유럽연합 회원국의 고등교육 간 비교를 가능하게 하는 공통기준을 마련하여 국가 간 고등교육의 상호 연결성을 꾀한다는 볼로냐 프로세스는 대학 간 비교가 어려운 교육체제를 이끌어 왔던 독일에게 그야말로 파격적인 변화를 요구한 셈이다. PISA 결과나 새롭게 등장한 독일 내 학업성취도 비교평가 결과는 여학생의 성취도가 남학생 못지않음을 보여주었다. 더불어 볼로냐 프로세스로 인해 개방이 불가피해진 독일 대학에 여성들의 입학 기회가 크게 열렸다.

이러한 일련의 역사적 변화 속에서 독일에서는 중등뿐만 아니라 고등교육에까지 여성들의 참여 비율이 점차 확대되었고 최근에는 김나지움에도, 대학에도 여학생 비율이 남학생보다 더 높아졌다. 그러나 높아진 여성들의 학력에도 불구하고 노동시장에서 여성의 임금은 남성보다 낮으며 여성의 고위직 진출은 남성에 비해 매우 미흡하다는 점은 여타 국가에서와 마찬가지로 독일에서도 여전히 존재하는 현상들이다.

1) 동서독 교육제도 통합과 중등교육체제의 변화

독일통일 이후 동서 통합과정에서 교육제도 개편에 대한 논쟁은 이데올로기적인 것이었고, 서독의 계열화된 학교제도와 10년제 종합기술학교를 기본으로 하는 동독의 표준화된 학교제도 사이에서 어느 것을 선택할 것인가에 대한 논쟁이었다. 이 논쟁은 1990년대를 휩쓸었다. 하지만 별 대안이 없는 상황에서 동독은 기존 표준 교육제도에서 서독의 계열화된 제도(Das gegliederte System)로 전환해 나갔다. 그러나 중등학교 제도 변화는 통일 이후 구동독에서만 진행되었던 것이 아니었다. 통일 이후 독일은 구동독 주를 포함한 거의 모든 연방주에서 독일 학교 역사상 그 어느 때보다도 급격한 구조개혁이 진행되었다.

1990년대 이후 세계적으로 확산되었던 신자유주의적 사조가 독일에도 영향을 미친 것도 변화의 한 요인이 되었다. 특히 OECD가 중등학생의 학업성취도를 세계적으로 비교 평가한 결과는 독일 교육개혁에 기름을 부었다. 2000년부터 시작된 PISA 첫 시험부터 참석했던 독일은 그 시험결과(DICE REPORTS, 2002)로 인해 엄청난 충격에 휩싸였다. 독일인은 자국의 교육제도를 세계 최고라고 자부했지만, 독일 학생들의 성취도는 읽기/독해, 수학, 과학 등 전 분야에서 OECD 평균에도 미치지 못했기 때문이다. 이에 학교제도 개혁 문제가 2000년대에 다시 주요 정치적 의제로 떠올랐다. 학교 운영의 관료주의를 줄여야 한다는 주장 하에 학교교육에 대한 국가 책임을 줄이고 점차 의사 결정 권한을 개별 학교 수준으로 이양하자는 논의가 힘을 얻었다. 학교 '자율성'이 강조되면서 인사 및 예산, 커리큘럼 내용, 교육형식 등 광범위한 권한이 연방 주에서 개별 학교로 이양되는 법적 개편이 이루어졌다. 이러한 권한을 부여받은 대가로 학교에는 책임이 요구되었고 학교의 책무를 확인한다는 차원에서 다양한 형태의 외부 평가 제도가 도입되었다. 선택한 수단을 통해 교육 목표를 실제로 달성했는지 다양한 형태로 학교의 성과를 확인한다는 차원에서 학교들은 정기적으로 외부 평가를 받아야 했다. 함부르크, 바덴-뷔르템베르크 등 일부 주 정부는 1990년대부터 지속적인 '내부 교육 모니터링' 제도를 도입했다.

1990년대 중반까지는 독일에서 중등과정 학생들의 교육결과를 평가한다는 것은 학생들의 학교 성적과 취득한 자격을 통해서만 가능한 것이었다. 그러나 이후 독일에서는 PISA와 같은 국제학업성취도 평가와 독일 내 교육품질개발연구소(Instituts für Qualitätsentwicklung im Bildungswesen, 이하 IQB)의 전국 단위 조사를 통해 국가 간, 학교 간, 학생 집단 간 상호 비교 평가가 가능한 자료를 얻게 되었다.

이 맥락에서 교육개혁이 집중된 영역은 중등학교였다. 교육은 기본적으로 주 정부 권한이어서 통일 독일에서도 교육개혁은 주마다 각기 다른 형태로 전개되었다. 그러함에도 전체적으로 진행된 중등교육 개혁 경향을 기술해 보면 다음과 같다. 우선, 학교를 졸업하면 누구나 갈 수 있었던 직업학교인 하우프트슐레(Hauptschule)는 몇몇 연방 주에서만 독립된 유형의 학교로 남았을 뿐 많은 연방 주에서 이 학교 형태를 폐지했다. 또한, 일부 연방 주에서는 중등학교 제도로 '2개 기둥 모델(ein Zwei-Säulen-Modell)'을 적용했다. 독일에서 김나지움은 '중등과정I(중학교 과정)'과 '중등과정 II(고등학교 과정)'로 구성되는데 2개 기둥 모델에서 '중등과정I'을 끝낸 학생들은 두 가지 교육 경로로 분리되었다. 하나는 아비투어를 할 수 있는 김나지움(중등과정 II)으로 이어지고 다른 하나는 종합학교로 이어지는 경로이다. 기존에도 존재했었지만, 통일 이후 여러 연방 주에서 종합학교(Gesamtschule)[6)]

6) 기존에도 독일에서는 김나지움, 하우프트슐레, 레알슐레 등 3가지 유형의 학교에 가고 싶지 않으면 종합학교(Gesamtschule)에 갔다. 이 종합학교는 초등

가 필수 학교제도로 부상했다. 2011년 11월에 연방정부는 3단계 학교제도에 작별을 고하고 하우프트슐레를 대부분 폐지하기로 결정했지만 학교 정책 관련 권한은 여전히 연방 주에 있으므로 주마다 운영하는 학교 형태에는 차이가 있다(Planet Wissen, 2024).

2) 일반화된 남녀공학 중등학교

이러한 변화 과정에서 남녀공학 중등학교는 독일 내 매우 일반적인 형태가 되었으며 현재까지도 그러하다. 그러나 남녀공학 중등학교가 독일에서 쉽게 정착된 것은 아니다. 여전히 남녀공학에 대한 비판은 거센 가운데 남녀공학과 성별 분리학교 간 성차별 정도에 대한 논란은 지속되어 왔다. 그러나 최종적으로 학교 형태는 남녀공학으로 하고 그 안에서 보다 성평등한 교육과정을 실질적으로 운영할 수 있도록 노력한다는 '성찰적 남녀공학(Reflexive Koedukation)'에 초점을 맞추는 것으로 귀결되었다(아래 참조).

1990년대에는 "남성성에 대한 사회적 신화(남성의 우월성 - 저자)와 소년의 실제 심리적 정체성 사이"에는 모순이 있음을 제기하며 남녀공학 교육에 대한 비판이 제기되었다(Portmann, 1999, p. 33). 남녀공학 학교가 남학생들에게 불리하다는 주장이 큰 사회적 주목을

학교를 나온 후 갈 수 있는 최소 9~10년 중등학교 과정이다. 이 학교는 능력에 따라 학생들을 조기에 구분하지 않고 생애 결정, 즉 진학을 가능한 한 오랫동안 미루어 둔다. 종합학교는 다양한 자격증(하우프트슐레 졸업증명서, 중학교 졸업증명서, 김나지움 상급반으로 갈 수 있는 자격증 등)을 제공하는 프로그램이 모두 포함된 학교라 할 수 있다. 10학년 이후에는 종합학교에서 김나지움 상급반에 진학할 수 있으며, 일부 학생은 외부의 교육기관이나 학교에서 직업훈련 과정에 참여한다.

받기도 했다. 남녀 학생들이 별도로 분리되어 수업을 받는다면 이러한 모순은 제거될 것이고 남녀 학생 모두 다른 성에 대한 관심에서 자유로울 수 있어 학습에 집중할 수 있을 것이라는 주장이 제기되었다(Portmann, 1999, pp. 39-40). 갈수록 남학생과 여학생이 서로 다르게 배우고 관심과 요구사항도 다르므로 그 성별 차이를 보다 적극적으로 고려해야 한다는 점을 강조하는 연구자들이 많아졌다.

그에 비해 남녀공학 찬성자들은 학교는 단계적으로, 그리고 특정 과목에서 남학생과 여학생을 분리할 수 있어야 하지만, 성별 분리 교육은 경우에 따라서 시간제한을 두고 이루어져야 하며 기본적으로는 남녀공학 교육이 이루어져야 함을 강조했다. 이들은 남녀공학 교육이 안고 있는 다음과 같은 문제를 지적하며, 이를 개선하는 것이 가장 급선무라는 점을 주장했다(JuraForum, 2023).

- 남학생은 더 공격적이며, 교사의 관심을 약 3분의 2 정도 끌어당기며,
- 아직도 사용되는 교재는 때때로 여학생을 차별하고 있으며,
- 여성 진급을 위한 추가 가능성이 남녀공학 제도 내에서 개발되고 구현되어야 하며,
- 남녀가 어떻게 해야 하고, 어떻게 되어야 하는지의 성별에 따른 역할과 기대, 그들이 소유한 능력과 재능(예컨대 언어, 수학)에 대해서 많은 교사와 부모는 여전히 진부한 성별 고정관념에 놓여 있으며,
- 논리적 사고와 냉정하고 명쾌한 분석은 남성적이고 여성적이지 않다는 편견이 젊은 여성의 진로 결정을 계속 가로막고 있다. 남자아이들에게는 공업, 기술, 과학을 하도록 장려

하는 반면, 여자아이들에게는 인형을 가지고 놀며 사회 문제와 인간관계에 대한 책임을 갖도록 격려하는 교육이 유아기부터 시작되어 계속 이어지고 있다. 물리학과 화학 분야에서 남학생의 높은 성취는 종종 소년의 기존 능력에 기인하고 여학생의 높은 성취는 소녀의 근면성에 기인한다고 인식되고 있다. 반대로 남자아이들은 언어능력에 있어 재능이 부족한 것으로 인식되는 경우가 많다. 이러한 고정관념이 문제이며,

- 남녀공학의 성공 또는 실패는 학교뿐만 아니라 부모와 사회적 교육(예컨대 극단적인 인형 람보와 바비)과 여성에게 불이익을 주는 정치와 사회(예컨대 너무 적은 보육 시설, 여성의 발전을 위한 지원 부족 등) 등에 달려 있다. 부당한 임금 격차도 문제이지만 미디어와 광고에서 성별 고정관념에 대한 기본 태도에도 큰 결함이 발견되며,
- 궁극적으로 남녀공학의 성공은 동일한 교재를 사용할 뿐만 아니라 소녀와 소년에게 동등한 교육 및 훈련 기회를 제공하고 여성(또는 물론 남성)의 인생 계획을 인생의 어느 단계에서나 차별하지 않는 사회 정치적 기본 조건을 형성해야 한다.

이러한 논란 속에서 '성찰적 남녀공학(reflexive Koedukation)' 모델이 소개되었고 이를 중등교육에서 실천하는 것은 20세기 이후 독일 사회 핵심 교육 과제로 등장하였다. 20세기 말까지도 성불평등 문제 개선을 위해 여학생을 어떻게 지원해야 할 것인가 하는 것은 독일의 주요 교육 의제 중 하나였다. 뿐만 아니라 사회적 토론을 통해 여학생과 남학생 모두를 위한 성별 교육적 접근 방식 개발을 주요 교육 목표

로 상정하기도 하였다. 나아가 어떤 경우에는 남녀가 구분되어야 하며, 어떤 경우에는 남녀를 함께 교육해야 하는가에 대해서도 매우 구체적으로 질문해 나갔다.

“베를린 디버 시티와 베를린 교육 네트워크의 평등 프로젝트(Equal-Projekts Berlin Diver City und Bildungsnetz Berlin)”에 따르면, ‘성찰적 남녀공학’ 교육의 목적은 다음과 같이 정리되고 있다(lehrcare, 2023).

- 남녀가 평등하게 함께 생활하고 공부할 수 있도록 일상적인 학교생활에서 경험하는 성별 위계를 해체하는 것이다.
- 남아와 여아 모두에게 필수적인 기술과 지식을 모두 개발하려면 성별에 대한 고정관념을 해소하는 것이다.
- 성찰적 남녀공학 교육의 핵심 목표는 불이익을 당하지 않고 개인의 차이를 인정하며 살아갈 수 있도록 기회를 제공하는 것이다. 이는 어느 하나의 성에 다른 성을 동화(Angleichung)시키는 것이 아니다.
- 교육은 여성의 문화적 성취에 남성의 문화적 성취와 동일한 중요성을 부여하여 전통적인 남성 중심의 역사 인식을 바로잡아야 한다.
- 오늘날 소녀와 소년 모두 자격을 갖출 수 있는 (교육 및) 직업훈련과 그에 기반 한 장기 고용을 원한다. 이러한 삶의 관점을 실현할 수 있는 남녀의 능력이 증진되어야 한다.

오늘날 독일 중등교육 과정 남녀공학 학교에서 남녀 학생은 같은 교재로 배운다. 커리큘럼은 학교마다 차이가 있지만, 언어, 수학, 자연

과학 분야 등 모든 분야에서 남녀 학생이 같은 교재로 배우고 있다. 중등교육 과정의 기본적인 과목은 독일어와 수학, 외국어는 물론, 생물학, 물리학, 화학 등의 자연과학과 컴퓨터과학, 지리학 등의 사회과학, 역사학 등이 있다. 이 이외도 경제와 정치(또는 사회학), 예술(때로는 예술 작품)과 음악, 다양한 종파의 철학과 종교 교육 등이 있고, 모든 학년에는 체육 수업도 있다. 체육 수업에서 남녀 학생은 분리된다.

3) 김나지움 여학생과 대학입학 여학생 수 증가

김나지움 여학생 수의 증가 추세는 계속되어 최근에는 남학생보다 여학생이 더 많아졌다. 전술했듯이, 1965년에는 남학생이 여학생보다 거의 두 배나 많았지만 10년 뒤인 1975년에는 여학생 수가 남학생 수와 비슷해졌다(Hannover & Ollrogge, 2021. 2. 26). 2021/2022년 독일 김나지움에는 남학생 수(1,055,740)보다 여학생 수(1,118,145)가 더 많다(Hannover & Ollrogge, 2021. 2. 26). 나아가 남녀공학에서 여학생 성적은 남학생에 비해 날로 나아지고 있다. 연방통계청(Statistisches Bundesamt, 2019)에 따르면 1990년대 이후 여학생이 남학생보다 아비투어를 취득하는 비율이 훨씬 더 높다. 2018년에 여학생 154,455명이 아비투어를 취득했음에 비해 남학생은 128,094명에 불과했다(Schipolowski et al., 2019, p. 239).

과목별 성적에서도 여학생들이 점차 남학생보다 우위를 보이기 시작했다. 9학년 말 언어 과목에 대한 마지막 IQB(Institut fuer Qualitaetsentwicklung) 교육 동향(2015)에 따르면 독일어와 영어 과목 성취도에서 여학생이 남학생보다 더 우수했다. 독일어 부문에서 측정된 모든 하위 역량, 즉 읽기, 듣기, 철자법에서 그리고 영어 부문에서 읽기와 이해력에서 여학생이 남학생보다 우수한 것으로 나타났다(Böhme et al., 2016, p. 387). 국제학업성취도 비교평가인 PISA 결과도 같은 경향을 보였다. 예를 들어 PISA 2018에서 읽기 부문에서 독일 여학생은 남학생보다 훨씬 더 높은 점수를 얻는 것으로 나타났다.

언어 과목과 달리 수학에서는 독일 남학생이 여학생보다 확연히 더 나은 성적을 보여주고 있다. 독일 국내 평가와 PISA에서도 같은 결과를 보였다. 그러나 여학생은 모든 과목에서 평균적으로 남학생보다 더 높은 성적을 보였다(Voyer & Voye, 2014). 따라서 여학생은 인문학교(또는 다른 국가에서는 이에 상응하는 학교)에 추천을 받을 가능성과 학교 학습 환경에서도 남학생보다 더 많은 혜택을 받을 가능성이 높다.

오늘날 여학생들이 남학생보다 대학을 가는 경우가 더 많아졌다는 것은 당연한 귀결이라 할 수 있다. 실제 관련 통계(Statista, 2023)에 따르면 독일의 대학에서 교육을 받는 남학생과 여학생 수 모두 2000년대 이후 계속 증가하고 있지만, 특히 최근 들어와 여학생 수가 남학생보다 더 급격히 증가하여 현재 독일 여자 대학생 수는 남학생 수보다 더 많다. 2004/05 겨울학기에 남학생 수(1,026,416)가 여학생 수(937,182)보다 약 1.10배 더 많았고 10년 후인 2013/14 겨울학기에도 여전히 남학생 수(1,314,017)가 여학생 수(1,185,392)보다 약 1.11배가 더 많았다. 그러나 2021/22 겨울학기에는 여학생 수(1,475,633)가 남학생 수(1,466,282)를 약간 초월했다.

4) 전통적 위계 구조가 여전한 대학 학과와 성별 분포

여성의 대학입학이 남성보다 더 흔해졌음에도 불구하고 대학 내 성별 차이는 여전히 존재한다. 여성이 선호하는 학문 분야는 그동안 많이 변하였어도 여성에게 특화된 과목들이 존재한다는 점은 여전하다. 2021/22 겨울학기의 독일 대학에서 독문학/독일어 과목은 여성이 78.8%, 교육학/교육과학(Erziehungswissenschaft und Paedagogik)은 78.3%, 사회사업 과목은 76.9%, 심리학은 75.2%, 영문학/영어 과목은 71.2%, 일반 의학은 63.8%, 법학은 57.7%, 생물학은 65.3%, 국제경영학/경영(internationale Betriebswissenschaft/Management)은 54.3%, 수학은 48.6%, 경영학은 47.2%, 경제학은 45.3% 화학은 42.5%, 경제정보학(Wirtschaftsinformation)은 21%, 정보학(Informatik)은 18.9%를 차지하고 있다(Che, 2023).

위의 통계는 남학생과 여학생의 학과목 선택에서 남녀 모두 전통적인 성별 분리를 재생산하고 있음을 보여주고 있다. 왜 남녀가 각각 다른 과목을 선택하는가? 이에 대한 한 가지 이유는 교육의 역사적 맥락에서 찾을 수 있다. 남학생이 선호하는 과학과 수학은 예나 지금이나 높이 평가되며 이 분야는 일반적으로 급여가 높다. 남성들은 그들의 활동에 외국어는 그다지 중요하지 않다고 여겼다. 외국어는 여학생이 훨씬 더 자주 선택하는 데 역사적으로 상위 계층의 소녀들은 무언가를 배워야 하지만 지식을 얻을 필요는 없었다. 외국어는 사회적 명성을 높이기는 했지만, 실용성은 없었다고 여겨졌고, 지식을 얻는 것은 여성적이지 못하다고 인식되었다(Staatsinstitut für Schulpädagogik & Bildungsforschung (eds.), 1996). 오늘날까지도 이러한 전통은 교사들과 학생의 의식에 계속해서 영향을 미치고 있다. 이 가운데 과학과 수학을 '심화과정(Leistungskurse)'으로 이수한 학생은 다른 학생에 비해 자존감이 현저히 높은 것으로 확인되고 있다(Staatsinstitut für Schulpädagogik & Bildungsforschung (eds.), 1996). 이 점은 오늘날 독일의 대학에서 여학생이 수적으로는 더 높은 비중을 차지하지만, 여전히 남성 위주로 움직이고 있으며 남성이 지배적인 학과목이 보다 우월하다는 인식이 유지되고 있음을 알 수 있게 한다.

5) 노동 시장에서 여전한 남녀 격차

오늘날 여성들이 교육의 모든 부문에서 많은 성과를 얻었을 뿐만 아니라 남녀 간 취업률 면에서도 격차는 현격히 줄어드는 경향을 보인다. 지난 20년 동안 독일 남성과 여성의 취업률 통계(Statistita 2022)에 따르면 1991년에 남성 전체 노동력의 78.4%가 그리고 2022년에는 80.6%의 남성이 생업에 종사했다. 여성의 경우, 1991년에 전체 여성 노동력의 57.0%가 그리고 2022년에는 무려 73.1%가 취업을 했다(Statistisches Bundesamt, 2023). 여전히 성별 취업률 격차가 존재하지만 지난 3여 년 동안 독일에서 남녀 취업률 격차는 현저히 좁아졌다.

그러나 여성들은 남성 동료들보다 더 나은 학교 성적을 얻고 취업률도 증가했지만 노동 시장에서는 여전히 임금과 진급에서 불이익을 받고 있다. 여성의 취업률 증가에도 불구하고 높은 사회적 지위를 지니는 직업일수록 여성이 차지하는 비율은 아주 낮다. 2021년 관련 데이터(Datenreport, 2021)에 따르면 최고 교수직(C4/W3)에서 여성 점유율은 2008년 13.3%에서 2018년에는 24.7%로 증가했고, 일반 교수직은 17.4%에서 24.7%로 상승했다. 여성의 취업률과 함께 전체적으로 고위직 여성 비율도 상승하는 경향에 있지만 높은 직위로 갈수록 여성 점유율은 남성에 비해 여전히 매우 낮다. 같은 학력을 지닌 경우라도 여성 근로자는 남성 근로자보다 임금이 낮다(Bishu et al., 2017).

여기에는 다양한 이유가 있겠지만 여성이 자녀를 갖기 위해 일시적 또는 영구적으로 직장을 떠나게 되는 것이 중요한 문제 중 하나라 할 수 있다. 현재, 막내 자녀가 아직 6세가 되지 않은 여성 중 정규직 고용률은 20%에 불과하다. 반면, 남성의 경우 해당 비율은 87%에 이른다(Autorengruppe Bildungsberichterstattung, 2020, pp. 36-37). 젊은 여성의 높은 교육 수준이 아직 직업 세계에서 평등으로 이어지지 않는 또 다른 이유는 여성이 남성보다 공식적으로 과잉 자격을 갖춘 직업에 종사할 가능성이 더 높기 때문이기도 하다(Bönke & Wetter, 2019). 예를 들어 실업 여성과 남성을 보면, 여성은 실업이 되면 남성 실업자보다 자신의 자격 수준 이하의 일자리를 찾을 가능성이 더 높고, 전문 자격이 없는 남성 실업자는 전문 자격이 없는 실업 여성보다 자신의 자격 수준 이상의 일자리를 찾을 가능성이 더 높다고 한다(Malin et al., 2019).

5. 맺으며

독일의 여성 중등·고등교육은 많은 지역에서 일찍부터 실행되었던 초등교육과는 달리 출발 자체가 매우 어려웠고 발전도 더뎠다. 그 이유는 여성교육에 대한 교육계와 정계를 지배한 남성들의 반대가

켰기 때문이다. 이들의 여성에 대한 사고는 가부장적 기관인 교회의 영향을 받았고, 여성의 교육은 남성(아버지와 남편 등)에 대한 복종과 자식과 가족을 위해 희생하는 어머니 역할에 핵심을 두었다. 여성에게 학문적인 지식은 불필요하다고 여겼다. 이러한 정신과 여성상은 18세기에 그대로 구현되었고, 오늘날에도 많은 의식과 가치관에서 같은 경향을 볼 수 있다.

여성교육에 반대한 남성들을 향한 여성들의 저항은 컸고 여성교육을 촉구하는 여성들과 이에 연대하는 남성들 그리고 여성운동권은 이미 18세기 초에 소녀를 위한 좋은 교육은 소년들의 교육과 상응해야 하며 그들과 함께 이루어져야 한다는 요구를 했다. 이 교육운동은 중등·고등교육 기관의 설립과 발전을 위해 지대한 기여를 했다. 여성 중등·고등교육의 획기적인 진전은 제1, 2차 세계대전과 밀접한 관계가 있다. 나치 정권은 여성의 교육을 공식적으로 저지했지만, 전쟁으로 인해 남성이 징집되면서 많은 여성이 중등·고등교육에 진입할 수 있었고, 능력을 발휘할 수 있었다.

제2차 세계대전 이후 민주주의를 토대로 하는 시민의 권리를 담은 기본법(헌법)에 의해 여성들의 중등·고등교육에의 참여는 계속 상승했다. 오늘날 여성이 숫자적으로 남성을 뛰어넘었고 여성의 성적도 남성의 그것보다 웃돌고 있다. 오늘날은 남녀공학학교가 일반적이고 남녀 학생들은 같은 교재를 사용하고 있다. 유럽 통합을 위해 진행된 볼로냐 프로세스는, 독일에서 여성도 남성과 같은 기준 아래 고등교육을 받을 수 있게 하는데 큰 영향을 미쳤다. 여성들의 중등·고등교육에의 참여가 높아진 또 다른 이유는 1950년대와 60년대에 실시된 교육제도 개혁과 이에 기반 한 강력한 '교육확장' 정책 때문이었다. 나아가

사회 구성원들의 교육에 대한 인식과 교육 수준의 전반적 향상도 영향을 미쳤다. 국제적으로 전문 인력에 대한 수요가 높아진 외부 환경의 압박도 한몫했다. 중등학교가 더 많이 설립되었고, 새로운 종합학교 제도가 도입되면서 여성들의 교육기회는 더욱 확장될 수 있었다.

교육에서 성평등 촉진은 중요하다. 성불평등을 초래하는 문화는 성을 구분하는 고정관념과 밀접한 관계가 있다. 이 성별 고정관념은 교사와 부모만 가지고 있는 것이 아니다. 학생들 자신도 지니고 있다. 성별 고정관념은 여학생과 남학생 개인의 발전을 위한 잠재력 실현을 방해한다. 어릴 때 형성된 성별 고정관념은 시간이 지남에 따라 축적되어 잠재적으로 교육과 삶의 전체 과정에 즉, 그들의 활동, 선호도, 자기 및 타인에 대한 평가에 계속 영향을 미친다고 보고되고 있다. 이를 토대로 여성은 성별로 계층화된 노동 분업과 사회적, 개인적 편견으로 인해 여전히 사회적으로 불리한 위치에 놓여 있다. 그동안 시행된 남녀공학에서도 남녀의 차별뿐만 아니라 남학생에게도 불이익이 있다는 사실이 밝혀졌다. 이러한 모든 점은 커리큘럼에 반영되어야 하고 이에 맞는 대책 마련이 필요하다. 나아가 남성 위주의 교육내용과 학교 환경에서 여성에게 불이익을 초래하는 문화적 영향, 즉 가치관과 자타에 대한 평가 등은 여전히 개선되어야 할 교육의 과제이다. 이 문제 개선을 위해 전개되고 있는 성찰적 교육 실천을 위해 다양한 연구, 대안적 이론과 방법들의 지속적인 개발도 요구되고 있다. 성찰적 교육은 사회의 고정관념을 줄여가는 데 중요하며, 여기에는 학교와 같은 기관뿐만 아니라 사회 성원 모두가 함께 참여해야 한다. 모든 이들은 서로 영향을 주고받으며 살고 있기 때문이다.

참고 문헌

김해순(2021). *평화의 거울: 유럽연합.* 킹덤북스.

유진영(2011). 여성 실업교육-독일제국시기(1871-1914) 프로이센의 교육법을 중심으로. *한국교육사학*33(3). 81-104.

유정희(1997). 독일의 여성교육 개혁. 학*림*제18집. 103-126.

Adam, U. D. (1977). Hochschule und Nationalsozialismus. *Die Universität Tübingen im Dritten Reich*. Tübingen.

Albisetti, Jamce C. (1985). The Reform of Female Education in Prussia, 1899- 1908: A Study in Compromise and Containment. *German Studies Review*. 8(1). 11-41.

Autorengruppe Bildungsberichterstattung. (2020). *Bildung in Deutschland 2020. Ein indikatorengestützter Bericht mit einer Analyse zu Bildung in einer digitalisierten Welt*. wbv Media.

Berg, Christa & Dieter Langewiesche. (1989). *Handbuch der deutschen Bildungsgeschichte*. Band 5. Muenchen: C. H. Beck.

Bernstein, George & Lottelore Bernstein. (1979). Attitudes toward Women's Education in Germany, 1870-1914. In: *International Journal of Women's Studies* 2. 473-488.

Birmelé, André. (2002). Theologische Realenzyklopädie. Band 30: Samuel-Seele. Berlin New York: De Gruyter (1999). *Revue d'Histoire et de Philosophie religieuses*. 82(1). 87-88.

Bishu, Sebawat G. & Mahamad G. Alkadry. (2017). A systematic review of the gender pay gap and factors that predict it. In: *Administration & Society*. 49. 65-104.

Böhme, Katrin & Petra Stanat et al. (2016). Geschlechtsbezogene Disparitäten. In: Petra Stanat, Katrin Böhme, Stefan Schipolowski et. al. (Hrsg.). *IQB-Bildungstrend 2015. Sprachliche Kompetenzen am*

Ende der 9. Jahrgangsstufe im zweiten Ländervergleich. Münster: Waxmann.

Bönke, Timm, Astrid Harnack & Mirjam Wetter. (2019). *Wer gewinnt? Wer verliert?: Die Entwicklung auf dem deutschen Arbeitsmarkt seit den frühen Jahren der Bundesrepublik bis heute.* Freie Universität Berlin.

Costas, Ilse. (1997). Der Zugang von Frauen zu akademischen Karrieren. In: Haentzel, Hiltrud und Hadumod Bussmann. (Hg.). *Bedrohlich gescheit. Ein Jahrhundert Frauen und Wissenschaft in Bayern.* C. H. Beck.

Dahrendorf, Ralf. (1965). *Bildung ist Bürgerrecht. Plädoyer für eine aktive Bildungspolitik.* Nannen-Verlag.

Datenreport. (2021). Statistisches Bundesamt (Destatis). *Die Inhalte des Datenreports werden unter der Creative Commons Lizenz.* "CC BY-NC-ND 4.0-Namensnennung-Nicht-kommerziell-(Keine Bearbeitung) 4.0" veröffentlicht.

DICE REPORTS. (2002). Results of PISA 2000: The case of Germany. https://www.ifo.de/DocDL/Forum302-dice.pdf

Eco, Umberto. (2023). Bettisia Gozzadini e Novella D'Andrea. Bologna Bettisia 1209-1261-Bologna Novella Bologna 1333-?. https://www.enciclopediadelledonne.it/biografie/bettisia-gozzadini-e-novella-dandrea/

Eilers, Rolf. (1963). Die nationalsozialistische Schulpolitik. *Köln-Opladen.*

Gatto, John. T. (2009). *Verdummt noch mal! Dumbing us down: Der unsichtbare lehrplan oder Was kinder in der schule wirklich lernen.* Genius Verlag.

Gerhard, Ute. (1990). *Unerhoert. Die Geschichte der deutschen Frauenbewgung.* Rowohlt.

Grotz, Florian & Wolfgang Schroeder. (2021). *Das politische System der Bundesrepublik Deutschland.* Eine Einführung. Springer.

Hannover, Bettina & Ursula Kessels. (2011). Sind Jungen die neuen Bildungsverlierer? Empirische Evidenz für Geschlechterdisparitäten zuungunsten von Jungen und Erklärungsansätze. In: *Zeitschrift für Pädagogische Psychologie*. 25. 89-103.

Hannover, Bettina & Ollrogge, Karen(2021. 02. 26). Bildungsungleichheiten zwischen den Geschlechtern. https://www.bpb.de/themen/bildung/dossier-bildung/315992/bildungsungleichheiten-zwischen-den-geschlechtern/

Heinemann, Manfred. (1999). Die Einheit der Lehrämter. Praktizierter Idealismus in Höheren Schulen und Hochschulen in Preußen des 19. Jahrhunderts. In: *Studien zur Entwicklung Preußischer Universitäten*, Bd. 88, Wolfenbütteler Forschungen, Wolfenbüttel. 323-362.

Heinsohn, Kirsten, Barbara Vogel, & Ulrike Weckel. (Hg.). (1997, Neuauflage 2022). *Zwischen Karriere und Verfolgung. Handlungsräume von Frauen im nationalsozialistischen Deutschland*. Campus Verlag.

Herrlitz, Hans-Georg, Wulf Hopf, Hartmut Titze, & Ernst Cloer. (2005). *Die Deutsche Schulgeschichte von 1800 bis zur Gegenwart*. 5. aktualisierte Auflage. Weinheim und München: Juventa.

Himmelfarb, Getrude. (2008). *The Roads to Modernity: The British, French and American enlightenments*. Random House.

Hinterberger, Georg. (2018). *Das Frauenideal im Nationalsozialismus*. Science Factory.

Huerkamp, Claudia. (1996). *Bildungsbürgerinnen. Frauen im Studium und in akademischen Berufen 1900-1945*. Vandenhoeck & Ruprecht.

Jacobi, Juliane. (2013). Mädchen- und Frauenbildung in Europa. Von 1500 bis zur Gegenwart. Frankfurt am Main. https://www.hsozkult.de/publicationreview/id/reb-19983

KARLSRUHE. (2019. March 07). Das erste Mädchengymnasium wurde in Karlsruhe gegründet-wie 4 Karlsruher Frauen zu Pionierinnen wurden. https://www.ka-news.de/region/karlsruhe/das-erste-maedchengymnasium-wurde-in-karlsruhe-gegruendet-wie-4-karlsruher-frauen-zu-pionierinnen-wurden-art-2334595

Kauermann-Walter, Jacqueline & Sigrid Metz-Goeckel. (1991). Geschlechtsverhalten im Rahmen von Komputerkursen. In: *PAED: extra Magazine fuer Erziehung, Wissenscahft und Politik.* S. 3-13. https://stabikat. de/Record/129412538

Keegan, John. (2000). *The First World War*. Vintage.

Kersting, Christa. (2013). Frauenbewegung. In: Keim, Wolfgang und Ulrich Schwerdt. (Hg.) *Handbuch der Reformpolitik in Deutschland (1890-1933). Teil I: Geschichtliche Kontexte. Leitideen und Diskurse*. Peter Lang Verlag.

Köller, Olaf. (2003). Gesamtschule-Erweiterung statt Alternative. In: Cortina, Kai S. (Hrsg.) et al. *Das Bildungswesen in der Bundesrepublik Deutschland: Strukturen und Entwicklungen im Überblick.* Reinbeck Rowohlt.

Koerner, Marianne. (1997). *Auf fremden Terrain: Studien und Altagserfarungen von Studentinnen 1900 bis 1918*. Didot-Verl.

Komander, Gerhild. (2006). Der Text erschien zuerst im "Berliner Lindenblatt". https://gerhildkomander.de/frauen-in-berlin-themen/101-frauen-themen-%20frauen%20-abitur.html

Krause, Konrad. (2003). *Alma mater Lipsensis, Geschichte der Universität Leipzig von 1409 bis zur Gegenwart*. Leipzigverlag.

Küllchen, Hildegard, Sonja Koch, Brigitte Schober, & Susanne Schötz. (Hrsg.) (2010). *Frauen in der Wissenschaft*. Leipziger Universitätsverlag.

Malin, Lydia, Anika Jansen, Susanne Seyda, & Regina Flake. (2019). F*achkräfteengpässe in Unternehmen: Fachkräftesicherung in Deutschland-diese Potenziale gibt es noch*. Institut der deutschen Wirtschaft. https://www.iwkoeln.de/fileadmin/user_upload/Fachkraefteengpaesse-2019.pdf

Mertens, L. (1989. 7. 7). Die Entwicklung des Frauenstudiums in Deutschland bis 1945. Aus Politik und Zeitgeschichte 28/1989. Bundeszentral fuer poltsche Bildung.28/1989. https://www.bpb.de/shop/zeitschriften/apuz/

archiv/534903/die-entwicklung-des-frauenstudiums-in-deutschland-bis-1945/

Metz-Göckel, Sigrid. (1987). Licht und Schatten der Koedukation. Eine alte Debatte neu gewendet. In: *Zeitschrift für Pädagogik* 3, Heft 4. 455-474.

Muller, Detlef K. (1987). The process of systematisation: the case of German secondary education. In: Muller, D. K., Ringer, F., & Simon, B. (eds.). *The rise of the modern educational system: Structural change and social reproduction 1870-1920*. The Press Syndicate of the University of Cambridge.

Nave-Herz, Rosmarie. (1997). *Die Geschichte der Frauenbewegung in Deutschland*. niedersaechsische Landeszentrale fuer politische Bildung.

Niemeyer, Beatrix. (1996). Ausschluss oder Ausgrenzung? Frauen im Umkreis der Universitäten im 18. Jahrhundert. In: Elke Kleinau, Claudia Opitz (Hrsg.). *Geschichte der Mädchen- und Frauenbildung*. Bd. 1: Vom Mittelalter bis zur Aufklärung. Campus.

Olenhusen, Albrecht Goetz von. (1966). Die „nichtarischen" Studenten an den deutschen Hochschulen. In: *Vierteljahrshefte für Zeitgeschichte* 14, 1966, H. 2. 140-175.

Picht, Georg. (1964). *Die deutsche Bildungskatastrophe*. Walter.

Portmann, Rosemarie. (1999). *Gleichverschieden. Beispiele fuer eine maedchen- und jungengerechte Koedukation*. Universum Verlag.

Schipolowski, Stefan & Peter Stanat et al. (2019). Geschlechtsbezogene Disparitäten. In: Peter Stanat, Stefan Schipolowski, et al. (Hrsg.). *IQB-Bildungstrend 2018. Mathematische und naturwissenschaftliche Kompetenzen am Ende der Sekundarstufe I im zweiten Ländervergleich*. Waxmann. 237-263.

Schneider, Corinna. (2007). Die Anfänge des Frauenstudiums in Europa. Ein Blick über die Grenzen Baden-Württembergs. In: *100 Jahre Frauenstudium an der Universität Tübingen 1904-2004*. Herausgabe von Universität Tübingen. 17-23.

Schneider, Joanne. (1984). Enlightened Reforms and Bavarian Girls' Education: Tradirion through Innivation. In: Fout, Joh (ed.). *German Women in the Nineteenth Century: A Social History*. Holmes & Meier.

Sehling, Emil. (2006). *Die evangelischen Kirchenordnungen des 16. Jahrhunderts*. Band 18: Rheinland-Pfalz I. Mohr-Siebeck.

Sesink, Werner. (2001). Einfuehrung in die Paedagogik. Muenster: LIT Veralg. ucation: Tradirion through Innivation. In: Fout, Joh (ed.). *German Women in the Nineteenth Century: A Social History*. Holmes & Meier.

Staatsinstitut für Schulpädagogik & Bildungsforschung. (Hrsg.). (1996). *Typisch Junge? Typisch Mädchen? Jungen und Mädchen in Schule und Unterricht. Handreichung für die Lehrerinnen und Lehrer an bayerischen Schulen*. Landesinstitut für Schule, Soest.

Statistisches Bundesamt. (2004). Fachserie 11: Bildung und Kultur, Reihe 4.4: Personal an Hochschulen, verschiedene Jahrgänge. *Frauen in Führungspositionen an Hochschulen und außerhochschulischen Forschungseinrichtungen. Siebte Fortschreibung des Datenmaterials*. BLK Heft 109 (PDF; 653 kB). 2003.

Steffens, Sabine. (2005). *Zur Geschichte des Frauenstudiums an der Universitaet Leipzig 1933-1945*. Universitaet Leipzig.

Voyer, Daniel & Susan D. Voyer. (2014). Gender differences in scholastic achievement: A meta-analysis. *Psychological Bulletin*, vol. 140, no. 4. 1174-1204.

Wenning, Norbert. (1986). Das Gesetz gegen die Überfüllung deutscher Schulen und Hochschulen vom 25. April 1933-ein erfolgreicher Versuch der Bildungsbegrenzung? In: *Die Deutsche Schule*. 78(2). 141-160.

Weyrather, Irmgard. (1981). Die Frau im Lebensraum des Mannes-Studentinnen in der Weimarer Republik. In: *beiträge zur feministischen theorie und praxis*, H. 5, 1981. 25-39.

Wildt, Michael. (2014). *Volksgemeinschaft*. In: Bundeszentrale für politische Bildung, 24.Mai 2014 (Teil von *Nationalsozialismus: Aufstieg und Herrschaft*). https://zeitgeschichte-digital.de/doks/frontdoor/deliver/index/docId/569/file/docupedia_wildt_volksgemeinschaft_v1_de_2014.pdf
Wildt, Michael. (2014). *Volksgemeinschaft*. In: Bundeszentrale für politische Bildung, 24.Mai 2014 (Teil von *Nationalsozialismus: Aufstieg und Herrschaft*). https://zeitgeschichte-digital.de/doks/frontdoor/deliver/index/ docId/569/file/ docupedia_wildt_volksgemeinschaft_v1_de_2014.pdf

법문

Erste Verordnung zur Durchführung des Gesetzes gegen die Ueberfuellung deutscher Schulen und Hochschulen. RGBl. 1933 I.

Gesetz gegen die Ueberfuellung deutscher Schulen und Hochschulen, RGBl. 1933 I.

웹 사이트

Academics. (2024, May 23). Voraussetzungen, Ablauf und Dauer: So gestaltet sich das Habilitationsverfahren. *Academics*. https://www.academics.de/ ratgeber/habilitationsverfahren

Che. (2023, September 2). Frauenanteil in den 20 beliebtesten Studienfächern in Deutschland im WS 2021/22. *Che* https://www.che.de/2022/erstmals-mehr-weibliche-als-maennliche-studierende-an- deutschen-hochschulen/

Dumschat, Sabine. (2023, April 10). 7. April 1933: Gesetz zur Wiederherstellung des Berufsbeamtentums. 2023 Bundesarchiv. https://www.bundesarchiv.de/DE/Content/Virtuelle-Ausstellungen/NS-Digitalisierung/Berufsbeamtentum_virtuelle_ausstellung.html

Deutschlandfunk. (2024, May 1). Progressive Bildung im 17. Jahrhundert. *Deutschlandfunk*. https://www.deutschlandfunk.de/progressive-bildung-im-17-jahrhundert-100.html

JuraForum. (2023, August 22). Koedukation in Deutschland. *JuraForum*.

https://www.juraforum.de/lexikon/koedukation

Musée prorestant. (2024, May 1). Das protestantische Unterrichtswesen im 17. Jahrhundert. *Musée prorestant.* https://museeprotestant.org/de/notice/das-protestantische- unterrichtswesen-im-17-jahrhundert

Research.uni-leipzig. (2023, Feb. 20). Das Frauenstudium von 1933 bis 1945. *Research.uni-leipzig.* https://research. uni-leipzig.de/agintern/UNIGESCH/ug251.htm

Statista. (2024, Jan 16). Anteil studierender Frauen in Deutschland in den Jahren 1911 bis 2000. *Statista.* https://de.statista.com/ statistik/daten/studie/1053626/umfrage/anteil-studierender-frauen-in-deutschland/

Statista. (2023, April 4). Anzahl der Studierenden an Hochschulen in Deutschland nach Geschlecht in den Wintersemestern von 2002/2003 bis 2022/2023. *Statista.* https://de.statista.com/ statistik/daten/studie/1083380/umfrage/anzahl-der-studenten-an-deutschen-hochschulen-nach- geschlecht/

V

튀르키예의 여성교육: 격동의 역사와 오래된 미래

메디하 사리(Mediha Sari), 이제 욜주(Ece Yolcu)
번역: 강미아(Mia Kang)

“만약 과학과 기술이 우리 사회에 필요하다면,

남성과 여성 모두 공평하게 과학과 기술에 접근할 수 있어야 한다.”

무스타파 케말 아타튀르크(Mustafa Kemal Atatürk)

1. 들어가며

2024년 현재 튀르키예 여성들은 비교적 교육 수준이 높고 다양한 노동 영역에 종사하고는 있지만, 남성들보다 고용률이 현저하게 낮고, 정치, 행정, 과학, 기술 분야보다는 보건, 교육 등과 같은 직종에 여성 노동력이 집중되는 등, 차별적이고 불공정한 현실에 처해 있기도 하다. 2023년 3월 튀르키예 통계 기관(Türkiye İstatistik Kurumu, TÜİK, 2023a) 데이터에 따르면 여성 고용률은 30.7%인 반면 남성은 66%이다. 2022년 OECD 보고서에 따르면, 상급 중등 교육을 받은 여성의 소득은 25~34세는 동일 연령대 남성들의 73%, 35~44세는 74%, 55~64세는 57%에 불과하다(OECD, 2022). 최신 글로벌 남녀 격차 보고서[Global Gender Gap Report](World Economy Forum, 2022)에서, 튀르키예의 남녀 격차 해소 지수는 0.639로 나타났는데 이는 분석 대상 총 146개국 중 제 124위에 해당한다. 경제 활동 참여 기회의 경우 남녀 격차 해소 지수는 0.494(제 134위), 정치 참여 해소 지수는 0.123(제 112위)로 나타났는데, 이러한 순위와 지수는 튀르키예의 남녀 격차가 상당함을 보여주며, 특히 전 세계 많은 국가에서 정치적 권한 부여는 남녀 격차를 해소하기 가장 어려운 항목으로 알려져 있는데, 튀르키예 역시 마찬가지임을 알 수 있다.

세계적으로 성별 교육격차 해소가 가장 잘 이루어진 것은 교육 영역인데(교육 격차 해소 지수 평균 0.95), 튀르키예의 경우는 0.973(제 101위)에 해당한다. 교육 영역의 경우, 남녀 격차가 역전된 국가가 많은 관계로 이 정도 지수에도 순위는 크게 낮다. 25세 이상 여성의 평균 교육 기간은 8.5년으로 남성에 비해 1.5년이 짧으며, 초등교육 등록률 남녀 격차 해소 지수는 0.995(85위), 중등교육 등록률 0.962(105위), 고등교육 등록률 0.939(107위)로 드러났다(WEF, 2022). 전체 인구의 문해율은 0.953(제 97위)이며, 전체 인구의 92.5%가 초등학교 및 그 이상의 학력을 갖추었지만, 대학 졸업자는 23.9%로 줄어든다(TÜİK, 2023b).

최근 세계적으로 고등교육 등록률에서 여성이 남성보다 높아지는 추세인데, 터키는 남성의 대학등록률이 여성보다 높다(OECD, 2022). 다른 OECD 국가들과 마찬가지로 여성들은 교육(64%)과 보건 분야(75%) 전공을 선택하는 경향이 있으며, 과학 기술 분야 전공은 23%에 불과하다. 학사 학위 취득률도 비슷한 경향을 띄는데, 여성은 교육 관련 학사의 62%, 보건 관련 학사의 86%, 과학 기술 분야 학사의 39%를 차지한다(OECD, 2022).

이러한 데이터는 튀르키예에서 여성과 남성이 다른 방식으로 교육받고 있다는 것을 직접적으로 보여주는데, 그 격차는 점점 커지고 있다. 문해력이나 초등교육에서의 격차는 줄어들고 있지만, 상위 교육 수준에서는 격차가 더 커지고 있다. 이에 현재 이런 모습을 갖추기까지 튀르키예의 문화, 종교, 지리적 특성, 경제적 및 정치적 구조 등이 어떤 영향을 미쳤는지 그 시대적, 역사적 맥락을 살펴볼 필요가 있다.

튀르키예는 유목 생활로 시작하여 오스만이라는 거대한 제국의 역사를 거쳐 공화국으로 이어지는 유구한 역사를 지녔고, 그 기나긴 역사 동안 다양하고 독특한 사회적, 경제적, 문화적 특징들을 형성하며 변화해 왔다. 튀르키예 교육의 역사적 변천 양상을 추적하기 위해서, 본 장에서는 (1) 국가 형성기(기원전200년~서기 750년), (2) 이슬람 도입기(751~ 1299년), (3) 오스만 제국 시기(1300~1922년), 그리고 (4) 공화국 시대(1923년~현재) 등으로 대별하여 살펴보고자 한다. 특히 각 시대 튀르키예 여성교육의 전환점이 되었던 중요한 사건이나 결정적인 행위 혹은 법률들을 중심으로, 각 시대별 여성교육 정책 실천과 발전 양상을 포괄적으로 기술하고자 한다.

2. 국가 형성기 여성의 지위 및 교육(기원전 220년~서기 750년)

튀르키예가 유목 생활을 정리하고 비교적 규모가 큰 부족 국가 형태를 갖추게 된 것은 기원 전 200년 경이다. 훈(Hun), 괵튀르크(Göktürks), 및 위구르(Uyghurs) 등 세 국가는 이슬람 도입 이전 약 1,000년 동안 튀르키예의 고대사를 형성했다(Turkish Ministry of Culture and Tourism, 2022; Turktoyu, 2022). 이들 세 부족 국가에서 여성들이 남성들과 전적으로 평등한 지위를 누렸다고 할 수는 없겠지만, 여성들이 사회의 모든 분야에서 중요한 위치를 차지했다고 알려져 있다. 예를 들어 모성과 가정 내 돌봄이라는 여성의 전통적 역할을 수행하면서도, 여성들은 말타기, 무기 사용, 전투 기술 등을 익히고 개발했으며, 남성들과 함께 전쟁에도 참여했고, 정치, 사회 전반에서 남성들 못지않은 권리와 권한을 지녔었다. 여성들에게도 국가 통치와 관련된 발언권이 있었으며, 하칸의 첫번째 아내인 하툰은 국가의 제 2인자로서 국무를 수행하고, 하칸과 중요한 결정을 함께 내렸다([그림 1]). 하칸과 하툰은 국법을 수행하는 중요한 공문서에 공동으로 서명을 했으며, 도덕과 샤머니즘이 하칸과 하툰에게 동시에 신성을 부여했으므로, 당시 여성이라는 이유로 하칸과 다른 차별을 전혀 받지 않지 않았다(Acar, 2019; Bayat, 2010; Gündüz, 2012; Özbek, 2020; Özdemir, 2017; Sağ, 2001; Tellioğlu, 2016).

[그림 1] 도열한 군사들 앞에 당당히 서서 페르시안들을 무릎 꿇리고 머리를 조아리게 만든 톰리스 하툰, BC 529. 그림: [Persleri dize getiren hükümdar] (2021)

훈이나 귁튀르크인들은 유목 생활을 했었기 때문에 주로는 일상 생활에 필요한 지식을 구전으로 전달하면서 생활했다. 하지만 귁튀르크인들이 알파벳을 개발하면서 도덕 지식이 크게 확장되었다. 한편 위구르인들은 마니교를 믿고 정착생활을 하였으며, 교육을 제도화하여 지식 및 문화 수준을 눈에 띄게 향상시켰다. 종교지도자들이 교육자 역할을 맡았으며, 사원들을 학교나 도서관의 목적으로 사용하였고, 마니교 승려들은 공자의 교리를 가르쳤다. 알파벳 사용이 확대되면서 교육 수준이 향상되었으며, 인쇄 기술이 발달하여 문학, 예술, 종교 분야의 서적들이 널리 배포될 수 있었다(Akyüz, 1999a, p. 27-31; Hali & Rencüzoğulları, 2017; Önder, 2014, p. 24).

유목생활을 정리하고 정착생활을 시작하긴 했었지만 이 시기 튀르키예 가정 내에서는 모성과 부성은 동등한 지위를 누렸던 것으로 보인다(Anadolu-Okur, 2005, p. 15). 여성은 자신들의 재산을 따로 관리할 수 있었으며 전쟁에도 남성들과 함께 참여하는 등 사회적으로도 남성들과 공평한 책임과 권리를 누렸다. 광대한 영토를 지닌 튀르키예의 특성 상, 특히 지역적으로 다른 지역과 교류가 적었던 지역일수록 튀르키예의 전통적 가치, 즉 양성평등의 가치가 오랫동안 보존되었다. 예를 들어 전통적인 유목사회의 전통을 유지하던 위루쿠족(Yuruks)의 경우 여성들이 얼굴을 고스란히 드러내 놓고 다녔고, 결혼은 남성들과의 오랜 우정의 산물이었으며, 결혼과 비혼을 자발적으로 선택할 수도 있었다(Anadolu-Okur, 2005, p. 16).

그런데 당시 여성교육이 어떻게 이루어졌는지에 대한 상세한 기록은 찾아보기 어렵다. 다만 남녀 모두 어린이들은 가능한 한 빨리 성장해야 하며, 서로 존중하고 순종적이어야 한다고 여겨졌고(Doğan,

2012), 유목 생활의 영향으로 도덕률과 양심법, 관용구 및 속담 등이 교육의 주된 내용이 되었던 것으로 알려져 있다(Şanal & Alaca, 2020). 힘을 합해 자연 및 사회적 위험에 함께 대처해야 한다는 신념으로 인해 양성평등이 지지되었지만, 소년들의 인내력 때문에 이들이 사회에서 소녀들보다 더 기능적인 것으로 받아들여졌다는 기록이 남아 있다(Doğan, 2012).

3. 이슬람 채택 이후 여성교육(751~1299년)

카라한리(840~1212), 가즈네비드(963~1186), 셀주크(1040~1308), 하렘 샤(1077~1231), 파티마 제국(909~1171), 그리고 아유비드(1171~1348)와 맘루크(1250~1517) 등으로 이어진 튀르키예는 당시 동유럽에서 중국, 인도에 이르기까지 광대한 지역에 그 영토를 걸치고 있었다. 751년 탈라스 전투에서 시작된 이슬람의 영향은 이후 1299년 오스만 제국이 선포될 때까지 계속 이어졌고, 당대 튀르키예인들의 삶에 큰 변화를 가져왔다(Akyüz, 2011; Doğan, 2012).

이 시대 튀르키예는 (1) 계획적이고, 정규적이며, 강력한 형식적 교육 기관을 튀르키예 역사상 최초로 제도화했고, (2) 아랍, 이란 등의 철학자 및 교육자들의 저술에 영향을 크게 받았으며, (3) 이슬람의 새로운 종교와 가치를 전달하는 철학자들이나 성직자들에 의한 비형식적 교육도 폭넓게 이루어졌고, (4) 이슬람 이전 튀르키예인들의 가치와 이슬람 전통을 통합하고, (5) 이슬람 문명과 함께 과학의 우위를 유지하고자 노력하였으며, (6) 특히 과학 분야에서 아랍어와 페르시

아어의 영향력을 중시하였고, (7) 공식적인 문자 언어로 아랍어를 채택했다(Akyüz, 2011, pp. 19-20).

이슬람 채택과 거의 동시에 시작된 튀르키예의 공식적 교육은 마드라사(Madrasahs)와 시브얀 학교(Sıbyan schools)이라는 두 교육 기관을 중심으로 이루어졌다. 마드라사는 주로는 이슬람 교육에 중점을 두었지만 과학 과목도 함께 가르쳤다고 하며(Polat, 2015, p. 45) 남자 아이들만을 대상으로 교육했다(Biçer, 2013). 단어 '시브(Sıb)'는 원래 '남자 아이'를 뜻하지만(Arslan, 2018), 시브얀 학교에서는 남학생과 여학생들에게 기본 보통교육을 실시했던 것으로 보인다(Akbaş, 2018). 하지만 조혼을 하던 풍습상 여아들은 8~9세가 되면 결혼 준비를 해야 한다는 구실로 학교교육에서 제외되었다(Doğan, 2012, p. 74).

이후 가즈네비드(963~1186) 시대를 거치면서 문화 활동이 활발해지고, 과학적 학습이 대중에게 전파되었으며, 상당수의 여성들이 교육 재단을 설립하고 마드라사를 개설하기도 했다. 이후 맘루크(1250~1517) 시대까지 학자들과 이슬람사원 수도사들이 학생 교육과 훈련을 담당했는데, 이들은 여아들에게 자녀를 양육하는 모성의 역할에 대해 강조하고 여성교육의 중요성을 설파했다(Özkan, 2018).

한편 중앙아시아부터 페르시아만까지 광대한 영토를 차지했던 셀주크(1040~1308)에서는 여성들도 남성들과 함께 전쟁과 사냥에 참여하고 정치적, 종교적 영향력도 발휘할 수 있었다(Göksel, 1998, p. 407). 당시 여성들은 사적 재산을 소유할 수도 있었고, 재산 상속권을 갖고 있었으며, 규모 행정 및 군사 조직을 통치하는 권한도 가졌을 정도로 남성들과 동등한 지위를 유지했었다고 한다(Erbay Aslıtürk & Dikyar, 2017).

여성이 남성들과 공평하게 존중받고 가정, 사회, 경제, 정치 등 모든 분야에서 남성들과 동등한 권리를 누릴 수 있었던 환경은 튀르키예가 이슬람을 채택한 이후로도 지속되었던 것으로 보인다. 훗날 오스만 제국이 이슬람을 공식 종교로 채택하고 남성 중심의 시스템을 강화하기 시작할 때까지, 튀르키예의 이슬람 채택이 여성들의 사회적 지위를 크게 축소시키는 방향으로 나아가지는 않았다(Anadolu-Okur, 2005).

4. 오스만 제국 여성의 사회적 지위(1299~1838)

오스만은 14세기부터 20세기 초까지 튀르키예가 유럽 동남부, 서아시아, 북아프리카 대부분을 통치하던 광대한 제국의 이름이다. 이스탄불을 수도로 지중해 주변 지역 대부분을 통치했던 오스만 제국은 1453년 콘스탄티노플을 점령하고 동로마를 무너뜨린 뒤 엄격한 이슬람 국가로 발돋움하였고, 이후 탄지마트 칙령(1839년)까지 약 600여 년 동안 동서양 문화를 총 망라하면서 부강한 제국으로 성장하였다. 이후 오스만 개혁기(1839~1922)로 이어지면서 제국의 근대화를 추구하다가 1923년 튀르키예 공화국에 정권을 내어주고 쇠퇴한다.

오스만 제국 초기 즉 콘스탄티노플을 점령하기 전까지 약 150여 년 동안, 튀르키예 여성들은 이전 시기와 마찬가지로 일상 생활에서 일정한 사회적 지위를 누렸던 것으로 짐작된다. 모로코 출신으로 당시 유명한 여행자이자 탐험가였던 이브니 바투타(Ibn-i Batuta, 1304~1368)의 기술에 의하면, 궁전의 여성들이 어떤 경우에는 남성들보다 우월한 행동을 보였다고 한다(Doğan, 2012). 당시 여성들은 수동적인 인물이 아니라, 오히려 남성들과 나란히 전쟁에 참여하는 적극적인 존재(Terzi, 2012; Erbay Aslıtürk & Dikyar, 2017), 즉 뜨개질과 직조, 군사 활동, 손님 접대, 종교 행위 등 모든 활동에 제약없이 참여하는 존재였다고 기술한 것이다(Anadolu-Okur, 2005; Doğan, 2012).

바투타는 당시 술탄의 부인이었던 닐뤼퍼 하툰(Nilufer Hatun)이 술탄과 함께 술탄의 집무실에서 외국인 사신을 접견하는 모습을 직접 보았다고 적었다. 그가 비잔틴 문명의 성지인 비잔티움(콘스탄티노플의 옛 지명. 현 이스탄불)을 방문했을 때에는 상가에서 여성 상인들 숫자가 남성 상인들보다 훨씬 더 많은 것을 목격하였으며, 비잔틴 여성이든 무슬림 여성이든 모두 오스만 제국에서 경제활동을 활발하게 이어가고 있었다고 상술했다.

> 내가 이 나라에서 발견한 주목할 만한 사실은 튀르키예인들이 여성들에게 보여준 존중이었다. 튀르키예 여성들은 남성들보다 더 위엄있는 자리를 차지하고 있었다. … 여성들이 얼굴을 가리지 않고 다녔기 때문에, 상인의 아내들이든 보통 남성의 아내들이든 얼굴을 볼 수 있었다(Anadolu-Okur, 2005, pp. 16-17).

한편 바투타는 오스만 제국의 남성들이 그리스 출신의 여성들을 노예로 사들여서 자신들의 노예로 삼거나 포주들에게 되파는 장면을 아주 빈번하게 목격했다고 기술하면서, 국가 차원에서 남성들이 여성노예를 사유화하는 것을 인정한다는 말을 들었다고 덧붙였다(Anadolu-Okur, 2005).

하지만, 1453년 오스만제국이 콘스탄티노플을 점령하면서 튀르키예 사회는 완전히 새로운 국면을 맞이하게 된다. 1453년 동로마 제국의 마지막 황제 콘스탄티누스 11세는 오스만 제국의 술탄 메흐메트 2세에게 콘스탄티노플의 지배권을 완전히 넘겨주었다. 6세기 북아프리카, 이탈리아, 안달루시아(현 스페인 남부), 시칠리아까지 점령했던 동로마제국은 이후 흥망성쇠를 거듭하다가 15세기 초반 그리스 비잔티움과 테살로니카 지역까지 영토가 완전히 축소되었고, 그러다 결국 1453년 오스만 제국에 의해 멸망하게 되었다.

새롭게 세워진 오스만 제국에서, 술탄 메흐메트 2세는 콘스탄티노플을 오스만 제국의 새로운 수도로 삼고 이름을 이스탄불이라 바꾼다. 비록 종교의 자유와 다양성을 인정하는 정책을 널리 펼쳤지만, 이스탄불로 무슬림을 대거 불러들이고 모스크를 확장하는 등 이슬람 세력을 공고히 했다. 메흐메트 2세는 중앙집권적인 강력한 통치 시스템을 구축하였는데, 그의 뒤를 이은 셀림 1세는 1512년 이집트의 맘루트 왕조(이집트, 시리아)를 오스만제국으로 복속시킨 뒤 이슬람교 2대 성지인 메카와 메티나의 보호권까지 확보하였고, 쉴레이만 1세(1520~1566)는 사파비(이란), 이라크, 헝가리까지 점령함으로써 단연 이슬람의 맹주로 등극했다(Barnes, 2002; Barnes, 1976).

이슬람의 영향력을 공고히 한 오스만 제국은 사회적 위계를 강화하고 노예제도를 정당화하는 등 남성 중심의 강력한 정부를 구현하였는데, 그동안 튀르키예 여성들의 사회적 지위와 역할은 급격히 축소되었다. 이 시대 여성들은 가정 내 역할만을 담당했고, 하렘 내부에서도 여성들은 남성들과 영구적으로 분리되었다. 일부다처제가 새로운 제도로 확정되면서 여성들은 더 이상 남성들과 동등한 지위를 누릴 수 없게 되었다(Anadolu-Okur, 2005)

당시 술탄의 칙령에서도 직접 드러난 것처럼 여성들은 사회에서 점차 고립되었고(Kurnaz, 1991; Peker, 2017; Sağ, 2001; Tümer-Erdem, 2007), 여성들은 주체적이고 독립된 인격체로서가 아닌 술탄이나 주변 남성의 소유물로 간주되었다(Çitçi, 1982). 하렘 여성들의 주요 임무는 아이를 낳고 키우며 남성을 섬기는 것, 즉 첩이 되는 것을 주로 의미했으며, 오직 배우자, 자녀들, 및 다른 첩들과의 소통만 허용되었다(Peker, 2017).

오스만 제국의 도시 여성들은 가정에서만 머물며 가사일을 도맡아 처리하느라 바빴는데, 도시와 시골의 가난한 여성들은 생산직 노동에 참여하고 남성과 함께 농업에 종사하며, 간단한 의약, 행상, 빨래 등의 일을 할 수도 있었다(Çitçi, 1982; Sağ, 2001; Tümer-Erdem, 2007).

이와 관련하여 Sağ(2001)는 이 시기에 살았던 여성들을 '궁전의 여성들'과 '시골의 일하는 여성들'로 구분한 뒤, 경제 활동에서 궁전의 여성들은 전적으로 소비자 역할을 담당한 반면, 시골 여성들은 생산자 역할을 맡았었다고 설명했다. Sağ(2001)는 또한 술탄의 어머니들이 때때로 경영에 발언권을 가지기도 했었다고 기술하면서, 그러나 도시든 시골이든 여성들은 기본적으로 남성에게 의존할 수밖에 없었다고 덧붙였다. 이 시기 고위층 여성들과 하렘 여성들에게 제공된 교육은 문해교육, 가사, 바느질, 이슬람 예절, 문학, 미술, 음악, 댄스, 언어 및 종교 과정을 포함하는 것이었다(Demir, 2011; Ölmez, 2021). 하지만 이러한 과정은 여성의 사회생활에서의 지위를 향상시키는 것을 목표로 한 것이 아니라, 여성들의 개인적 즐거움과 여가활동을 위한 것이었다(Aksoy, 2017).

5. 오스만 개혁기 여성교육(1839~1922)

하지만 1789년 프랑스 대혁명의 영향으로 피지배 민족들의 독립 운동이 이어지면서 1830년 그리스가 오스만 제국으로부터 독립했고, 영국, 프랑스, 러시아의 침략을 당하면서 오스만 제국 세력은 급속도로 약화되었다. 이에 위기 의식을 느낀 압뒬메지트 1세는 1839년 탄지마트 칙령(Tanzimat Edit)을 공포하고 오스만 제국에서 전면적인 개혁 정치를 실행하겠다고 천명했다(ÇİFTÇİ, 2019). 이후 1876년까지 약 40년 동안 정치, 사회의 전면적 개혁을 시도한 것이다(Akyüz, 1999a, p. 137; Şahin, 2015). 탄지마트 칙령은 오스만 제국이 그때까지 굳건하게 지켜온 중세적, 보수적 사상들로는 더 이상 근대화한 서구를 따라잡을 수 없음을 인정한 것을 의미했다. 오스만 제국 지도층은 유럽의 성공적 모델들을 받아들여 제국의 정치적, 법적, 문화적 변화를 추진하려 시도했다. 하지만 근대화라는 이름으로 서구화를 주도하는 것에 대해 반대하고 저항하는 무슬림들을 설득하기 위해 다각적인 방법들을 모색하기도 했다(Akgün, 1991).

유럽의 영향을 받아 비무슬림들의 세력이 점차 강해지면서 오스만의 지배층들은 기존의 전통적이고 차별적인 방법으로는 더 이상 여성들을 지배할 수 없음을 깨달았고, 특히 전통적인 여성상에서 벗어난 새로운 여성상을 확립할 필요가 있음을 인식하기 시작했다. 그 덕분에 이후 탄지마트 시대(1839~1876), 제1차 헌법시대(1876~1878) 및 제2차 헌법시대(1908~1922)를 거치면서 튀르키예 여성들을 위한 다양한 교육기회가 마련되기 시작했다. 일반적으로 이 세 시대를 합쳐 '오스만 개혁기'라 부르는데 1922년 오스만 제국이 종말을 맞을 때까지 오스만 개혁기는 계속되었다(İçöz, 2013).

이 시기 여성의 권리 및 사회적 지위 신장과 관련 중요한 변화로, (1) 1858년 여성의 상속권 보장법[Arazi Kanunu] 통과로 인한 여성의 경제적 권리 보장, 그리고 (2) 여성노예 금지 칙령 등을 꼽을 수 있다. 1300년대 이스탄불을 여행했던 모로코인 바투타가 직접 관찰했던 것처럼, 오스만 제국은 그 초기부터 이미 여성노예제도가 깊게 뿌리를 내리고 있었다. 이미 근대화가 빠르게 진행된 서구 모델을 오스만 개혁기에 도입하는 과정에서 여성노예제가 논쟁의 중심으로 떠오를 수 밖에 없었고, 그 결과 1854년 백인 여성노예금지 칙령이, 그리고 1857년에 흑인 여성노예금지 칙령이 선포되었다. 뒤이어 1880년 및 1890년 국제 조약 서명을 통해 노예금지 칙령이 확정되면서 드디어 여성들이 노예제도에서 벗어나 자유로운 삶을 살아갈 수 있게 되었다(Anadolu-Okur, 2005, p. 18).

이 시기 여성의 정규 학교교육 양상을 자세히 살펴보면, 당시 학령기 여아들의 교육기회 접근성이 크게 높아졌고, 이전 시기 모든 종류의 권리에서 박탈되었던 터키 여성의 지위 역시 빠른 속도로 복원되기 시작했음을 알 수 있다. 사회적 퇴보의 원인으로 낮은 여성교육 수준을 문제 삼았던 서구 지식인들 및 프랑스 혁명(1789~1799)의 영향을 받은 튀르키예 학자들의 영향으로(Sağ, 2001), 튀르키예 전역에 과학적, 평등적, 자유주의적 사회 운동들이 싹을 틔웠고, 시브얀 학교 즉 오스만 초등학교를 중심으로 남학생들에게만 주어졌던 초등교육 기회는 여학생들에게도 열렸다(Akyüz, 1999b; Güven, 2010; Önder, 2014). 비록 남녀가 각기 분리된 학교에서 교육을 받기는 했지만, 1869년 7~11세 여아에게까지 초등교육이 의무화되는데 이르렀던 것이다(Kurnaz, 1999).

한편 초등 의무교육이 확정되기 이전인 1858년 이미 여학생만을 대상으로 하는 오스만 중등학교도 개설되었는데(Kurnaz, 1999; 2011; Önder, 2014), 1910년 중학교의 숫자는 남중이 총 458개, 여중이 총 80개였던 것으로 집계된다(Önder, 2014). 1858년부터 1910년까지 약 50년 동안 개설된 여자 중학교 숫자가 총 80개에 불과했다는 사실은 당시 새롭게 펼쳐진 변화의 바람에도 불구하고 여성교육의 지연과 불평등은 여전히 지속되고 있었음을 보여준다(Akyüz, 1999b).

튀르키예 역사상 최초로 여고가 설립된 것은 1880년이고(Kurnaz, 1999, 2011; Önder, 2014), 뒤이어 여학생들을 대상으로 산파술, 미술 등을 가르치는 다양한 직업학교도 설립된다. 여자대학교는 1914년에 설립된 이나스 다륄퓬룬[Inas Darülfünun]이 그 첫 시작인데, 이후 1918년 이나스 다뤌퓐룬이 이스탄불 대학교 건물로 이전하면서, 대학교육 역사상 최초로 여학생과 남학생이 같은 건물에서 교육을 받기 시작했다. 처음에는 여학생과 남학생이 따로 분리되어 각각 다른 시간에 수업을 들었지만, 점차 시간이 흐르면서 같은 교실에서 여학생과 남학생이 함께 교육받는 것이 승인되었다. 가사, 양육, 간호와 같은 전통적인 여성 역할을 위한 야간 과정이 대학에 개설되었고(Çitçi, 1982), 과학, 문학뿐만 아니라 법학, 의학 분야에서도 여성들에게 제한적으로나마 교육기회가 열렸다(Kurnaz, 2011; Tümer-Erdem, 2007).

이러한 교육의 혜택을 받은 여성들은 주로 도시에 거주하는 중상층 출신이었다. 소수의 문해력을 갖춘 도시 여성들은 신문에 여성 페이지를 포함시키고 여성 작가들이 쓴 여성 전용 신문과 잡지를 출판하기 시작했으며, 여성의 지위 향상을 위한 협회들을 창립했다(Çitçi,

1982; Sağ, 2001). 하지만 이 시기 여성해방운동가들은 여성 문제에 대한 본질적인 접근보다는 여성들을 부르카에서 해방시켜 더욱 '서구적인' 외모를 갖추어야 한다는 주장을 관철하는 쪽으로만 초점을 맞췄다는 비판을 받기도 한다(Çitçi, 1982).

이후 제1차 세계대전(1914~1918)과 튀르키예 독립전쟁(1919~1923)을 겪으면서 오스만 제국은 급격한 쇠퇴의 길을 걷게 된다(Armağan, 2011; Kodaman, 2007). 하지만 탄지마트 칙령 이후 다양한 변화들을 시도했고, 여성 권리 신장이나 여성교육 기회 확충과 관련된 다양한 시도들이 이어졌다는 점에서, 비록 제한적이긴 했었지만 이 시기에 이루어낸 진보들이 이후 공화국 시대 여성교육을 향한 새로운 길을 닦은 것은 분명하다.

6. 튀르키예 공화국의 여성교육(1923~1954)

튀르키예 독립전쟁(1919~1923)은 오스만 제국의 제1차 세계대전 패전 이후 튀르키예 민족주의자들이 연합군에 대항하여 일으킨 정치적 군사적 저항이었다. 당시 연합국은 오스만 제국의 영토를 분리하려고 했는데, 무스타파 케말 아타튀르크(Mustafa Kemal Atatürk)가 주도한 튀르키예 혁명 주의자들은 이에 강력하게 저항하여 1923년 아나톨리아 및 동트라키아 지방을 튀르키예 공화국의 영토로 보전하는데 성공했다. 그리고 근대적이고 세속화된 국민 국가로서 튀르키예 공화국을 선포하였다.

아타튀르크는 독립전쟁 중 여성 및 여성 교사들을 대상으로 '여성

권리 개혁'에 대한 자신의 견해를 솔직하게 피력하기도 했었는데(Göksel, 1998, p. 412), 그는 특히 여성교육에 관한 네 가지 원칙을 강조했다(Göksel, 1998, pp. 413-414).

(1) 여성과 남성의 교육은 평등해야 한다.
(2) 여성의 가장 중요한 임무는 여성이 되는 것이다.
(3) 여성은 사회생활의 모든 분야를 대표해야 한다.
(4) 여성은 모성과 사회적 임무를 수행하기 위한 지식과 덕망이 있어야 한다.

독립전쟁에서 승리하여 정권을 잡은 아타튀르크와 그의 동료들은 교육을 세속적이고 현대적인 관점으로 이해하기 시작했다. 남성과 여성의 교육 수준을 높이고, 문맹률을 감소시키며, 더 세속적인 교육 체제를 갖추고, 종교 기반 교육을 종료하며, 전 세계(주로 서양 세계)의 교육자들로부터 도움을 받기 위해 특별한 노력도 기울였다. 아타튀르크의 주도로 다양한 종교적 신념이나 민족성을 가진 소수민족을 위한 학교를 설립했고, 남녀공학의 기틀을 마련하였으며, 외국인 여학생을 위한 학교를 따로 개설하는 등 튀르키예 교육 현장에 혁신적인 교육개혁이 이루어졌다(Akyüz, 2000, p. 73; Seven & Engin, 2007).

이 시기 여성의 사회적 지위 향상에 영향을 미친 가장 중요한 결정 중 하나는 1926년 민법 채택이다(İçli, 2003). 이 민법에 의거하여, 여성은 결혼에 대한 자신의 의사를 밝힐 수 있었고, 여성들이 남성과 함께 법정에서 증언을 할 수 있게 되었으며, 조혼을 금지하는 등 결혼 연령에 제한이 생겼고, 일부일처제가 법제화되었으며, 남성과 여성에게 동등하게 상속권이 주어졌다(Öztoprak, 1999). 그리고 여성들이 투표권 및 피선거권 등 정치적 권리를 얻은 것은 1930년부터 1934년 사이였다(Öztoprak, 1999).

1) 문해교육 중심의 공교육 확대

공화국 시대 가장 중요한 교육개혁 중 하나는 1924년 3월 3일에 제정된 교육통합법이었다(Çetin & Gülseren, 2003). 튀르키예의 모든 교육 기관이 교육위원회의 관리 아래 예산을 배정받게 되었으며, 국가 수준의 교육과정과 교과목들이 확정되었다(Akyüz, 2000, p.80; Şenkaloğlu, 2021, p.28). 또한 1928년 공식 문자 시스템을 대소문자 29개로 이루어진 튀르크 알파베시[Türk Alfabesi]로 확정하였는데 이는 로마자 확장판으로 만들어져 이전까지 쓰이던 오스만 튀르키예어의 아랍 문자 표기를 대체하였다(Akyüz, 2000, p.80; Şenkaloğlu, 2021, p.28). 1924년 초등학교 무상교육을 헌법으로 확정했고, 1939년 초등 정규 학교인 마을학교의 교육 기간을 3년에서 5년으로 연장하였다(Şenkaloğlu, 2021, p.29).

새 알파벳 도입과 관련하여 전 국민 문맹 탈출 전략의 하나로 국립학교 설립에 관한 논의가 시작되었고, 1925년에 열린 교육대표단 회의에서 국립학교 체제 확립, 남녀학생 교육 격차 해소, 남녀공학, 생산자 중심 교육 등 네 가지 교육개혁 원칙을 천명했다. 1928년 새롭게 출발한 국립학교는 전국민 문맹 퇴치를 목표로 남녀노소 모두에게 열린 학교로 운영되었다. 인구가 밀집된 곳에 설립된 상설 국립학교, 학교가 없는 마을에서 한 학기 동안만 운영되는 이동식 국립학교, 큰 공장이나 농장에서 일하는 노동자들을 위한 사설 국립학교, 감옥에 수감된 사람들의 문맹 해소를 위해 설립된 국립학교, 마을 기숙학교 및 공공 독서실 등 다양한 공간이 국립학교로 활용되었다.

1928년부터 1935년 사이 총 48,993개 국립학교 교실에서 새 알파벳을 가르쳤는데 그중 12,853개가 여성용, 165개가 남녀 공용이었다. 285,579명의 여성이 이 알파벳 교실에서 수료증을 받았으며, 그 밖에 총 5,885명의 여성들이 공공 독서실에서 문해교육을 받았다. 국립 학교 알파벳 교육 성공률은 총 등록 인원의 51.5%에 이른 것으로 밝혀졌는데(Doğan, 2012, pp. 399-400), 알파벳 습득에 성공하지 못한 참가자들을 대상으로 추가 교육도 이루어졌다.

국가 차원에서 문해교육을 위해 총력을 기울인 결과, 1935년 여성의 문해율은 단지 9.81%에 불과했으나 1940년 12.92%로 증가했다. 남성의 문해율이 1935년 9.35%에서 1940년 36.20%로 급상승했던 점을 감안하면(Çetin, 2003), 여전히 90%에 육박하는 문맹 여성들을 위한 특단의 대책이 필요했다.

당시 학교교육 체제는 초등학교 5년, 중학교 3년, 고등학교 3년으로 구성되어 있었다. 1924년 남녀공학을 교육의 근간으로 천명하는 교육기본법이 통과되면서 초등학교부터 남녀공학이 실시되기 시작했고, 중학교 남녀공학 전환은 1927~1928학년도에(Sari, 2017), 고등학교 남녀공학 전환은 1934~1935년도에 전면 실시되었다(Öztoprak, 1999, p. 52). 당시 튀르키예 시민 사회는 남녀공학을 선호하지 않았다. 종교적, 전통적 가치를 이유로, 조혼 풍습을 강력하게 고수하던 시골 지역일수록, 여학생들을 학교에 보내려고 하지 않았고, 굳이 여아들을 학교에 보내야만 한다면 남녀공학보다는 남녀를 분리한 학교에 보내고 싶어 했었다. 하지만 당시 정치지도자였던 아타튀르크는 1925년 8월 30일 연설에서, “국가는 여성과 남성으로 구성된다. 우리는 그 둘을 나누고 선택하지 않는다. 혁명을 위해서 여성과 남성이 함께 일해야 한다는 사실은 의심의 여지가 없다.”(Gelişli, 2004, p. 128)고 천명하고 남녀공학법을 강하게 밀어붙였다.

현실적으로 1933~1934학년도 중학교를 졸업한 여학생은 1,136명에 불과했고 중학교에서 일하는 여성 교사도 516명으로 집계되었다. 하지만 십 년 뒤, 즉 1943~44학년도 중학교를 졸업한 여학생은 총 3,878명, 여성 교사는 1,627명으로 증가했다. 고등학교의 경우 1933~34학년도 여자 고등학생은 총 2,237명이 등록했지만 졸업생 숫자는 312명에 불과했고, 여성 교사 숫자는 205명이 집계되었다. 10년 뒤 고등학교 졸업생 수는 총 1,261명으로 증가했다(MoNE, 1998; Çetin, 2003에서 인용).

한편 1924년 미국의 교육학자 존 듀이가 튀르키예를 방문한 뒤, 정부는 존 듀이의 직업학교 모델을 차용하고 해외 교사들을 고용하는 등 고등학교 수준에서 직업 및 기술학교를 확장하고자 했다. 하지만 실제로 직업 및 기술학교가 큰 발전을 보이기 시작한 것은 1941년 이후부터였다(Öztoprak, 1999).

여성의 대학교육은 1914년 이스탄불 대학의 자연과학, 문학, 수학 전공에서 몇 명의 여학생들에 대한 입학을 허가하면서 시작되었다. 여자대학교를 별도로 설립한 것이 아니라, 남학생들의 전유물이었던 대학교에 여학생들을 받아들여 남녀공학으로 운영한 것이다. 여학생들이 대학에 처음 입학했을 때, 법적으로 여학생들은 남학생들과 다른 시간대에 수업을 받게 되어 있었다. 하지만 현실적으로 남녀 학생을 분리 운영하는 것에 대해 대학 당국이 어려움을 호소했고, 긴 사회적 논쟁 끝에 1921년 9월 16일, 남녀 구분 없이 같은 교실에서 수업을 받을 수 있도록 허용하는 법이 통과되었다. 이후 1920~21학년도에는 법과대학, 1922~23학년도에는 의과대학에서 여학생을 받기 시작했으며, 그밖에 다양한 전공 영역에서 여학생의 입학을 받아들이기 시작하면서 대학 곳곳에서 빈번하게 여학생들을 볼 수 있게 되었다(Uğurcan, 1998).

2) 여성 대상 비정규 교육 전개

한편 교육접근성이 낮아 공식적인 교육기회를 얻지 못한 여성들에게, 이 시기에는 성인을 위한 국립학교의 문해력 과정 외에 비정규 대안학교들이 생겨나기 시작했다. 1934~35학년도에는 총 7개의 야간 여학생 예술 학교가 있었는데, 이 학교들은 직업학교에 참여할 수 없었던 여성들이나 결혼한 여성들을 대상으로 직업교육 및 가정관리 교육을 실시하였다. 예술 학교의 교사를 양성하기 위한 여자 예술 교사 학교가 1935년에 앙카라에서 개설되었고(Öztoprak, 1999, pp. 80-81; Çetin, 2003), '숙련학교(Maturation Institutions)'라고 불리던 비형식 교육 기관에서는 예술학교나 직업학교 출신 여성들에게 보다 숙련된 직업교육의 기회를 제공하였다. 형식 교육에서 상업학교를 그만둘 수밖에 없었던 여성들에게 야간 상업학교가 대안으로 부상했고, 재봉 과정을 이수한 여성들은 일자리로 직접 이어졌다는 장점이 있었다(Öztoprak, 1999). 이 시기 비형식 교육은 공식 교육 시스템 안에서 문해교육이나 직업교육을 받을 수 없었던 여성들이 기본 교육을 받고 취업에 성공할 수 있는 기회를 제공하였다.

교사 수급 및 교사 양성

한편 국가 차원에서 대규모로 펼쳐진 문해교육을 수행할 교사 수급 문제가 크게 대두되었다. 1923년 총 10,102명의 초등학교 교사가 일하고 있었는데, 그중 1,081명이 여성이었다. 이후 중학교를 갓 졸업한 어린 여학생들이 1~2년 동안 교사 양성 교육을 받은 뒤 곧바로 교직에 투입되었는데 그 교육의 수준이 높지 않았지만 그나마 그 숫자도 너무 적어서 마을학교는 늘 교사 부족으로 몸살을 앓았다.

이 시기 총 36,000개 마을학교에서 교사난을 겪었는데, 이에 대한 대책으로 1927년 두 개의 '마을교사학교[Köy Muallim Mektebi]' 가 시작되었다. 남녀 초등학교 교사를 교육하여 효과적이고 성공적인 교육 활동을 수행할 수 있게 하겠다는 목표를 갖고 마을교사학교가 설립되었지만, 교육과정 미비, 교사교육을 전담할 교수 부족, 교사교육 장소의 미비, 대공황으로 인한 재원 부족 등으로 인해 크게 실효를 거두지 못했다(Koçer, 2019).

하사관 또는 상사로 군 복무를 마친 문해력이 있는 젊은이들이 6개월간의 '지도자 과정' 훈련을 받고 마을학교의 '지도자'로 임명되었는데 문제는 교육 경력이 전무한 '지도자'들이 마을학교 행정을 전담하면서 리더십과 교사들 간 업무 수행에서 갈등이 생겼고, 결국 1932~1933학년도에 지도자과정은 문을 닫을 수밖에 없었다(Çavdar et al., 2022). 하지만 여전히 마을학교들은 마을 공동체의 문해교육을 책임져 줄 교사들을 기다리고 있었다(Koçer, 2019).

결국 대안으로 부상한 것은 그 마을 출신이면서 군복무 중 문해교육 및 산술 교육을 받은 청년들이었다. 이들은 자신의 고향에 머무르면서 학생 교육과 학교 행정을 동시에 수행하였는데 이 모델이 성공을 거두자 1937~1939년 실험적으로 마을교사 교육을 위한 네 개의 '마을교사학교'가 개설되었다(Önder, 2014). 새롭게 시도된 마을교사학교는 철저하게 지역공동체를 중심으로 운영이 되었다. 즉 그 지역 출신들을 뽑아서 훈련한 뒤 그 지역에 남아 지속적으로 지역공동체의 발전에 기여하게 해야 한다는 기본 방침에 따라 운영이 되었던 것이다. 앙카라와 이스탄불 같은 대도시에서 특별히 고등학교 교사를 양성하는 교사교육 학교를 설립하여 운영했던 데 반해, 이들 마을교사학교는 지역사회의 대표적인 교사교육기관으로 자리를 잡아갔다(Akyüz, 2015).

지역 공동체에 뿌리를 내리기 시작한 '마을교사학교'는, 1940년 이후부터는 마을 공동체의 발전 전반을 주도하는 핵심 기관으로 발전했다. 1948년까지 터키의 21개 주정부에 비교적 대규모로 설립된 이 지역공동체 학교는 기본 문해교육에서 한걸음 더 나아가 마을 사람들이 필요로 하는 모든 주제 즉 수학, 농업 및 축산, 건강, 건설, 목공 등에 대한 지식을 교사들이 먼저 섭렵한 뒤 마을 사람들과 그 지식과 경험을 공유할 수 있게 하는데 목표를 두었다. 이들 마을교사학교는 정부의 지원 없이 마을 공동체가 자체적으로 운영을 했는데, 예비교사와 현직 교사들 간의 긴밀한 유대, 지역공동체 리더십들의 유기적 협력으로 좋은 성과들을 도출했다. 존 듀이의 진보주의 및 민주주의 교육, 능동적 학습, 문제 해결에 기반한 교육 철학에 영향을 받아 마을학교들은 '협력적인 현장 훈련' 즉 직접 행동하고 일하면서 배우는 원칙에 기반하여 운영이 되었는데, 그 성공적 운영의 결과 교사들이 지역사회의 리더로 성장하는 계기가 되었다(Akyüz, 1999b, p. 339).

여기서 특징적인 사실 하나는 학생들이 학교를 선택한 것이 아니라 학교들이 미래 교사가 될 재원들을 선택했다는 점이다. 마을교사학교들은 성별에 관계없이 학생들을 선발했는데, 지역공동체와 그에 소속된 사람들, 그리고 그들 자녀들의 지속적인 발전, 지역공동체의 생산 기반 확충, 민주주의적 삶의 태도와 다양성을 추구하는 교육을 목표로 삼았다.

특히 이 학교를 졸업한 여성 교사들은 이후 낙후된 시골 마을로 가서 그 곳에 거주하는 농촌 여성들과 함께 새로운 국가를 이룰 새로운 시민들을 교육하는 데 헌신했다. 자신들의 고정 자산이었던 바느질 기계를 직접 들고 배정받은 시골 마을로 옮겨 가는 이 교사들은, 자신들도 시골 마을에서 태어나고 자랐기 때문에 그 지역공동체의 형편을 잘 알고 있었다. 특히 낙후된 시골 지역일수록 가부장적 신념과 제도가 공고하게 뿌리를 내리고 있었는데, 여성교사들은 어려운 여건들을 극복하면서 여학생들과 여성들에게 기본 문해/산술교육, 생산 기술 습득, 사회 발전에서의 능동적인 역할, 문명적인 가정 구축, 시민 의식 고취 등을 위해 헌신했다. 지역공동체에서 길러낸 여성교육자들을 통해 중요한 교육적 돌파구를 마련했을 뿐만 아니라 마을을 한번도 떠나본 적이 없는 많은 여자 아이들의 경험과 삶의 지평을 넓히고 이후 경제 사회 활동에 필요한 여러 가지 기술을 습득할 수 있게 도왔었던 점에서 마을교사학교의 역할은 주목할 만했다.

하지만 마을교사학교에 등록된 여학생 숫자는 남학생에 비해 많지 않았다([그림 2] 참고). 그 이유는 (1) 기본적으로 초등학교를 졸업한 여학생의 숫자가 충분하지 않았고, (2) 마을학교들이 지리적으로 외딴 곳에 설립되어 학생들이 기숙사 생활을 해야 했던 데다가, (3) 남녀공학에 대한 부모들의 반감이나 거부감이 상당하였고, (4) 동시에 여성의 역할을 가정으로 제한해야 한다는 전통적인 가부장적 사회의 압력이 지속되었기 때문이었다.

[그림 2] 마을 교사학교 예비교사들([Teacher candidates of village institutes], 2020)

이러한 문제들을 극복하고 여학생들의 등록을 장려하기 위해, (1) 학교 리더십들이 시골 마을을 방문하여 가족들을 직접 설득하였고, (2) 여학생 등록 숫자를 늘리기 위해 여학생들의 입학 사정을 간결하게 하였으며, (3) 여학생 기숙사를 교사들 기숙사와 가까운 곳에 배정하는 한편, (4) 한 가정에서 남매가 함께 등록하는 경우 남학생을 무시험 전형으로 입학을 허가하는 등 다양한 정책을 마련하였다(Tuna, 2009). 그러한 노력의 결과 완전한 양성평등이 보장되지는 않았지만, 당시 각급 학교에서 일하게 된 여성 교사들과 여학생 등록숫자들을 참고하자면 이러한 정책들은 미약하지만 나름의 성과를 거두었다고 판단할 수 있다(<표 1> 참고).

〈표 1〉 마을교사학교 성별 등록생 숫자, 1940~1954. (Altunya, 2002, p.47)

학년도	학교 수	교사수			학생수		
		여	남	총수	여	남	총수
1940~41	14	46	189	235	500	5.163	5.663
1941~42	17	80	215	294	775	7.277	8.052
1942~43	18	101	256	360	1.008	9.153	10.161
1943~44	18	128	298	426	1.595	12.571	14.166
1944~45	20	145	360	505	1.765	13.796	15.561
1945~46	20	119	403	522	1.727	13.806	15.533
1946~47	20	-	-	547	1.336	12.822	14.158
1947~48	20	-	-	642	1.078	11.814	12.892
1948~49	21	-	-	709	773	11.244	12.071
1949~50	21	-	-	672	721	13.251	13.972
1950~51	20	-	-	597	773	13.222	14.090
1951~52	20	-	-	570	706	12.247	13.173
1952~53	20	-	-	544	881	11.312	12.193
1953~54	20	-	-	449	951	11.981	12.932

한편 이들 마을교사학교들이 비록 현대적 교육기관으로 설계되었음에도 불구하고 그 핵심 교육과정은 전통적 성역할 구분에서 완전히 벗어나지 못하고 있었음이 발견된다. 전체 프로그램의 50%를 차지하는 일반 문화 및 전문 과정은 남녀 공통이었지만, 약 25%에 해당하는 직업 및 농업 과정은 성별의 차이가 분명했다. 예를 들어, 여학생들이 가금류 사육, 과일 재배, 우유 짜기, 유제품 제조, 겨울철 음식 준비에

관한 수업을 듣는 동안, 남학생들은 대장간일, 말발굽 달기, 목공예, 수리 과정 등에 대한 교육을 받았다([그림 3] 참고). 이러한 교육과정 운영 상의 차이는 당시의 경제적, 정치적, 문화적 구조에 부합하였기에 지역사회의 요구를 직접적으로 충족시킬 수 있었다는 장점이 있었겠으나, 전통적 성역할 구분을 지속적으로 강화하고 있었다는 비판은 피할 수 없다(Tuna, 2009). 그럼에도 불구하고 이 마을교사학교가 아니었더라면 상급학교 진학 기회를 완전히 박탈당할 수밖에 없었을 시골 지역 여학생들에게는, 가정에서는 배울 수 없었던 다양한 지식과 기술을 마을교사학교에서 습득하여 다시 지역사회 발전에 기여할 수 있게 되었다는 점에서 큰 의미가 있었다.

[그림 3] 마을교사학교 건물을 짓고 있는 예비교사들([Village Institute teacher candidates], 2016).

요약하자면, 마을교사학교 출신 교사들의 주요 임무는 마을의 어린이들을 교육하는 것뿐만 아니라 마을 주민들을 개발하고, 계몽하며, 현대화하여 의식 있는 시민으로 만드는 데 있었다. 하지만 현실적으로 마을의 봉건적 대지주들과 보수주의자들은 이들 학교의 리더십과 결탁하여 학생이나 교사들에게 주어졌어야 할 기본적인 권리들을 박탈하고 규정에 맞지 않게 매우 낮은 처우와 보상을 제공하였다.

지역사회 활동에서 두각을 보이기 시작한 마을교사학교 출신들이 지역사회 내 자신들의 사회적 지위와 입지를 위협할 것이라 우려한 이들 지역 토호들은 (1) 이들 학교가 공산주의에 기반을 둔 좌파 교육을 한다, (2) 국가주의 원칙과 모순되는 교육과정을 운영한다, (3) 남녀공학은 문제가 많은 제도이며 특히 여학생들이 남학생들과 함께 바지를 입는 것은 적절하지 않다, (4) 마을 주민들이 마을교사학교 때문에 괴로움을 겪고 있다, (5) 마을교사학교 자체가 튀르키예의 가족 및 도덕 구조에 적합하지 않다는 등의 흑색 선전을 펼쳤다. 1946년 정권을 잡은 이슬람주의 우파 내각의 정책들과 이들 지역 토호들의 이해가 맞물리면서, 마을교사학교 창립자인 하산 알리 유첼과 이스마일 하키 통구치의 교육 철학을 실천했던 교사들이 대량 해고되었고, 1954년 마을교사학교들은 전면 폐쇄되었다(Akyüz, 1999b; Ilgaz, 1999; Güven, 2010, Önder, 2014; Tuna, 2009).

7. 튀르키예 여성교육의 최근 동향(1954~현재)

1950년대 초반부터 1980년대까지는 튀르키예 국민들에게 엄청난

트라우마를 안겨주던 시기였다. 1945년 종전한 제2차 세계대전이 빚어낸 인간 존엄 및 생태계 파괴, 1960년, 1971년, 1980년으로 이어진 군사 쿠데타, 그리고 그 이후 국민들이 집단적으로 경험한 경제적, 정치적, 법적, 사회적 동요는 자유, 평화, 정의 및 평등, 반전, 환경 및 여성운동 등을 향한 투쟁과는 지속적인 긴장과 갈등 상태에 놓여 있었다.

특히 1960년 이후 튀르키예 공화국은 세속주의를 추구하는 군사정부와 이슬람주의를 천명하는 보수정부가 첨예하게 대립했다. 애초에 아타튀르크가 주도한 혁명군의 승리로 공화국이 시작되었기 때문에 튀르키예 근현대사는 주로는 군부의 지배 아래 놓여 있었다고도 볼 수 있다. 오스만 시절 강성 이슬람교에 경도되었다가 근대화에 뒤처졌던 경험 때문에 사회적으로 서구식 근대화에 대한 관심이 높아지고 있었고, 그 결과 군사정부든 보수 정부든 어느 정도는 세속주의 정부를 추구하는 경향이 생겼다.

세속주의를 '수호'하겠노라 전면적으로 내세웠던 1980년 군사 쿠데타 이후, 교육 정책은 '외국' 이데올로기의 제거와 아타튀르크의 국가주의 전파에 맞춰졌다. 학교 교육에서는 유일한 모국어로서의 튀르키예어를 정확하고 숙련되게 사용할 것을 강조했으며, 국가의 단결을 파괴하려는 세력에 대항할 청년 세력을 키우는 것(Akyüz, 2015, p.414)을 국가 교육의 핵심 과제로 천명했다.

1923년 공화국 선포 이후부터 줄곧 '문맹퇴치'는 튀르키예 교육사에서 쉽게 성취되지 못한 국가적 당면 과제였다. 1940년 튀르키예 군대의 문맹퇴치 방안 연구, 1970년대부터 시작된 기능적 문해 프로젝트, 1980~1989년의 100주년 문맹퇴치 캠페인 등 주목할 만한 시도들이 있었다(Önal, 2010). 하지만 당시 여성들의 문해율은 남성들에 비해 현저하게 낮았고, 이는 국가의 경제 발전을 저해하는 심각한 원인 중 하나로 지목되었다.

1973년에 입법된 국립교육기본법[Mıĺĺı Eğıţım Temel Kanunu]에 명시된 '튀르키예 국립교육의 기본 원칙'에 의거 튀르키예에서 양성평등은 이미 법제화되어 있었다.

원칙 1. 일반성 및 평등: 교육 기관은 언어, 인종, 성별, 장애 및 종교에 관계 없이 모두에게 개방되어 있다. 교육에서 어떠한 사람, 가족, 집단 또는 사회 계층에게도 특권을 부여할 수 없다.

원칙 5. 기회의 평등: 모두에게, 여성과 남성에게 교육기회의 평등이 제공된다.

원칙 8. 민주주의 교육: 모든 교육 활동에서 학생들은 강하고 안정적이며 자유롭고 민주적인 사회 질서를 실현하고 지속하기 위해 민주주의에 대한 이해를 높이고 자신의 행동과 도덕적 가치에 대한 책임감과 존중감을 개발해야 한다.

원칙 12. 남녀 공교육: 학교에서는 필수적으로 여학생과 남학생이 함께 교육받아야 한다(pp. 2-4)

여성교육에 지속적인 관심을 기울인 결과 문맹률과 문해율은 시간이 지나면서 점차 변화하기 시작했는데, 이후 여성의 문맹률은 1935년 90.2%에서 1980년 45.3%로, 2012년에는 6.8%로 급감했다(Gender Equality Statistics, 2013, 2014).

그러나 지리적으로 낙후된 지역의 문맹률은 크게 개선되지 않았다. 예를 들어 1990년 마르마라 지역(흑해와 에게해 사이의 내륙 지역)의 문맹률은 20.62%였고, 동남부 아나톨리아의 문맹률은 60.51%에 달했다(Tan, 1994, p.88). 2008년 여성의 지위에 관한 총국에 따르면, 지리적으로 낙후된 지역의 문맹률은 마르마라 11.9%, 중앙 아나톨리아 15%, 에게 지역 15.8%, 지중해 18%, 흑해 21.5%, 동부 아나톨리아 34.1%, 동남부 아나톨리아 39.8% 등으로 드러났는데 이는 국가 평균인 6.8%보다 훨씬 높은 수치였다(Aycan & Aycan, 2018, p.238). 1980년 여성의 문맹률이 45.32%에서 1990년에 28.10%로 감소한 것은 주목할 만한 사실이긴 하다. 이는 남성의 문맹률이 같은 기간 동안 20.01%에서 11.18%로 감소한 것과 비교하자면, 매우 큰 폭의 진전이기도 하다(Çetin, 2003).

1992년 여성의 직업은 주로 농촌 지역에서의 농업과 축산업에 집중되어 있었으며, 여성 기업가, 경영진이나 최고 경영자, 또는 정치인으로서의 비율은 매우 낮았다. 당시 여성 인구 중 단 18.65%만이 취업에 성공했는데, 이는 68.31%가 취업한 남성들과는 큰 편차를 보인다(İçli, 2003).

1980년대 농촌 지역의 대학 수가 증가하기 시작하면서 여학생들의 대학 진학도 늘었고, 석박사 과정을 마치고 대학에서 교수가 된 여교수의 숫자도 증가하기 시작했다. 하지만 역설적이게도 대학에서 일하는 여성들의 숫자가 증가함에 따라 사람들은 더 이상 대학 내 일자리를 사회적 명성이나 지위와 등치시키지 않게 되었다. 대학 내 취업에 대한 남성들의 관심이 줄어들면서 점점 대학을 떠나는 남성들 숫자가 많아졌고, 여성들이 그들의 빈자리를 이어받아 채웠다(Tan, 1994).

이러한 변화의 결과, 1992년에는 전체 여성 인구의 2.2%만이 대학교육을 받았음에도 불구하고(Aykor, 1992) 대학의 여자 교수진의 숫자는 오히려 증가했다. 예를 들어 이스탄불 대학의 경우 1950년에는 단 24명의 여성 교수진을 채용했지만 이후 1990년에는 총 114명, 전체 교수진의 약 23%까지 여교수 숫자를 늘렸다. 다른 대학에서도 이러한 현상이 지속되면서, 1999년에는 튀르키예 전국의 50,000명 교수진 중 약 3분의 1이 여성으로 채워졌다(Uğurcan, 1999).

1980년대부터 2000년대에 걸친 정규 교육의 발전에도 불구하고, 비정규 교육의 발전은 더 빠르고 효과적이었다. 문해력과 고용 측면에서 특히 여성들이 비정규 교육의 도움을 받았던 것은 분명하다. 그 요인으로는, (1) 여성들의 교육기회를 법적으로 명백하게 규정하고 있었음에도 불구하고 여성과 남성이 완전한 평등과 공평을 보장할 만한 사회구조를 만들어 내지 못하고 있었으며, (2) 전통적인 성차별로 인해 여자아이들의 교육기회는 최대 초등교육까지만 허용되는 경우가 많았고, (3) 이러한 차별을 극복하고 문해력 향상, 직업 기술 습득 등에 도전하기 위해서 여성들은 비정규 교육에 의존할 수밖에 없었으며, (4) 보수적인 지역적 특성상 여성들끼리만 교육받는 비정규 교육을 더욱 선호했고, (5) 비정규 교육을 통해 취업에 성공했을 때 여성들이 비록 소소하게나마 가족 경제에 기여할 수 있게 되었으며, (6) 이후 실용 여자 예술 학교, 공공 교육 센터, 사설 강좌와 같은 여성 친화적인 비정규 교육 기관이 크게 확산되었기 때문이었다 (Karaman 1994).

1994~1995 학년도 말 발표된 여성을 위한 직업교육 및 남녀공학 비정규 교육 활동에 대한 데이터를 살펴보면, 특히 공공 교육 센터,

실용 여자 예술 학교 및 고급반 여성 기술학교에서 여성 비율이 90~100% 에 육박했음을 확인할 수 있다. 이들 비정규 교육 기관들이 각광을 받게 되면서 정부의 지원도 이어졌는데, 예를 들어 당시 농림부는 14~18세에 비정규 학교에 진학하는 사람들에 대한 인센티브 및 지원 사업을 펼쳤고, 농업개혁 총국은 여성 청년교육 과정을 운영했으며, 무역통상부는 산업 훈련 과정에 참여하는 여성들에 대한 혜택을 주기도 했다(Kavak, 2016). 일련의 정부 지원 사업 덕분에 여성들의 비정규 학교 참여는 계속 늘어났는데, 그 결과 1994~95 학년도 말 공공 교육 센터에서 실시된 직업훈련 과정에 참여한 총 325,679명 중 86.8%가 여성이었다(Kavak, 2016, p.10).

한편 젊은 여성 고용 프로젝트는 고용 위원회 총국과 유니세프에 의해 수행되었는데, 이 프로젝트는 지역사회에서 필요한 업무 라인에 자격 있는 여성을 포함시키기 위해 시작된 것이었다. 1991~1995년 총 5년간 이스탄불, 코자엘리 및 산리우르파에서 다양한 응용 프로그램이 실시된 결과, 1995년 5월 말 이들 프로그램이 배출한 여성 노동인력은 총 3,537명이었다(Kavak, 2016, p. 6).

이렇게 다양한 노력의 결과, 이 시기 여성들은 다음과 같은 주요 권리들을 확보할 수 있었다.

(1) 1930년과 1934년에 선거권과 피선거권,
(2) 1983년부터 보장된 낙태의 자유,
(3) 2002년 튀르키예 대국민회가 채택한, 양성평등을 포함하는 새 민법,
(4) 2004년 수정된 헌법 10번(제1부, 일반 원칙, 3페이지)에 새롭

게 추가된 양성평등 보장 문구("여성과 남성은 평등한 권리를 가진다. 국가는 이러한 평등이 실현되도록 책임진다"),

(5) 여성들이 공공 기관 지정 장소에서 제품을 판매할 경우에 대한 세금 면제(2005년 이후), 그리고 마지막으로

(6) 2012년 가족 보호 및 여성에 대한 폭력 방지에 관한 법률 채택 등이 있다(Aycan & Aycan, 2018, pp. 234-235).

8. 맺으며

이 장은 튀르키예 역사에서 여성교육의 변화 과정을 추적하는 것을 목표로 삼았다. 튀르키예 국가 형성기의 경우 정치적, 사회적 맥락에서 여성에게 중요한 지위를 부여했었는데, 예를 들어 하칸은 하툰을 잇는 국가 서열 이인자로 군사와 행정에까지 직접 뛰어드는 적극적인 존재였다. 하지만 1453년 콘스탄티노플 점령 이후 오스만 제국이 이슬람을 공식 종교로 채택하고 남성 중심의 위계적 시스템을 강화하기 시작하면서부터 튀르키예 역사에서 여성은 어머니와 아내의 역할로 제한되었다. 오스만 제국이 막을 내릴 때까지 여성은 초등 학력 수준을 갖추는 정도의 기본적인 교육을 받았으며, 궁중 여성들만이 엘리트 특권을 이용하여 교육을 받을 수 있었다.

튀르키예 공화국 선포는 국민 행동 변혁을 위한 투쟁의 시대로 이어졌다. 튀르키예 국민의 무지를 타파하고 낙후된 사회 경제 시스템을 개혁하기 위해 정부는 국민 생활의 모든 영역을 바꾸고자 했다. 공화국 초기 문맹률 감소는 국가적 당면 과제였으며, 마을교사학교는

당시 지역공동체의 사회적, 인지적, 경제적 진보와 발전을 위해 필요한 모든 기술을 예비교사들에게 가르쳐서 그들이 지역공동체 발전의 주역이 될 수 있도록 한 대규모 프로젝트였다. 여성들에게 비록 제약이 많기는 했지만 마을교사학교는 젊은 여성들에게 상급학교로 진학하고 지역사회 발전에도 기여할 수 있는 기회를 제공하였다. 하지만 1954년 정치적인 이유로 마을교사학교가 전면 폐지된 이후 교사교육은 제자리걸음을 하거나 후퇴하는 양상을 보였다.

공화국 시대 각급 학교 여학생 숫자는 지속적으로 증가했지만 여학생 총 숫자는 여전히 남학생보다 현저하게 적었다. 특히 대학교육을 받은 여성 숫자는 제한적이었고 여성들의 전공 영역은 사회적 지위가 낮고 남성들의 관심을 끌기 어려운 분야로 한정되었다. 1980년대에 이르러 튀르키예의 교육 정책은 공화국 초기에 강조되었던 국가주의로 환원되었다. 1990년대에 이르러 비정규 교육이 확산되었는데, 비정규 교육의 도움을 받아 여성들은 비교적 다양한 직업을 가질 수 있게 되었지만, 역설적으로 이들은 대부분 전통적으로 여성의 일로 간주되는 직업군(예: 바구니 짜기, 재봉 등)에서 일할 수 있는 기회를 얻었을 뿐이었다.

튀르키예의 민법 개정과 여성에 대한 폭력에 대항하는 보편적 입법 조치 이후, 여성의 사회적 지위에 대한 사회적 논의가 확산되었다. 최근 튀르키예는 여성들에게 평등한 교육을 법적으로 보장하고 있다. 실제로 제한적이나마 대학진학 여성들도 늘어나고 있다. 하지만 그렇게 확보된 교육기회들이 여성의 사회적 지위와 어떤 연관을 보이는지에 대한 연구는 많지 않다. 이는, 앞으로 진행되어야 할 중요한 연구과제라 할 수 있다.

참고 문헌

Acar, H. (2019). Türk Kültür ve Devlet Geleneğinde Kadın. *İnsan&İnsan*, *6*(21), 395-411. DOI: https://doi.org/10.29224/insanveinsan.536610

Akbaş, E. (2018). *Tarihten Günümüze Sıbyan Mektepler*. Yayınlanmamış yü ksek lisans tezi. Sivas Cumhuriyet Üniversitesi.

Aksoy, İ. (2017). Toplumsal ve Siyasal Süreçte Türk Kadını. *Yaşama Dergisi*, *32*, 7-20

Akyüz, Y. (1999a). Türk eğitim tarihi (7. Baskı). İstanbul: Alfa Yayınları

Akyüz, Y. (1999b). Osmanlı son döneminde kızların eğitimi ve öğretmen Faika Ünlüer'in yetişmesi ve meslek hayatı. Milli Eğitim, 12-32. http://dhgm.meb.gov.tr/yayimlar/dergiler/milli_egitim_dergisi/143/1.htm

Akyüz, Y. (2000). *Anadolu öğretmen liseleri için Türk eğitim tarihi. MEB Yay.*, Ankara.

Akyüz, Y. (2011). *Türk eğitim tarihi MÖ 1000-MS 2011 (20. baskı)*. Ankara: Pegem Yayınları.

Akyüz, Y. (2015). *Türk eğitim tarihi MÖ 1000-MS 2004 (27. bs.)*. İstanbul: Pegem Yayıncılık.

Altunya, N. (2002). Köy enstitüsü sisteminin düşünsel temelleri. İstanbul: Uygun Basım Limited.

Anadolu-Okur, N. (2005). The demise of the great mother: Islam, reform, and women's emancipation in Turkey. *Gender Issues*, *22*(4), 6.

Armağan, A. (2011). Klasik dönemde Osmanlılarda devlet yönetim anlayışına dair bazı düşünceler (Some thoughts on the concept of state administration in the Ottoman classical age). Akademik Bakış, 5(9), 139-156.

Arslan, H. D. (2018). *Eğitim binasının temeli: Sıbyân mektepleri* [The basis of education buildings: Sıbyan schools]. Journal of Social and Humanities Sciences Research (JSHSR), 5(26), 2562-2570. http://dx.doi.org/10.26450/jshsr.628

Aycan, N. & Aycan, Ş. (2018) Türkiye'de Kadın Eğitimine Bir Bakış. *Academia Journal of Social Sciences, Special Issue - 1*, p.233-241.

Barnes, T. (2002). From toleration to repression: the evolution of Constantine's religious policies. *Scripta Classica Israelica, 21*, 189-207.

Barnes, T. D. (1976). Three imperial edicts. *Zeitschrift für Papyrologie und Epigraphik*, 275-281.

Bayat, F. (2010). *Türk Kültüründe Kadın Şaman*. İstanbul: Ötüken Yayınları

Biçer, B. (2013). Kuruluş devrinde nizâmiye medreselerinin müderrisleri. *Tarih Okulu Dergisi*, 2013(XVI), 263-287.

Çavdar, M., Aslan, Ö, Yıldız, Y. & İçer, D. (2022). Cumhuriyet'in İlk Yıllarından Günümüze Öğretmen Seçme, Yetiştirme ve Atama Uygulamaları, *Journal of Social, Humanities and Administrative Sciences*, *8*(57):1428-1440

Çetin, F. (2003). Cumhuriyet Döneminde Kadın Eğitimi. *Milli Eğitim Dergisi*, 160. http://dhgm.meb.gov.tr/yayimlar/dergiler/milli_egitim_dergisi/160 /cetin.htm 20 Ocak 2020 tarihinde erişildi.

Çetin, K., & Gülseren, H. Ö. (2003). Cumhuriyet dönemi eğitim stratejileri. *Milli Eğitim Dergisi, 160*, 1-20.

ÇİFTÇİ, Y. (2019). Modernisation in the Tanzimat period and the Ottoman Empire: An analysis of the Tanzimat Edict within the scope of the modern state. *Maarif Mektepleri Uluslararası Sosyal ve Beşerî Bilimler Dergisi*, *2*(2), 14-24.

Çitçi, O. (1982). Kadin sorunu ve Türkiyede kamu görevlisi kadınlar. Ankara: Turkiye ve Orta Doğu Amme İdaresi Enstitusu Yayınları, No: 200

Demir, N. (2011). Osmanlı devletinde harem kurumu. *Istanbul Journal of Sociological Studies*, *28*, 77-87. Retrieved from https://dergipark.org.tr/tr/pub/iusoskon/issue/9523/118987

Doğan, İ. (2012). *Türk eğitim tarihinin ana evreleri: Kurumlar, kişiler ve söylemler*. Nobel Akademik Yayıncılık.

Erbay Aslıtürk, G. & Dikyar, C. (2017). Mezopotomya-Orta Asya ve Anadolu ekseninde ilkel toplumlardan selçuklulara anaerkil kültür. *Ulakbilge*,

5(11), 589-620.

Gelişli, Y. (2014). Türkiye'de kadın eğitimin bugünkü durumu. *Akademik Bakış Dergisi, 40*, https://dergipark.org.tr/tr/download/article-file/382702

Gender Statistics (2013). Ankara: Türkiye İstatistik Kurumu.

Gender Statistics (2014). Ankara: Türkiye İstatistik Kurumu.

Göksel, B. (1998). Çağlar boyunca Türk kadını ve Atatürk. *Atatürk Araştırma Merkezi Dergisi, 14*(41), 406-416.

Gündüz, A. (2012). Tarihi süreç içerisinde Türk toplumunda ve devletlerinde kadının yeri ve önemi [Historical process and the importance of women in the Turkish society and the states]. *International Journal of Social Science, 5*(5), 129-148.

Güven, İ. (2010). *Türk eğitim tarihi*. Ankara: Naturel Yayınevi

Hali, S. & Rencüzoğulları, S. (2017). İslamiyet Öncesi Dönemde Türklerde Eğitim. *21. Yüzyılda Eğitim ve Toplum Eğitim Bilimleri ve Sosyal Araştırmalar Dergisi, 6*(17), 425-437

İçli, T. G. (2003). Cumhuriyet döneminde kadının sosyal konumu. *Atatürk Araştırma Merkezi Dergisi, 19*(56), 583-595.

Içöz, N. (2013). Year 1940: A new era that was opened in Turkish culture and literature by translation. Sosyal ve Beşeri Bilimler Dergisi, 5(2), 335-344.

Ilgaz, D. (1999). Köy Enstitüleri. F. Gök (Ed), *75 Yılda Eğitim* (p.311-344). Istanbul: Türkiye İş Bankası Yayınları

Karaman, Y. (1994). Planlı dönemde kadın eğitimi politikamız. *Ankara University Journal of Faculty of Educational Sciences (JFES), 27*(1), 401-427. DOI: 10.1501/Egifak_0000000435

Kavak, Y. (2016). Türkiye'deki Yaygın Meslekî Eğitim İçinde Kadın Eğitiminin Yeri. http://dhgm.meb.gov.tr/yayimlar/dergiler/Milli_Egitim_Dergisi/144/kavak.htm, (Erişim Tarihi: 16.08.2016).

Kodaman, B. (2007). Osmanlı Devleti'nin yükseliş ve çöküş sebeplerine genel bakış. Süleyman Demirel Üniversitesi, Fen Edebiyat Fakültesi,

Sosyal Bilimler Dergisi, 16, 1-24.

Koçer, H. A. (2019). Türkiye'de Köy Eğitim ve Öğretimi. *Ankara University Journal of Faculty of Educational Sciences (JFES)*, *7*(1), 89-129. https://doi.org/10.1501/Egifak_0000000414

Kurnaz, Ş. (1991). *Cumhuriyet Öncesinde Türk Kadını* (1839-1923). Ankara: T.C. Başbakanlık Aile Araştırma Kurumu Başkanlığı.

Kurnaz, Ş. (2011). *Yenileşme sürecinde Türk kadını 1839-1923*. İstanbul: Ötüken Yayınları.

MoNE. (1973). *Milli Eğitim Temel Kanunu*. https://www.mevzuat.gov.tr/mevzuatme tin/ 1.5.1739.pdf

OECD (2022). *Education at a glance 2022: OECD Indicators*. OECD Publishing, Paris. https://doi.org/10.1787/3197152b-en.

Ölmez, E. (2021). *Battal Gazi Destanı'nda kadın tipi ve kadın eğitimi*. Yüksek Lisans Tezi, Gazi Üniversitesi, Eğitim Bilimleri Enstitüsü, Ankara.

Önal, İ. (2010). Tarihsel değişim sürecinde yaşam boyu öğrenme ve okuryazarlık: Türkiye deneyimi. *Bilgi dünyası*, *11*(1), 101-121.

Önder, M. (2014). *Türk Eğitim Tarihi* (3. Baskı). Ankara: Anı yayınevi

Özbek, E. Ö. (2020). *Şamanizm ve kadın*. İstanbul: URZENİ Yayıncılık.

Özdemir, A. E. & Altay, A. (2018). The Status of Women in the Turkey's Development Process within the Context of Development Plans. *Fiscaoeconomia*, *2*(3), 115-142, DOI:10.25295/fsecon.2018.03.0052

Özdemir, E. (2017). *Türklerin ilk kadın hükümdarı Tomris*. Ankara: Pandemi Yayıncılık.

Özkan, S.H. (2018). İslam Öncesi, İslami Döneme Geçiş, Selçuklu, Beylikler ve Osmanlı Kuruluş Dönemlerinde Eğitim. M. Gündüz (Ed.) *Kronolojik ve Tematik Türk Eğitim Tarihi* içinde (pp. 1-24). İdeal Kültür Yayıncılık.

Öztoprak, S. (1999). *Atatürk Dönemi Kadın Eğitimi*. Yüksek Lisans Tezi. Yıldız Teknik Üniversitesi, İstanbul.

Peker, R. (2017). Türk devlet geleneğinde kadının konumu. *Bilge Uluslararası Sosyal Araştırmalar Dergisi 1*(2): 157-164.

Persleri dize getiren hükümdar: Tomris Hatun'un hikayesi (2021). [Photograph] https://www.ensonhaber.com/tarih-haberleri/persleri-dize-getiren-hukumdar-tomris-hatunun-hikayesi

Polat, S. (2015). Karahanlı Devleti'nde Eğitim Faaliyetleri. *Uluslararası Eğitim Bilim ve Teknoloji Dergisi, 1*(1), 42-52.

Sağ, V. (2001). Tarihsel süreç içerisinde Türk kadını ve Atatürk. (Atatürk and the Turkish Women in the Historical Process) *Cumhuriyet Üniversitesi İktisadi ve İdari Bilimler Fakültesi Dergisi, 2*(1), 9-23.

Seven, M. A., & Engin, A. O. (2007). Türkiye'de Kadının Eğitimi Alanındaki Eşitsizlikler. *Atatürk Üniversitesi Sosyal Bilimler Enstitüsü Dergisi, 9*(1), 177-188.

Şahin, A. A. (2015). Tanzimat'tan Cumhuriyet'e Kadar Eğitim Sistemi, Yönetimi Ve Denetimi. Doctoral Diissertation, İstanbul Sabahattin Zaim Üniversitesi, İstanbul.

Şanal, M., & Alaca, E. (2020). *Türk eğitim tarihi orta asyadan günümüze.* Ankara: Pegem Akademi.

Sari, M. (2017). Teachers' views on co-Education: Co-education or single-sex education? *Acta Didactica Napocensia, 10*(3), 35-44.

Şenkaloğlu, S. (2021). Türkiye'de Cumhuriyet Dönemi Türk Eğitim Sistemi ve Sorunları . *Academia Eğitim Araştırmaları Dergisi* , *6*(1) , 24-36 . Retrieved from https://dergipark.org.tr/tr/pub/egitim/issue/58093/789027.

Tan, M. (1994). Toplumsal değişim ve eğitim: Kadın Bakış Açısından. *Ankara University Journal of Faculty of Educational Sciences (JFES), 27*(1), 83-96.

Teacher candidates of village institutes [Photograph] (2020). https://www.tyb.org.tr/fahri-tuna-koy-enstituleri-anadolu-ile-baristirilamaz-miydi-43018h.htm

Tellioğlu, İ. (2016). Islam öncesi türk toplumunda kadının konumu üzerine.

Atatürk Üniversitesi Türkiyat Araştırmaları Enstitüsü Dergisi, 55, 209-224.

Terzi, A. (2012). Türk Siyaset Kültüründe Kadınların Rolü. *21. Yüzyılda Eğitim ve Toplum Eğitim Bilimleri ve Sosyal Araştırmalar Dergisi, 1*(1), 17-24.

TÜİK (2023a). *İşgücü İstatistikleri, 2022 [Labour Force Statistics, 2022] (TUIK, No. 49372).* https://data.tuik.gov.tr/Bulten/Index?p=Isgucu-Istatistikleri-Mart-2023-49372

TÜİK (2023b). *Ulusal Eğitim İstatistikleri, 2022 [National Educational Statistics, 2022]* (TUIK, No. 49756). https://data.tuik.gov.tr/Bulten/Index?p=Ulusal-Egitim-Istatistikleri-2022-49756.

Tümer-Erdem, Y. (2007). *II. Meşrutiyet'ten Cumhuriyete kızların eğitimi.* Doktora tezi. Marmara Üniversitesi Türkiyat Araştırmaları Enstitüsü, İstanbul.

Tuna, S. (2009). Köy Enstitüleri'nde kadın olmak. *Feminist Eleştiri Dergisi (FE), 1*(1), 20-29.

Turkish Ministry of Culture and Tourism (2022). Türk Kültürü. https://www.ktb.gov.tr/TR-96255/turk-kulturu.html

Uğurcan, S. (1998) Atatürk, Cumhuriyet ve Türk Kadını. *Erdem, 11*(33), 989-998.

Village Institute teacher candidates building their own school (2016). [Photograph]. https://www.matematiksel.org/bir-turkiye-efsanesi-koy-enstituleri/.

World Economic Forum. (2022). Global gender gap report. https://www3.weforum.org/docs/WEF_GGGR_20 22.pdf

VI

쿠바의 여성교육: 독립, 혁명, 전환의 역사

루스 다울리-칼(Ruth Dawley-Carr)
번역: 강미아(Mia Kang)

1. 들어가며

중남미 카리브해의 가장 큰 섬인 쿠바는 높은 문해율, 교육 시스템 및 의료 분야의 성과, 미국의 신식민주의에서 벗어난 강력한 공산주의 혁명으로 전 세계에 알려져 있다. 하지만 쿠바는 PISA나 TIMSS와 같은 국제학업성취도 평가에 거의 참가하지 않아서 쿠바 학생들의 학업 성취 수준이 어느 정도인지 짐작하기 어렵다. 더구나 쿠바 교육에 대한 연구는 문해율과 1959년 혁명 이후의 쿠바 교육에 제한되어 있었으며, 대부분 혁명을 지지하거나 반대하는 이분법적인 서사만을 보여주어 쿠바 교육의 큰 그림을 짐작하기 쉽지 않다(de la Fuente, 1995).

여성교육 분야 역시 마찬가지다. 오늘날 쿠바는 국회의원 중 여성 비율이 55.3%로 세계에서 두 번째로 높다(Prensa Latina, 2023; World Economic Forum, 2023). 대학 등록 및 졸업생 중 여성 비율도 거의 60%에 육박한다. 하지만 이러한 모습은 쿠바 여성들이 오랜 세월 교육권, 노동 참여, 시민 사회 활동 등을 위해 노력해온 기나긴 여정을 모두 보여주지는 못한다. 숫자는 숫자일 뿐, 이러한 수치들은 여성교육의 역사를 직접 살아내면서 자신들의 역사를 새롭게 써 내려간 쿠바 여성들의 교육 경험에 드러난 사회적, 인종적, 경제적 요소들을 모두 담아내지 못한다. 쿠바 여성교육의 최신 동향에 대한 서사가 중요한 이유다.

이 장은 1500년대부터 현재까지, 특히 1959년 쿠바 공산혁명 전후를 중심으로 쿠바 여성교육의 발전 궤적을 살펴보고자 한다. 특히 여성들이 노동 시장에서 자신들이 받은 교육을 활용하는 과정에서 당대

사회 규범과 정치 체계가 어떤 영향을 미쳐왔는지를 탐색하고자 한다. 쿠바 교육에 대한 기존의 연구들은 쿠바 여성들의 정규 교육에서의 경험을 양적으로도 질적으로도 제대로 포착하지 못하고 있으며, 인종별 구분도 되어 있지 않다.

국제 학술 연구에서의 기념비적인 텍스트, 쿠바 흑인 여성들의 교육과 관련된 역사적 동향 연구, 쿠바 여성교육 전반에 대한 포괄적인 연구 및 저널리즘을 토대로, 그리고 내가 2000년대 이후 계속 진행해온 쿠바 시민 교육 및 쿠바 여성의 삶에 대한 질적 연구를 바탕으로, (1) 오랜 역사 동안 쿠바 여성들은 어떤 방식으로 정규 교육에 접근해왔는가?, (2) 어떤 교육기회들이 주어졌는가?, (3) 현재는 어떤 장벽이 남아 있는가? 등 세 가지 질문에 답하고자 한다.

2. 쿠바 여성교육의 기반 형성: 식민시대(1500~1900)

쿠바의 원주민은 인디언 씨보네이(Indigenous Ciboney)및 아라왁(Arawak)이었다. 그런데 15세기 후반 스페인 탐험가들과 군인들이 쿠바섬을 식민지배하기 시작했다. 이후 1898년 미국이 스페인에 대항하는 쿠바의 마지막 독립전쟁에 개입하여 스페인이 패망하였고, 이후 1902년까지 미국이 쿠바를 군사적으로 점령했다.

400여 년이 넘는 기나긴 식민시대 동안, 쿠바 여성들은 정치적, 경제적, 사회적 영역에서 남성보다 열등한 것으로 간주되었다. 흑인, 혼혈, 백인, 노예나 자유인, 중산층이나 노동계층에 상관없이 대부분의 쿠바 여성들은 정규 교육에서 배제되었다. 쿠바의 여성들의 정규 교육 접근권은 18세기부터 비록 소소하기는 했지만 그 형태를 갖추기 시작했다. 비록 속도가 더디긴 했었지만 부유한 여성을 위한 사립 교육이 시작되었고, 18세기 중반 이후 정부 지원 공립 교육 및 여성 주도의 사립 문해교육으로 이어졌다. 이후 중산층 및 노동계층 여성들을 위한 기술 기반 교육으로까지 연결되는 등, 독립국가 초기까지 여성을 위한 다양한 교육 경로가 확립되었다.

1) 식민시대 쿠바 사회의 정치적, 경제적 영향력

15세기 후반 스페인 탐험가들과 군인들이 쿠바섬에 도착한 뒤 질병을 퍼뜨리고 원주민들을 노예화함으로써 쿠바 원주민의 삶은 극도로 피폐해졌다. 쿠바의 정치와 경제를 장악하여 강력한 식민체제를 구축한 스페인계들은 쿠바의 인프라를 구축한다는 명분으로 아프리카인들을 강제로 데려와 노예로 부렸다. 이들 흑인들은 이후 '아프로-쿠반'이라 불렸는데, 이들은 크레올(Creole), 즉 18세기와 19세기 쿠바에서 태어난 주류 스페인계들과 정치적, 경제적, 인종적으로 크게 구분되었다. 쿠바 출신 백인계 크레올들은 이후 아프리카 노예 노동과 중국인 계약 노동을 통해 엄청난 부를 축적하여 쿠바의 설탕 경제를 구축했다(Lopez, 2013; Tomich, 1991). 그 결과 1840년대까지 쿠바는 세계에서 가장 큰 설탕 생산국이 되었는데, 크레올은 쿠바섬 전체 토지를 소유한 최상위 계급으로서 정치적, 경제적 힘을 더욱 강화했다. 쿠바가 노예제도를 폐지한 것은 북남미 전체에서 가장 늦은 1886년이었다. 아메리카 전체에서 가장 긴 노예의 역사를 가진 국가가 된 것이다.

스페인이 쿠바를 정치경제적 식민지로 지배하는 동안, 가톨릭 교회가 쿠바의 사회 규범을 규정했다. 가톨릭의 종교적 영향으로, 스페인계 백인 남성은 모든 여성들과 다른 인종 남성들보다 우월하다는 관점이 쿠바 사회를 지배했다. 쿠바의 가톨릭 교리에 따르면, 모든 여성들은 '어머니, 독실한 영적 안내자, 복종하는 아내로서 성모 마리아를 본받아야' 했다(Stoner, 1991). 그런데 아프로-쿠반들의 경우는 동아프리카 요루바 사람들의 인종적 뿌리와 종교적 융합을 기리는 여신 오천(Ochun)을 숭배하였고, 이후 여신 오천을 기리는 종교적 전통이 쿠바 대중들에게 자연스럽게 스며들어 있었다.

그 결과 쿠바인들은 쿠바 특유의 사랑의 성모(Virgen de la Caridad Cobre)와 여신 오천을 동시에 섬기게 되었는데, 사랑의 성모(Virgen)는 경건과 복종을, 오천(Ochun)은 기쁨과 쾌락주의를 의미했다. 여성을 쾌락이나 추구하는 열등한 존재(여신 '오천')로서 남성에게 복종해야 한다('사랑의 성모')고 믿는 종교적 영향으로, 쿠바 여성들은 가정 밖에서 남성들과 대등한 일을 수행하기 어려운 존재로 간주되었고, 한 가정의 어머니로서만 그 역할이 규정되었다.

1784년 제정된 왕립 명령[Real Cédula]에도 불구하고, 당시 사회 규범은 오직 극빈 여성들만이 유급 고용에 참여할 수 있도록 하는 등 여성의 사회 경제 활동을 철저하게 제한했다(Moreau-Lebert, 2015). 극심한 육체노동이나 또는 정신노동을 필요로 하지 않은 직업, 예를 들어 음식 조리나 의복 제작과 같은 영역에 한에서만 여성들이 일을 할 수 있도록 허용한 것이었다. 노동자 및 노예 계급 여성들은 그야말로 생존을 위해서 일을 했다. Moreau-Lebert(2015)에 따르면, 1841년 아프로-쿠반 여성의 41%가 사회에 나가 일을 하고 있었던 반면, 백인계 여성은 약 20%만이 바깥일을 했다. 이들 중산층 백인 여성들은 생계를 유지하기 위해 밖에서 일을 하지 않아도 되었지만, 자신의 힘으로 신분 상승을 이룰 수 있는 창구 역시 막혀 있었다. 이들은 결혼을 통해서만 신분 상승을 이룰 수 있었으며, 혼전 합의서에 적시되지 않는 한 이혼을 요구할 수도 재산을 소유할 수도 없었던 것이다(Stoner, 1991).

2) 사립 및 공립 교육의 형성(17세기~19세기 초반)

가톨릭 종단의 주도로 17세기와 18세기 공식적인 교육의 형태가 갖춰지기 시작했는데, 당시의 교육은 백인 상류층, 즉 스페인 출신 혹은 크레올 남자 아이들만을 가르치는 사교육의 형태로 존재했다. 극소수의 부유층 여성들 사립 교육에 접근할 수 있긴 했었지만 매우 제한적일 뿐이었는데, 이는 당시 가부장적인 사회 체계 안에서 여성들이 무언가를 배울 만한 능력을 가진 존재로 간주되지 않았기 때문이다(Stoner, 1991).

그런데 이러한 시스템이 1792년 스페인 왕 찰스 3세 시대부터 변화했다. 1792년 과학과 철학의 계몽주의적 이념을 통합하고 교육을 촉진하는 하바나 애국회 [The Real Sociedad Patriótica de La Habana. The Sociedad Económica de los Amigos del País로 알려지기도 함]가 창설되었고, 여성에게도 일부 장학금이 제공되었다(Cruz Taura, 2008). 18세기 중반, 공립 학교의 초기 형태인 학교, 에수엘라스 [Esuelas]가 창설되었는데, 이 에수엘라스에서는 지극히 평범한 사람들이 교육자로 활동하였고, 소액의 수수료를 받거나 혹은 전액 무료로, 성별, 인종을 불문하고 누구든 입학하여 읽기, 쓰기를 배울 수 있게 했다. 사립학교 수업료를 감당할 수 없는 학생들에게 훌륭한 교육기회를 제공하기 시작한 것이다. 그 밖에 친구학교[Escuelitas de amigas]에서도 독서, 쓰기, 수학, 교리문답, 바느질 등 유치원 수준의 기본 교육을 제공했다(Moreau-Lebert, 2015, p. 41). 시간적으로 여유가 있는 흑인 및 혼혈 여성들은 백인 여성 동료들과 함께 에수엘라스나 친구학교에서 교사로 일하기도 했다(Otheguy, 2020; Bachiller y Morales, 1859).

이 섬나라 쿠바에서 풀뿌리 교육이 느린 속도로 성장하는 동안, 그리고 쿠바가 19세기로 전환하면서, 스페인 정부는 왕실 칙령[Real Cédula]을 통해 대규모의 토지를 소유하는 크레올 엘리트 그룹인 국가의 벗 경제회[Sociedad Económica de Amigos del País]에 교육행정적 권한을 부여했다. 이 크레올 엘리트들은 쿠바가 사회경제적으로 미국이나 유럽에 뒤처지지 않게 하려면 쿠바인의 문해력이 뒷받침되어야 한다고 믿었다. 쿠바인들의 문해교육 향상을 위해 그들은 이후 1850년까지 약 400개에 육박하는 공립학교를 세웠는데, 그중 약 30퍼센트는 여학생들을 위한 것이었다(Bachiller & Morales, 1859; Childs, 1997).

하지만 당시 학교는 백인 학생들만의 것이었다(Bachiller & Morales, 1859; Otheguy, 2020). 국가의 벗 경제회는 아프로-쿠반 교육을 지지하지 않았으며, 아프로-쿠반 학생들이 공교육 기관에 입학하지 못하도록 하는 지침서(reglamentos)를 별도로 발간하기도 했다(Otheguy, 2020). 발타르 로드리게즈 (Baltar Rodriguez, 2017)에 의하면, 아프로-쿠반 학생들을 대상으로 하는 초등 교육은 문해력이 아닌 도덕

교육에 초점을 맞추었는데, 이 역시 아프로-쿠반 학생들을 문해교육에서 배제하기 위함이었다.

이후 1842년, 지방자치단체가 아프로-쿠반들을 전담하는 학교를 설립할 수 있게 허용하는 교육령[Plan de Instrucción]이 제정되었음에도 불구하고, 실제로 설립된 아프로-쿠반 대상 학교의 숫자는 미미한 수준이었고, 일반 공교육 기관에서 받아들인 아프로-쿠반 학생들 숫자도 매우 적었다(Baltar Rodriguez, 2017). 1878년에 공립 학교의 인종적 통합이 법으로 공표되었지만 사실상 인종적인 분리는 지속되었고, 지역사회는 흑인교육을 전담하는 학교들에 대한 지원에 적극적이지 않았다(Lucero, 2020).

한편 백인 여성교육은 유럽식 표준에 맞추어 쿠바 사회의 문명화를 촉진하기 위한 목적으로 옹호되었는데(Childs, 1997; Hunt, 1987), 그 결과 유럽계 백인들과 흑인들 사이의 차별과 분리가 더욱 심화되었다. 그나마 사회 경제적으로 여유가 있는 흑인 가족들은 지역 사회 공동체 및 기관에 의존하여 자녀 교육을 도모했다.

여성들에게 점진적으로 더 많은 교육기회가 주어지면서, 여성교육이 저출산으로 이어질 수 있다는 사회적인 우려 역시 확산되기 시작했다. 그 타협점으로 여성 대상 공립 교육은 가정 생활에만 초점을 맞추도록 강제되기 시작했는데(Childs, 1997) 그 결과 전통적인 모성이나 가정생활 관행과는 다른 궤적을 추구한 여성들이 심각한 폭력에 직면하기 시작했다. 심지어 가정생활에 '불성실하다(unfaithful)'고 판단된 여성들은 배우자에 의해 합법적으로 살해될 수도 있었다(Stoner, 1991).

3) 여성 개혁운동가들의 여성교육 개선

일부 상류층 백인 여성들, 예를 들어 메르세데스 데 산타 크루즈 이 몬탈보(Mercedes de Santa Cruz y Montalvo, 1789년 출생)와 겔트루디스 고메즈 데 아벨라네다(Gertrudis Gomez de Avellaneda, 1814년 출생)와 같은 일부 상류층 백인 여성들, 그리고 크리스티나 아얄라(Cristina Ayala, 1856년 출생)와 우르술라 코임브라 데 발베르데(Ursula Coimbra de Valverde, 1800년대) 같은 흑인 여성들은 당대 지식인으로 성장하여, 여성교육, 참정권, 및 저술권을 보장 받기 위한 법적 정당성을 주장할 수 있는 공간을 창출해 냈다.

아얄라와 코임브라는 노예해방 이후 인종 및 인종 재건에 대한 광범위한 저술을 보여주었다(Brunson, 2023). 흑인 여성 단체들, 예를 들어 '진보의 딸들[Las Hijas del Progreso]'은 낮에는 학생들을, 밤에는 성인들을 가르쳤다(Lucero, 2020).

[그림 1] María Luisa Dolz y Arango(1854~1928). 쿠바 저자, 교육자, 여성운동가, 화가 (Trendencias, 2022, May 27, para #3)

백인 여성 자선가들 또한 여성들을 위한 과학 및 기술 분야의 세속학교를 설립했다. 예를 들어 마리아 루이사 돌즈는 교육개혁과 여성해방의 개념을 국가 주권과 결합시킨 여성운동가인데, 콜레히오 이사벨 카톨리카[Colegio Isabel Catolica]라는 학교를 설립하여 주로는 상류층, 특히 쿠바 초기 독립 운동을 이끌었던 남성지도자의 딸들을 주로 가르쳤다([그림 1] 참고). 이 학교의 학생들은 예술, 과학, 인문학, 체육 등의 과목을 수강하였고, 이후 경영, 행정, 또는 인문학 등의 전공으로 학사 학위를 받았다. 그리고 많은 이들이 교사가 되었다(Stoner, 1991). 교육자 콘수엘로 A. 세라 에레디아(Consuelo A. Serra Heredia)는 쿠바 독립을 지지하며 호세 마르티와 밀접하게 협력한 유명 흑인 작가 및 교육자의 딸이었다. 에레디아는 1905년 뉴욕 노멀 인스티튜트 [Hunter College]에서 학위를 받은 후 하바나에 교사를 위한 보통 학교, 라 에스쿠엘라 노말 데 마에스트로스[La Escuela Normal de Maetros]를 열고 그곳에서 교사 교육자로 일했다(Abd'Allah-Álvarez Ramírez, 2016).

이들 상류층 여성 운동가들은 조직을 결성하고 사회 클럽에 참여하는 등 정치력을 기르고 이후 스페인으로부터의 쿠바를 독립시키는 일에 집중할 힘을 길렀다. 이들은 특히 공공 영역에서 더 많은 여성들이 활약할 수 있게 만들 방안을 찾기 위해 노력했는데, 예를 들어 애나 벤타코트 드 모라(Ana Bentacourt de Mora)는 1869년 헌법 회의에서 여성의 사회적 위치를 노예제와 비유하고 여성해방을 독립의 이상과 등치시키는 발언을 해서 사회적 지지를 얻었다.

> 여러분, 쿠바 여성들은 자신의 집 어둡고 조용한 구석에서, 공정한 혁명이 결박을 풀고 날개를 펼치는 숭고한 순간을 차분히 인내심을 가지고 기다려 왔습니다. 이곳 쿠바는 모든 것이 노예화된 상태였습니다. 여성 여러분은 노예 신분으로부터 해방되기 위해 요람에서부터 죽을 때까지 싸웠고, 현재 쿠바에는 특정 인종을 대상으로 하는 노예제 역시 더 이상 존재하지 않습니

다. 여성해방의 시간이 도래하는 이 순간, 당신의 너그러운 심장 속에 '여성의 권리 쟁취'를 새겨 두십시오. 오늘 여성의 권리 쟁취를 위한 전쟁을 치르고 있는 여성들은, 오늘도 그리고 내일도, 우리 여성들의 모범적인 동반자, 자비롭고 헌신적인 자매들이기 때문입니다.

- 여성혁명클럽[Clubes Revolucionarios Femeninos] (ECURED, n.d.)

이러한 순간들은 사회적 지위가 있는 여성들이 자신들에게 주어진 권력을 정치적 영역까지 넓혀가는 계기가 되었다. 여성들이 평등한 권리를 행사할 수 있도록 한 걸음 가까이 이끈 것이다.

3. 독립국가 초기 여성교육의 확장(1901~1958)

20세기 초 쿠바는 식민지에서 벗어나 독립국가로의 전환을 이루었으나 여전히 외국의 영향력 아래에 있었다. 하지만 이 시기 동안 쿠바 여성들은 시민으로서의 정치적, 사회적, 경제적 권리를 지속적으로 추구하였고, 1930년대 초중반, 여성들의 끝없는 노력의 결과로 북남미 전체에서 여성들에게 가장 진보적인 법안들이 통과되었다. 여성들의 참정권이 보장되고 투표권이 주어진 것도 이 시기부터이다.

여성들의 교육접근성이 확보되면서, 여성 노동력의 사회 유입과 여성의 정치적 조직화 노력이 결합하기 시작했다. 초중고 공립 정규 학교가 지속적으로 확장되었고, 그 결과 다양한 인종과 사회경제적 지위를 가진 여성들의 대학교육 기회 역시 전폭적으로 확대되는 등, 여성들이 공공 경제 영역으로 진출할 수 있는 전환점이 되었다. 교육과 고용을 통한 당시의 여성의 해방이 모성을 토대로 한 전통적 의무를 대체하는 것이 아니라 오히려 강화하는 수단이 되어버렸다는 비판을 받기도 하지만, 여성의 교육 접근 확대, 지속적인 여성운동, 공공 영역 여성 고용, 여성 정치 리더십 등이 함께 어우러져 여성의 법적 평등권을 확보하는 데까지 나아간 것은 모두 쿠바 독립 초기에 이루어진 성과이다.

1) 독립국가 초기 쿠바 사회의 정치적, 경제적 영향력

1898년부터 1958년까지, 간헐적이면서도 직접적인 미국의 군사 개입과 비즈니스 투자는 독립국 쿠바의 근대사를 형성했는데, 역설적이게도 미국의 개입은 쿠바가 완전히 자율적인 독립국으로 자리 잡지 못하도록 방해했다. 쿠바의 근현대사에서 이 시기 역사를 미국 기업의 경제적 영향력과 정치적 조종에 잠식당한 '신식민지[neocolonia]'라 규정하는 것도 이런 이유에서다.

플랫 수정안[The Platt Amendment]과 기타 호혜 조약들을 통해 쿠바는 단일 재배 품목인 설탕 산업을 강화할 수 있었지만, 미국을 쿠바의 무역 파트너로 단독 지정함으로써 그 이득의 상당 부분을 미국이 가져갈 수 있게 했다(Farber, 2006). 미국 사업가들은 철도와 전화 시스템 등 쿠바의 인프라 구축을 위해 적극적으로 투자했는데, 그 이익 역시 미국으로 송금되었다(Farber, 2006; Ferrer, 2021). 쿠바의 경제는 발전하였지만 그 열매의 대부분을 미국에서 취하고 있었기에, 독립국가 쿠바 시민들의 삶은 크게 나아질 수 없었다.

미국의 직간접적 지배의 과정에서, 역설적이게도 독립국가 쿠바는 국제 사회에서 도박을 법적으로 인정한 나라, 매춘의 나라 등으로 널리 인식되기 시작했다. 미국의 정치인들과 사업가들을 포함한 수십만 명의 외국 남성 관광객들이 쿠바의 매춘관에서 시간을 보냈고, 그 결과 1950년대에는 하바나에만 약 300개의 매춘관이 운영되었으며, 당시 약 1만 명이 넘는 여성들이 매춘부로 일했던 것으로 추정된다 (Perez, 1999).

인종 간 법적인 분리 정책은 존재하지 않았지만, 백인들은 아프로-쿠반들이 고급 호텔에 입장하지 못하게 막고 바람직한 고용 기회를 갖지 못하도록 하는 등 묵시적인 인종차별이 일상화되어 있었다(de la Fuente, 2016; Sweig, 2009). 이에 대항하여 아프로-쿠반들은 적극적으로 정치 활동에 참여하기 시작했고 자신들을 대표하는 정치적 후보를 지원하기 위해 유색인종 독립당[Partido Independiente de Color]을 창당하기도 했다. 하지만 정부는 인종을 기반으로 하는 정당 활동을 전면 금지하는 법을 제정하여 아프로-쿠반들의 정치 참여를 막았다. 그리고 이에 저항하는 아프로-쿠반들을 대상으로 정부는 군사적 대응까지 서슴지 않았는데, 이 과정에서 약 6,000명의 시민이 참혹하게 사망했다. 그리고 1933년 혁명과 1940년 새 헌법의 도입 등으로 점철된 정치적 불안정, 지속적인 성차별, 인종차별, 경제적 불평등 등은 도농간 격차 역시 심화시켰다.

2) 공교육의 토대 형성

미군의 지원을 받은 우드 총독은 미국의 쿠바 점령 기간 동안 세속적, 공식적, 무료 공교육을 자신의 정책 과제로 삼았고, 엔리케 호세 바로나(Enrique José Varona) 교육부 장관과 함께 학교교육의 전면 의무화를 추진했다. 쿠바의 첫 공공 교육개혁은 1901년 헌법 제4조31장에 명시되었는데(Chapman, 1925), 이때부터 여학생들의 교육권은 헌법적 권리가 되었다. 6~14세의 남학생과 여학생이 모두 학교에 다니면서 공평한 교육을 받을 수 있게 되었으며(Ferrer, 2021, p. 170), 모든 학생들을 공교육에서 수용하기 위해 새로운 학교를 열어서, 학교의 숫자는 1900년 한 해 동안 300개에서 총 3,300개로 증가했다(Cruz Taura, 2008; Ferrer, 2021). 당시 학교 교육과정은 모두 미국의 교육과정에 기반을 두었고, 교과서의 경우도 초창기에는 미국에서 스페인어로 출판된 교과서를 쿠바로 수입해 들여 왔지만(Hanna, 1902), 교사진은 대부분 쿠바인 여성들로 이루어졌다.

쿠바인들은 공립학교에서 자국의 역사와 더불어 미국의 역사를 배웠고, 이민자들에게 시민권과 도덕 교육을 가르치는 '학교 도시' 프로그램이 도입되었다. 쿠바의 학교 도시 프로그램은 쿠바의 진정한 독립이 기나긴 여정의 끝에 달성될 것임을 강조했는데, 이는 미국의 입장에서 쿠바의 '정치적 진화와 민주주의 수용'을 감독하는 등 미국의 지속적인 개입을 정당화하는 교묘한 방책이기도 했다.

미국 교육 체제의 강요는 쿠바 교사들을 매개로 한 부드러운 통제의 한 방법으로서 구체화되었다. 예를 들어 1900년 여름 하버드 대학교에 현직 교사교육 프로그램이 새로 만들어졌는데([그림 2] 참고), 당시 우드 총독은 하버드 동문이었다. Ferrer(2021)에 따르면, 총 1,273명의 교사들이 매사추세츠주 캠브리지로 여행을 와서 이 교육 프로그램에 참여했으며, 그중 3분의 2가 여성이었는데, 이중 일부는

14살밖에 되지 않았었다고 한다. 이 교육 프로그램에 참가했던 대부분의 쿠바 교사들은 쿠바의 발전에 대한 미국의 개입을 강하게 거부하는 태도로 돌아왔다고 하는데, 이들이 수용한 단 한 가지 관점은 미국의 예외주의(exceptionalism)였다고 한다. 미국이 모범적인 국가라는 자부심을 갖고 끝없이 칭송하는 미국인의 모습을 가까이서 지켜본 쿠바 교사들은, 자신들도 앞으로 쿠바를 매우 특별한 국가로 인식해야겠구나 깨달았고, 귀국 후 교육 현장에서 쿠바의 우수성을 강조하는 관점을 널리 퍼뜨리기 시작했다.

[그림 2] 1990년 하버드 현직 교사 연수에 참가한 쿠바 교사들 (Fernández-Armesto, 2021, September 3)

이후 1915년까지 교사교육을 위한 정규 학교가 설립되었고, 하바나 대학교에 교육대학이 설립되었기도 했다(Cruz Taura, 2008). 예비교사들은 자격 시험에 합격해야만 교사 자격을 취득할 수 있었고, 교사 자격 취득 이후에도 미국에 기반을 둔 교사교육 프로그램과 여름학기에 열리는 단기 재교육 과정에도 지속적으로 참여할 수 있었다

(Stoner, 1991). 한편 종교 학교는 수녀들이 운영하였는데, 하바나 성심 학원[The Sacred Heart Academy of Havana]의 경우처럼 상류층과 중산층 여학생들을 주로 가르쳤다. Stoner(1991)는 당시 정치 지도자들이 교육을 독립적인 민주 통치의 기초라 생각했다고 상술한다. 그들은 과학, 철학, 합리적 판단 등 계몽주의적 이상에 기반을 둔 세속적 교육을 학습된 사회와 경제 발전에 필수적인 요소라고 판단했고, 종교적 위계와 교리에 사로잡혀 반독립적 입장을 취하는 가톨릭 교회를 민주주의에 대한 위협으로 간주했다. Stoner(1991)는 정부가 교회에 주어졌던 권력을 끌어내리기 위한 방편으로써 여성들을 교사로 모집했다고 주장한다. 당시 여성 교사들은 이렇게 공공 영역에서 공인된 직업을 갖고 지식 과학 분야에서 일할 수 있는 새로운 기회를 놓치지 않았고, 가정관리에 치중하여 종교적으로 인정받는 대신 학교 교사로 일함으로써 더 높은 사회적 지위를 부여받을 수 있음을 깨달았다. 일부 여성들은 자신의 학교를 별도로 개설하기도 했는데([그림 3] 참고), 이는 당시 여성들이 자신들이 받은 교육 경험을 토대로 다른 사람들을 교육하기 위해 직접 행동에 나서는 등 교육의 가치를 직간접적으로 입증하기 시작했음을 보여준다(Gonzalez Cabrera, 1987, Stoner, 1991 재인용).

[그림 3] La Güira 지역에 있던 평화 학교(Escuela la Paz)라는 이름의 한 교실 학교 내부, 1907~1908.
(Escuela La Paz, La Guira, 1908)

정규 공립학교는 처음에 하바나와 산티아고 같은 도시에 설립되었고, 그 후 시골 지역으로 확대되었다. 초등 공교육의 등록은 점차 늘어났지만, 교육접근성 및 교육의 질은 여전히 개별 학생들의 주거 지역이나 사회경제적 지위에 따라 차이가 있었다(Paulston, 1971). 교육의 접근성은 도시 지역이 농촌 지역보다 높았으며, 이러한 현상은 1959년까지 지속되었다. <표 1>은 가장 서쪽 지방(Pinar del Río)과 가장 동쪽 지방(Oriente) 학생들의 문해율이 가장 낮았음을 보여준다. 여성의 문해율은 지역을 불문하고 남성의 문해율보다 항상 높았는데, 이에 대해 Stoner(1991)는 여성 운동가들이 쿠바 전역에 학교와 도서관을 건설하여 여성교육을 위해 지속적으로 헌신했던 점, 그리고 남학생들의 농촌 인력 투입으로 인해 학업 시간이 부족했던 점 등을 그 주된 원인으로 꼽았다(Stoner, 1991, p. 132).

〈표 1〉 1931/ 1943년 5세 이상 인구의 도별 문해율 비교(Stoner, 1991, pp. 132-133 참고)

(단위: %)

	1931		1943	
도(province)	여	남	여	남
Camagüey	73.9	63.5	77.8	71.4
Havana	85.9	85.7	87.8	87.8
Las Villas	70	62.2	75.9	74.3
Matanzas	74	70.7	81.2	78.6
Oriente	68.1	61.4	70.2	65.7
Pinar del Río	59.2	61.2	63.4	68.4

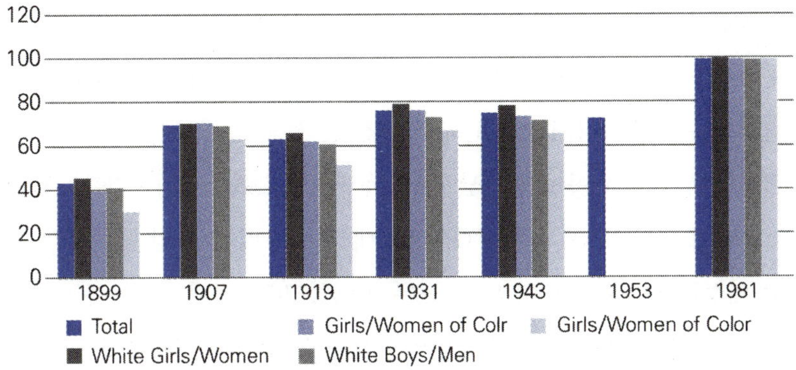

[그림 4] 10~19세 인종별 성별 문해율 비교, 1899~1981 (de la Fuente, 1995, p. 149)

참고: 1953년 인구 조사에서는 문해율 자료를 제공하지 않았다.

[그림 4]는 1899년부터 1981년까지의 문해율을 성별 및 인종별로 대별하여 보여준다. 1907년부터 모든 그룹의 문해력이 현저하게 향상된 것을 볼 수 있는데, 이는 쿠바가 독립을 이룬 후 새 헌법을 도입하여 여성교육을 보장하고 모든 쿠바인을 위한 공교육 시스템 건설을 우선적으로 추진했기 때문이다. 1919년 문해율의 감소는 쿠바가 제1차 세계대전에 참전했기 때문일 가능성이 높다.

거의 한 세기 동안 백인 여성들은 가장 높은 문해율을 유지했고, 반대로 유색 인종 남성들은 가장 낮은 문해율을 보였다. 모든 여성들을 하나의 그룹으로 묶어 보면, 전 시기에 걸쳐 여성의 문해율이 남성의 문해율보다 높았던 것은 분명하다. 물론, 이 인상적인 숫자들이 여성교육의 전체 모습을 모두 보여주는 것은 아니다. 문해율이 학교 졸업 여부, 교육 성취 수준, 또는 교육의 적용 방식 등과 직접적으로 연결되는 것은 아니기 때문이다.

한편 1943년 인구조사 데이터를 담은 <표 2>는 성별 및 인종별로 쿠바인들의 읽기 능력을 보여주는데, 10세 이상 대다수는 문해능력이 있었음을 입증한다. [그림 4]에서와 같이, 성별로는 여성들의 문해 능력이 남성들보다 높게 나타났는데, 이 차이는 20세 이상보다 10~19세 젊은층에서 더 크게 나타났다(77% 대 70%). 백인 여성들은 유색 인종 여성들보다 문해율이 다소 높은 편이었고(78% 대 73%), 전체적으로는 이 시기 인구의 약 22%만이 읽거나 쓸 수 없었던 것으로 보인다 (Breidlid, 2007; Dominguez, 2011).

〈표 2〉 성별, 인종별, 나이별 문해능력 비교, 10~19세 및 20세 이상

	총계		"Saben leer" (읽을 수 있다)		"No saben leer" (읽을 수 없다)	
	여	남	여	남	여	남
학교 교육을 받은/받는 10~19세	450,287 (인구의 49.6%)	458,013 (인구의 50.4%)	345,107 (여성의 77%)	318, 708 (남성의 70%)	105,180 (여성의 23%)	139,305 (남성의 30%)
쿠바 백인	334,063 (여성의 74.2%)	343,466	259,643 (77.7%)	243,931	74,420 (22.3%)	99,535
**쿠바 유색인	115,145 (여성의 25.6%)	113,441	84,517 (73%)	73,817	30,628 (27%)	39,624
다른 나라 출신 백인	1,079 (여성의 0.4%)	1,106	947 (87.8%)	960	132 (12.2%)	146
학교 교육을 받은 20세 이상	1,135,635 (인구의 46.7%)	1,296,213 (인구의 53.3%)	888,276 (여성의 78%)	998,756 (남성의 77%)	247,359 (여성의 22%)	297,457 (남성의 23%)
쿠바 백인	808,912	883,721	641,975	694,484	166,937	189,237

	총계		"Saben leer" (읽을 수 있다)		"No saben leer" (읽을 수 없다)	
	여	남	여	남	여	남
	(여성의 71%)		(79.4%)		(20.6%)	
**쿠바 유색인	280,595 (여성의 25%)	328,613	212,301 (76%)	237,574	68,294 (24%)	91,039
나른 나라 출신 백인	46,128 (여성의 4%)	83,879	34000 (74%)	66,698	12,128 (26%)	17,181

*: 이 표는 무응답자("*se ignora*")를 제외하고 만들어졌다. 10~19세 여성 38,583명(전체 응답자의 3.9%), 남성 45,411명(전체 응답자의 4.6%) 무응답. 20세 이상 여성 69,664명(전체 응답자의 2.7%), 남성 81,628명(전체 응답자의 3.16%) 무응답.

**: 쿠바 유색인에는 쿠바 원주민이든 해외 출생이든 상관없이 모든 흑인 및 혼혈을 포함하였다.

자료출처: 인구 조사국 일반 센서스, 1943, 〈표 15〉. Junta Nacional del Censo. (1945). pp. 926-937에서 발췌.

그런데 당시 전체 아동 중 초등학교 5학년을 넘어 학교에 다녔던 비율은 스무 명 중 한 명 꼴에 불과했다는 점을 인식해야 한다(Stoner, 1991). 1959년 쿠바 혁명 이전에는 공립 중등학교가 거의 없었고, 대부분의 중등학교 여학생들은 학비를 내야 하는 가톨릭 계열 사립 여학교나, 자선 단체에서 운영하는 여학교에 다니고 있었다. 1950년에는 성인 인구의 단 1.4%만이 대학 학위를 가지고 있었으며(Dominguez, 2011), 이는 주로 상류층만이 고등교육에 접근할 수 있었고, 성별보다는 사회경제적 지위가 교육접근성을 높이는데 더 영향력 있는 요소였음을 시사한다. 그럼에도 불구하고, 1950년대까지 여성의 고등교육 등록률이 계속 높아져 총 대학 졸업생의 37%, 등록 학생의 45%, 교수진의 22%가 여성이었던 것으로 드러났다(Smith & Padula, 1994). 당시 여성은 남성과 동등하거나 다소 높은 문해율을 유지하였고, 대학 등록과 졸업생 숫자 면에서도 당시 시대상을 고려하자면 상당히 인상적인 수치를 보여주었다.

이러한 교육적 성취 향상과 함께, 1899년부터 1953년까지 대략 150,413명의 여성이 유급 노동의 영역으로 유입되었는데, 이는 총 329%의 증가율이었다(<표 3> 참고; Smith, 1991). 화이트칼라(전문직) 여성의 비율은 1899년 3.6%에서 1943년에는 45.3%로 높아졌으나, 이 숫자는 1953년 36.8%로 다시 감소했다(<표 3> 참고; 자세한 분류는 Smith 1991 참조). 1919년부터 1943년 사이, 단 24년간 화이트칼라 여성 노동자 비율이 32.3%나 증가한 것은 쿠바의 공공 학교 시스템이 여성의 노동력 확보에 매우 긍정적인 영향을 미쳤음을 보여준다.

여성의 노동 시장 참여는 아마도 대학 교육에 대한 여성들의 등록률을 높이는 데에도 영향을 미쳤을 것이다. 같은 24년 기간 동안, 여성 교사 비율은 두 배로 증가했다. 여성 공무원 숫자 역시 두 배로 증가했는데, 사무직과 교직은 대다수의 여성들이 일하는 분야로, 모두 핑크칼라 직업으로 간주된다. 한편 1943년부터 1953년 사이의 고용 인구 감소는 추가적인 조사가 필요한 부분이다. 아마도 제2차 세계대전 동안 미국 기업이 투자를 철회하여 여성들의 일자리가 줄어든 것일 수도 있고, 여성의 노동권 확보를 위해 일해 왔던 여성들이 법적 권리를 보장받은 뒤 공적 영역을 떠난 결과일 수도 있다.

〈표 3〉 직업 계층별 여성의 유급 노동력 내 대표성 및 특정 직업 유형 선택 (Smith,1991에서 발췌. 부록 pp. 197-200)

직종	연도				
	1899	1907	1919	1943	1953
화이트 칼라: 총 고용노동자수	2,401 (3.6%)	6,388 (9.0%)	11,079 (13.0%)	61,352 (45.3%)	79,674 (36.8%)
교사 및 교수	1,502 (2.3%)	3,832 (5.4%)	5,122 (6.0%)	16,780 (12.4%)	34,845 (16.1%)
치과의사, 간호사, 내과 및 외과의사	284 (0.4%)	584 (0.8%)	773 (0.9%)	914 (0.7%)	4,041 (1.9%)
점원 및 공무원	—	—	—	26,550 (19.6%)	—
속기사	6	134 (0.2%)	—	1,253 (0.9%)	7,084 (3.3%)
사무원	—	—	740 (0.9%)	680 (0.5%)	7,956 (3.7%)
정부 관료 및 직원	—	—	1,274 (1.5%)	4,050 (3.0%)	5,043 (2.3%)
블루 칼라: 총 고용노동자수	40,607 (61.7%)	41,205 (58.1%)	34,253 (40.3%)	43,665 (32.3%)	66,680 (30.8%)
농부	--	3,110 (4.4%)	7,523 (8.8%)	13,690 (10.1%)	11,799 (5.5%)
담배공장 노동자	—	—	—	8,713 (6.4%)	17,321 (8.0%)
세탁소 노동자	20,980 (31.9%)	24,016 (33.8%)	8,680 (10.2%)	2,538 (1.9%)	—
재봉사	8,329 (12.7%)	9,464 (13.3%)	9,317 (11.0%)	—	—
비숙련 노동자				10,282 (7.6%)	12,468 (5.8%)
입주 가정부	22,807 (34.7%)	23,378 (32.9%)	39,679 (46.7%)	30,347 (22.4%)	69,874 (32.3%)
총 여성 노동자수	65,815	70,971	85,011	135,365	216,228 (1899년 이후 총329% 증가)

블루칼라 노동자들 중 여성 비율은 1899년 61.7%에서 1953년 30.8%로 꾸준히 감소했는데, 이는 학교 교육이나 직업훈련을 받은 상당수의 여성들이 유급 노동 시장으로 유입된 결과로 보인다. 이와 반면, 가정 서비스 분야에서 일하는 여성의 비율은, 특히 1919년부터 1943년 사이, 46.7%에서 22.4%로 하락했다. 가정 서비스뿐만 아니라 세탁부와 재봉사와 같은 직종에서 여성 노동자의 감소는 부분적으로는 기술 발전과 대량 생산에서 기인한 것일 수도 있다.

여성의 노동시장 유입을 허용하는 새로운 노동법을 토대로 여성 노동력은 증가했지만, 쿠바는 여전히 가부장제의 정신(ethos)을 고수하고 있었다. 여성들이 금융, 기술, 정치 및 국제 분야에 진출할 수는 있었지만, 남성의 역할을 위협하지 않는 선에서, 그리고 타인과 사회에 대한 관심과 배려를 보여주는 분야에서만 전문성을 유지할 수 있었다. Stoner(1991)에 따르면,

> 남성과 여성은 별도의 영역에서 일했고, 모성 보호와 안전성 확보를 위한 특별 조치가 시행되었다. 쿠바에서 노동 시장의 평등화는 여성과 남성의 사회적 기여를 동등하게 중시하고 남성이 여성의 일을 무시하거나 여성 노동자들에게 해악을 끼치지 못하게 하는 것을 의미했다. 쿠바에서 평등 개념은 여성 고유의 여성성 및 여성적 역할을 강조하는 선에서 상당히 제한적으로 구현되었던 것이다. (p.186)

대다수의 여성 노동자들의 역할은 핑크 칼라(pink-collar) 직업(교사, 간호사, 속기사, 사무직원, 가정부 등)에 국한되었다. 매춘의 경우

는 <표 3>에 포함되지 않았지만, 수천 명의 여성이 참여하고 정부가 허용했기 때문에 여성 노동의 한 형태로 간주할 수밖에 없다.

한편 1950년대 초반 동일 노동에 대한 동일 임금이 법으로 제정되었지만, 핑크칼라 직종에 적용되는 급여 수준은 매우 낮았다. 블루칼라 직종에서 일하는 여성들도 남성들보다 낮은 급여를 받았기 때문에 쿠바의 여성들은 경제적으로 매우 가난했다. 여성들의 노동 조건을 개선하기 위해 새로운 법률들이 도입되었음에도 불구하고, 여성들은 여전히 가난의 굴레를 벗어나지 못했다.

4) 여성교육을 위한 페미니스트들의 활동과 지원

가난의 굴레는 여성뿐만 아니라 모든 쿠바인들의 삶에 영향을 미쳤다. 정규 교육 체제가 마련되었음에도 불구하고, 여성을 포함한 노동계층의 어린이, 청소년, 성인들은 학교를 포기하고 일을 해서 돈을 벌어야만 생계를 유지할 수 있었다. 그럼에도 불구하고, 상류층의 정규 교육을 받은 백인 여성들은 여성 단체들을 이끌며 여성교육 기회 확장을 위한 중요한 역할을 담당했다. 리세움[Lyceum]과 같은 기관들은 회원들에게 교육기회를 제공했고, 노동계층 여성들을 위한 문해교육 및 직업훈련을 담당했다(Stoner & Serrano Perez, 2000). 희망의 페미니스트 파티[Partido Feminista de Aspiraciones]라는 단체는 여성들을 위해 조판학교(typesetting school)를 개설했으며(Stone, 1991, p. 170), 여성클럽[Club Femenino]은 일하는 여성들을 위한 야간 수업을 개설하고 재봉 및 초등 교육의 기본 요소를 가르치면서 여성의 참정권 확보를 위해서도 노력했다(ECURED, n.d.).

특권층 여성들은 이러한 노력을 통해 노동계층 여성들과 더 가까워질 수 있었다. 일반 여성들의 삶에 대한 이해의 폭이 넓어지면서 결과적으로는 모든 여성을 위한 노동 및 정치적 권리를 확장하기 위한 그들의 정치적 기술을 향상시켰다. 예를 들어, 여성클럽[Club Feminino]은 고객을 응대하지 않을 때 여성 노동자가 앉을 수 있도록 의자를 제공하고, 성별에 따른 고용 할당량을 50퍼센트까지 확대하며, 일하는 어머니들을 위한 공장 내 어린이집을 운영할 것을 요구했는데, 세 가지 요구 모두 사회적인 동의를 얻어 쿠바 사회에 시스템으로 정착되었다(Stoner, 1991, p. 171).

국립 페미니스트 연맹[Alianza Nacional Feminista]은 담배 농장 여성노동자들에게 요구되는 불공정한 근무 조건에 대항하였고, 그 밖에도 다양한 페미니스트 조직들이 노동 현장에서 여성 노동자들의 권익을 확보하기 위한 사회 운동에 전념하였다. 쿠바여성협회 국립연맹[Federación Nacional de Asociaciones Femeninas de Cuba]의 정치 세력 확장도 주목할 만한데, 이러한 페미니스트들의 노력 덕분에, 1930년대 초중반 쿠바정부는 (1) 의료 보험 및 생계 연금, (2) 출산 전후의 출산 휴가, (3) 50명 이상 여성을 고용한 공장 내 어린이집 설립, (4) 수유 시간 인정, (5) 고용 기간 동안 결혼한 여성의 해고로부터 보호, (6) 동일 노동에 대한 동일 임금 등 북남미에서 가장 진보적인 법률을 통과시킬 수 있었다(Stoner, 1991, pp. 176-178). 1959년 혁명 이전에 달성된 이러한 성취들은, 기존의 사회 경제적 계급이나 젠더 계층 구조 안에서도 여성들의 삶을 개선하기 위한 노력의 물결은 계속될 수 있음을 포괄적으로 증명해냈다.

4. 혁명과 전환의 시대 여성교육(1959~1991)

쿠바의 1959년 공산주의 혁명은 시민들의 삶의 모든 측면에 걸친 변화를 불러일으켰다. 강력한 국가 중심 체제가 쿠바의 정치, 경제, 및 사회를 지배하기 시작했고, 국가 주도의 교육 투자는 가난한 노동 계층 쿠바인들의 교육접근성을 높여야 한다는 분명한 명분과 목적을 토대로 이루어졌다. 국가 중심 교육과정 확대, 교사교육 강화, 초등학교 및 중고등학교의 대규모 증설, 고등교육 기회 확대 등이 급속도로 진행되었다. 기술교육을 강화하기 위해 고등학교에서 인문 계열과 직업 계열을 분리해서 운영하기 시작했고, 그 결과 고등학생의 약 절반 가량이 직업교육 트랙을 통해 전문 지식을 쌓아 졸업과 동시에 노동 시장에 진입할 수 있게 되었다. 당시 쿠바 정부의 목표는 교육혁명을 통해 시민들이 문맹에서 벗어나게 하고 국가의 지식 평균 수준도 9학년까지 끌어 올리는 데 있었다. 교육 시스템을 경제 발전과 긴밀하게 연결시키고자 노력했고, 여성교육 시스템 역시 여성이라는 새로운 노동력을 키워내어 국가 건설과 경제 개발에 이바지하게 하는데 그 중점을 두었다.

1) 강력한 국가 주도의 정치적, 사회적 변화

피델 카스트로가 이끄는 새로운 혁명 정부는, 시민들의 사회적 및 경제적 권리와 의무를 확장하는 것을 그들의 주요 책무로 삼았다 (Carnoy & Samoff, 1990; Kapcia, 2005; Medin, 1990). 국가가 시민들의 교육, 고용, 주택 및 의료에 대한 기본적인 권리를 제공하고 보호하는 것을 국가와 시민들 간의 사회 계약으로 간주하였고, 대신 시민들은 정규 교육을 마친 뒤 국가가 주도하는 노동 현장에 적극 참여함으로써 시민적 책임을 다할 수 있으리라 기대했다. “혁명 안에 모든 것이 있고, 혁명 밖에는 아무 것도 없다(dentro de la revolución todo, fuera de la revolución nada)”라는 카스트로의 유명한 언설에서 강조된 것처럼(Castro, 1961), 시민들의 정치적 견해는 쿠바의 사회주의 프로젝트와 절대적으로 일치해야만 했다(McCollum & Granados, 2022). 반정부 시위는 불법이었고, 쿠바 공산당 이외에는 어떤 당도 인정되지 않았다. 공산당 혁명의 승리 이후, 마르크스주의 철학과 모순된다는 이유로 모든 종교적 관행이 금지되었는데, 이러한 제한은 1998년 교황 요한 바오로 2세가 쿠바를 방문할 때까지 지속되었다.

쿠바 혁명정부는 (1) 쿠바의 구조적 시스템이 평등의 원칙을 중심으로 설계되었고, (2) 자본주의적 삶을 지향하는 사람들은 모두 미국으로 이민을 갔다는 점을 근거로, 쿠바 영토 내의 인종차별은 더 이상 존재하지 않는다고 주장했다(de la Fuente, 1995). ‘인종차별이 없는 단일한 국가’라는 정체성을 강조함으로써, 쿠바 혁명정부는 쿠바에서 인종에 대한 논의를 하는 것은 반혁명적인 행위로 간주하였고, 아프로-쿠반들의 인권 운동을 위해 설립된 시민 사회 조직들을 모두 강제로 해산시켰다(de la Fuente, 2001).

인종이라는 개념 자체가 인정되지 않는 쿠바의 정체성이 확정되자, 아프로-쿠반들은 자신들의 문화적 및 역사적 종교적 관점을 더 이상 견지할 수 없게 되었다(Sawyer, 2005). 하지만 인종차별은 주류 백인 쿠바인들에게 만연한 사회적 태도이자 행동 방식이었고, 인종주의는 쿠바 사회 전반에 구조적으로 침투하여 아프로-쿠반들의 일상 생활

전반을 지배했다. 앙골라 내전(1975~2002)에 차출된 아프로-쿠반들의 숫자는 다른 인종들에 비해 압도적으로 많았고(J. Dominguez, 1978), 아프로-쿠반들의 진로는 대부분 운동 분야나(Bodenheimer, 2020) 저임금 서비스 직종으로 유도되었던데 반해, 공산당 지도부나 정부를 대표하는 위치까지 올라간 아프로-쿠반들은 거의 없었다. 이는 쿠바 사회에 구조적 인종주의가 뿌리깊게 자리잡고 있었음을 드러낸다(de la Fuente, 2001; Sawyer, 2005).

2) 혁명 시대의 교육 정책 및 교육과정

쿠바인들은 쿠바 혁명을 단일 사건이 아닌 계속 현실 사회에서 구현되는 지속적인 투쟁 행위로 간주하고 이념적 지지를 보탰다. 그리고 그러한 이념적 지지는 고등교육, 교사 준비, 교육 연구, 심지어 책 출판을 포함한 정규 교육 자체의 핵심 동력이 되었다(Blum, 2011; MacDonald, 2009). 당시 쿠바 정부의 교육 목표는 전 국민이 문해능력을 갖추고, 학교를 졸업하고, 성공적으로 노동 사회에 진입할 수 있게 하는 데 있었다.

카스트로는 종교에 기반한 사립 여성교육기관을 신속히 폐쇄하는 대신 이전 군사 병영 시설로 쓰던 공간들을 공립학교로 전환했고, 공식적으로 국가 주도의 교육과정을 개발했다(Blum, 2011; Medin, 1990). 1967년 초등교육을 의무화했고, 곧이어 1975년에는 중등교육도 의무화했다. 당시 교육은 평등주의와 집단주의를 지향했다. 즉, 쿠바는 평등한 사회로 새롭게 재정비되어야 했고(평등주의), 쿠바인들은 새로운 국가로서의 쿠바 재건을 위해 공동의 노력을 기울여야 했다(집단주의). 쿠바인들은 경제적 및 인종적 분열을 넘어 "공동체적 이면서 잠재적 능력을 키우는 새로운 인간상 [Hombre Nuevo]"을 추구해야 해야 했는데(Frederik, 2012, p. 52), 당시 '새로운 인간상'은, 도덕적 사회주의 의식을 가진 시민으로 국가를 위한 봉사에 헌신하는 국가주의적 특성을 띄었다(Malloy, 1971). 프레데릭(Frederik, 2012)은 1959년 이후의 쿠바 정체성이 "혈통, 피부색, 또는 재산 상태(은행 계좌)가 아니라 새롭고 더 나은 쿠바를 지지하는 방식에 따라" 달라졌다고 기술했다(p. 53). 즉, 개인의 특성과 노력은 반드시 새로운 이상적 시민권의 척도로서 국가 건설에 어떻게 기여할 것인가에 중심을 두고 있었던 것이다.

학교 교육과정은 애국심, 연대감, 혁명 정신 수호에 초점을 맞추고 쿠바의 진보를 위협하는 것으로 간주되는 텍스트를 도서관에서 모두 제거했다. 영웅적 서사는 예나 지금이나 사회과학 텍스트의 중심에 있었지만, 여성 영웅 서사는 소수 특정 여성들에 한해서만 제한적으로 언급되는데 그쳤다(Callejas Opisso et al., 2011; Silva et al., 2011; Valdes Lopez et al., 2000). 오늘날까지도 쿠바의 필수 9학년 역사 커리큘럼에는 극소수의 여성만이 언급되고 있다. 그것도 여성들의 권리 실현을 위한 페미니스트들의 노력은 완전히 배제한 채, 식민지 및 제국주의 세력에 대항한 일부 소수 여성들의 군사적 노력(Maria Cabrales, p. 84; Hayee Santamaria와 Melba Hernandez, p. 276)에 대해서만 약술하고 넘어가는 식이다(Valdes Lopez et al., 2000).

당시 쿠바에서 재구성된 교육 체제는 아동과 청소년이 직업적 노동을 지적 노동만큼 가치 있게 여기는 평등한 사회를 만드는 것이었기 때문에, 학생들의 농업 참여는 이러한 이념적 변화를 이끌어내기 위해 특별히 강조되었다. 보육 센터부터 고등학교에 이르기까지 남녀 학생 모두 학교의 정원이나 시골의 캠프에서 농사일을 해야 했으며 이러한 노력을 통해 쿠바 경제 발전에 기여해야 한다는 집단주의적 사고가 학생들에게 강조되었다(Blum, 2010; Medin, 1990).

1960년대 초등학교 학생 수의 급격한 증가로 인해 정부는 1970년대 전국적으로 중등학교를 설립, 확장했다. 시골에서부터 시작된 중학교(Escuelas Secundarias Básicas en el Campo, ESBEC)에서 학생들은 학업과 함께 농업과 제조업을 함께 배웠는데(Cuban Ministry of Education, n.d.-b), 당시 교육과정은 쿠바 혁명의 근원지인 쿠바 동부의 시에라 마에스트라 산맥 사람들의 혁명적 가치를 담아내는 데 집중했다. 1970년대 중반에는 폭등하는 학생수를 감당하기 위해 오전반, 오후반 제도를 도입했고, 부모가 일할 수 있도록 아이들이 하루 종일 학교에 남아 있게 돕는 주간 보딩 프로그램도 운영했다. Smith와 Padula(1996)에 의하면, 1990년까지 약 40만 명의 아이들이 주간 보딩 스쿨에 남아 있었는데, 이 기숙 학교들은 "[여성을] 사회적 및 경제적 억압으로부터 해방시키고 전문적으로 승진시키는" 목표를 직간접적으로 달성한 것으로 보인다(Blum, 2010, p. 56).

서구 및 동유럽의 과학 지식으로부터 독립을 추구하고 경제를 안정시키려는 노력의 일환으로 쿠바 혁명정부는 기술 및 과학 교육에 대한 투자를 증가시켰다(MacDonald, 1985). 인문계열과 직업계열로 분리 운영된 고등학교 시스템은 대학진학 학생수 증가 및 기술직 여성의 증가를 촉진했다. 중학교를 마친 학생들 중 약 절반은 회계, 요리, 정보 기술과 같은 직업고등학교에 진학한 반면(Cuban Ministry of Education, n.d.), 나머지 절반은 일반계 고등학교에 입학하여 종합대학

입학 준비를 했다. 정부는 직업고등학교 교육을 노동 분야의 수요에 부합하게 운영하고, 9학년 학생들을 성적과 정치적 헌신도를 고려하여 순위를 매겨 이후 진로 선택에 쓸 수 있도록 했다(Perez Navarro, 2010). 학생들은 세 가지 선택지를 받았는데, 상위 학생들이 먼저 어떤 경력 궤적을 따를지 결정할 수 있었다. 이 과정에서 중요한 사실은, 대학 진학을 진로 선택에서 우선하도록 설계되지 않았다는 점이다. 1980년대 후반에 도입된 대학 입학시험은, 쿠바 사회주의 경제 체제와의 연결을 위하여 대학 지원자 수를 오히려 줄이기 위한 제도로 쓰였던 것으로 보인다(Dominguez, 1999, p. 9).

대규모 조직과 민병대 참여를 요구하는 혁명 정부의 요구로 인해 이 시대의 고등학교와 대학 졸업률은 초등학교보다 낮았을 가능성이 크다. 고등학교 교육이 점진적으로 개선되고 더 많은 교육기회를 보장받으면서 1980년대 중반까지 고등학교 여학생 등록률이 남학생보다 다소 높아졌다(총 53.4%). 정부가 새로 도입한 입학시험 제도 때문에 대입 경쟁률이 매우 높아졌음에도 불구하고 여학생의 대학등록률도 남학생보다 높았다(55.2%)(Dominguez, 2011, p. 8).

그런데 여기서 주목할 만한 사실은, 본인들이 원했든 원하지 않았든 1984년에 대학에 등록한 여성의 절반은 교사가 되기 위한 공부를 하고 있었다는 점이다(Smith & Padula, 2016, p. 90). 의사가 되는 것이 더 바람직하고 명성 있는 경력이었기 때문에, 1991년까지 의대를 졸업한 45,000명의 의사 중 여성이 절반을 차지하기도 했었다. 1980년대 중반에는 모든 지방 여성 노동력의 10퍼센트가 대학 학위를 가지고 있었고, 과학 및 기술 분야 여성 학사 학위 취득 비율은 31.3%, 농업 분야에서 여성 학위 취득 비율은 0.5%였다. 한편 여성들은 1962년 이후 남성들과 함께 러시아나 동유럽 등지로 해외유학을 떠날 수 있는 기회를 얻기도 했었다(Smith & Padula, 1996, p. 90).

이후 1970년대 후반과 1980년대에 걸쳐 이루어진 교육개혁과 재구조화[El Plan de Perfeccionamiento] 관련 연구에 따르면(Blum, 2010, p. 76), 여성들의 학업적 성취나 정치 활동 참여도가 남학생이나 남성들보다 훨씬 높았음에도 불구하고 정치, 경제 등 모든 리더십 분야에서 크게 자리를 잡지 못하고 있었음을 발견할 수 있다(Smith & Padula, 1996). 이런 현상의 직접적인 배경으로 카스트로의 남성중심 리더십을 들 수 있는데, 카스트로는 혁명정부 수립 직후 소수의 선택된 리더십들이 정책 결정의 과정과 결과에 대한 책임을 함께 지도록 하는 시스템을 구축하면서, 고위 정치지도부에서 여성들을 철저하게 배제했다(Sweig, 2009). 그리고 이러한 남성 중심, 상명하달의 가부장적 접근은 이후 정치, 경제, 사회구조 전반을 지배하는 핵심 이데올로기가 되었다.

1959년 이후 정부가 시민 사회 조직인 쿠바여성연맹(FMC)을 해산하고 그 일부를 국가의 통제 안으로 흡수해 사회운동 자체를 무력화해 버렸던 한 사례에서, 쿠바 혁명정부의 상명하달식 접근의 문제점을 구체적으로 살펴볼 수 있다(Wright, 2010). 여성의 권리를 옹호하기 위한 목적으로 1961년 창설된 쿠바여성연맹은, 쿠바 혁명정부의 강한 압력 때문에 리더십을 카스트로의 처남이었던 빌마 에스핀에게 넘겨주어야만 했다. 카스트로의 처남이었던 빌마 에스핀은 쿠바여성연맹을 정부 주도의 핵심 실천 과제만을 수행하는 꼭두각시 기관으로 전락시켰다. 20세기 초반 다양한 페미니스트 조직들이 등장하여 역사적이고 기념비적인 성과들을 이루었던 것과는 대조적으로, 쿠바여성연맹은 1959년 쿠바 정부에게 공식적으로 인정받은 유일한 여성조직이었다. 그럼에도 불구하고, 쿠바여성연맹은 여성 권익에 대한 주장도, 자율적 운영도, 다른 페미니스트 조직들과의 연대도 할 수 없게 되었다.

이 시기 여성의 노동 영역에 미치는 가부장제의 영향력은 '사회로의 여성 통합'이라는 명분 아래 지속되거나 강화되었다. 마르크스 이론은 노동력의 가치는 노동자들이 생산한 상품과의 직접적인 접촉을 통해 구체화된다고 설명한다. 따라서 여성들의 경우 직접적인 재화를 생산하지 않는 가사 노동은 경제적 가치로 치환될 수 없으며, 외부의 유급 노동에 참여할 때만 비로소 여성 노동력의 가치를 인정받을 수 있게 된다. 따라서 여성들은 (1) 공적 영역에서 일을 하면서 마르크스주의가 지향하는 혁명에 헌신적 태도를 견지하면서 동시에 (2) 쿠바 여성에게 전통적으로 부여된 가정 내 역할을 담당해야 하는 이중적 역할과 임무가 부여되었다. 게다가 여성들은 공산당 혁명을 위해 조직된 대규모 정치적 활동에도 의무적으로 참가해야 했다(Sweig, 2009, p. 55). 그야말로 삼중고(triple jornada)였다. 쿠바 공산당 혁명기에 전격 실시된 여성의 교육 및 노동 영역으로의 통합은 인상적이었음에도 불구하고, 여성들에게 부과된 이러한 삼중고는 이미 간과할 수 있는 수준을 벗어나고 있었다.

3) 마르티의 교육 철학이 문해교육 및 여성교육에 미친 영향

혁명 시대의 새로운 교육 정책들은 쿠바 국민의 아버지이자 철학자,

시인, 저널리스트, 반체제 인사였던 호세 마르티(José Martí, 1853~1895)의 사상에 뿌리를 두고 있다. 마르티는 쿠바 및 다른 라틴 아메리카 국가들은 반드시 외국의 지배로부터 문화적 독립을 달성해야 한다고 믿었다. 그의 반식민주의 및 반인종주의 견해는 부분적으로 미국에서의 망명 생활 동안 형성되었는데, 그곳에서 그는 식민시대 쿠바 사회와 후식민 시대 미국의 교육 체계, 경제 및 사회 생활을 비교한 뒤, 교육이 독립국가 쿠바 건설의 근간이 될 것이라 주장했다. 그는 또한 쿠바의 문화 혼합이 쿠바인들 사이의 단결을 가져올 것이며, 독립된 쿠바에서 인종차별은 설 자리가 없다는 주장을 펼쳤는데(Poey Baro, 1994) 이러한 주장들은 나중에 쿠바 혁명정부가 '인종차별 없는 단일국가'라고 주장할 때 그 이론적 배경으로 차용되었다. 실제로 1960년대와 1970년대의 쿠바 교육 체계는 소비에트 연합의 교육 모델을 밀접하게 따랐던 것으로 보이는데, 그럼에도 불구하고 모든 사람을 위한 대중 교육, 여성과 흑인 남성의 주류 사회로의 통합, 일-학습 원리 등과 같은 원칙들은 부분적으로 마르티로부터 비롯된 것으로 보인다.

전국적으로 이루어진 교육 운동, 예를 들어 1961년 문해교육 캠페인은 분명 호세 마르티의 "교육받는 것이 자유로워지는 유일한 방법[ser culto es el único modo para ser libre]"(Marti, 1884)이라는 생각을 잘 반영하고 있다([그림 5] 참고). 1961년 한 해 동안 카스트로의 지시하에 10만 명의 자원봉사자들이 정규 교육을 받지 못한 쿠바인들에게 기초 문해교육을 실시하였는데, 이들 자원봉사자들 중 절반 이상이 여성이었다(MacCall, 1987). 이들 여성 자원봉사단(brigadista) 중 일부는 도시에서 활동했지만, 대부분은 거의 1년 내내 시골에서 학생들

[그림 5] "교육 받는 것이 자유로워지는 유일한 방법이다." 학교 노트, 1961 (Blum & Dawley-Carr, 2017)

과 어울려 가르치고 농사짓는 일을 함께했는데, 이 과정에서 교사-학생 간 상호 교류가 가능해졌다. 그리고 자원 봉사 기간 동안 가족과 떨어져 생활하게 된 경우 여성들은 독특한 수준의 자유로움을 경험하게 되었는데, 이들은 여성자원봉사단 경험을 결혼 전 집을 떠나는 것이 허용되지 않았던 당대의 성별 규범에 당당하게 맞설 수 있는 특별한 기회로 여겼다. 전폭적으로 실행된 일련의 문해교육 덕분에, 약 70만 명의 쿠바인들이 1년 이내에 읽고 쓰는 법을 배웠고, 이후 상당수의 자원봉사자들이 전문 교사가 되는 길을 선택했다(Smith & Padula, 1996). 여성들에게 문해교육 운동이 강력한 교육 및 노동 기회로 이어졌던 것이다(McCall, 1987).

4) 경제와 여성교육의 상호작용

유급 고용은 많은 여성들에게 엄청난 기회를 제공했지만, 성별에 따른 돌봄 책임의 문화적 관행은 여성들이 경력을 추구하는 데 불리하게 작용했다. 더욱이, 혁명 정부는 경제를 강화하기 위해 여성의 노동—무급 및 유급—에 점점 더 의존했으며, 이는 국가 건설의 실용적 목표를 위해 여성교육이 활용되었음을 증명했다.

자원봉사와 대규모 동원은 정부가 여성들이 경제에 참여하도록 의존한 두 가지 방법이었지만 대부분 보상 없이 이루어졌다. 예를 들어, 미국이 카스트로에 대한 비밀 작전을 주도하여 쿠바에 은밀하게 상륙했을 때 쿠바 정부는 공장에서 남성들을 무기를 들게 하고 여성들에게는 공장에서 남성들이 해오던 일을 대신하도록 했다. 하지만 여성 노동자들은 그들의 노동에 대해 전혀 보상받지 못했다(Smith & Padula, 1991, p. 97). 농업 부족과 농업 군단의 해와 같은 동원 기간 동안 쿠바여성연맹은 커피, 과일, 채소, 그리고 물고기를 수확하기 위해 여성들의 자원봉사 그룹을 조직하였고, 설탕 1000만 톤 수확 프로젝트 등을 통해 쿠바의 설탕 생산량을 두 배로 늘리려는 대규모 동원 노력을 주도하기도 했다. 마침 1970년대 초 세계 설탕 가격이 상승함에 따라 쿠바는 더 많은 소비재를 생산할 수 있게 되었는데, 그에 따라 여성들의 노동 참여 비율도 계속 높아졌다(Smith & Padula, 1996).

그런데 당시 여성 노동자들에 대한 성차별을 금지하는 법들이 지속적으로 제정되었음에도 불구하고 직장에서 성차별은 여전히 지속되고 있었다. 자유주의 옹호자들은 1975년 가족법[Código de la Familia]을 양성평등을 향한 거대한 성취로 지목하며, 이 법으로 인해 남성들이 가정 내 가사 노동의 절반에 대한 법적 책임을 지게 되었다고 주장한다. 그러나 스미스와 파둘라(Smith & Padula, 1996)는 이때 제정된 가족법이 오히려 양성평등과 관련한 정부의 정책 실패를 상징한다고 주장한다. 일하는 어머니들을 위한 법적 조치가 역효과를 낳아 남성 고용주들이 여성을 고용하지 않게 만들었고, 남성 고용주들이 혁명적

평등주의가 아닌 생산성과 수익성을 선택하도록 했다는 것이다. 여성을 보호하는 노동법을 지원하는 후속 조치가 이루어지지 않아 여성들은 일터에서 이중고 삼중고를 겪을 수밖에 없게 되었다는 것이다.

5) 교직의 사회적 위상 변화

혁명 정부의 이념과 방향에 동의하지 않는 교육자들은 모두 교육 분야에서 밀려났다. 예를 들어, 혁명의 승리 이후 혁명 이전에 교직에 합류한 교사들과 혁명 이후에 합류한 교사들 사이에 긴장이 생겼는데, 특히 혁명 이전에 대학 학위를 취득한 교사들은 1960년대 자원봉사 경력을 토대로 승진해서 올라온 동료나 관리자들과 충돌하는 일이 잦았다. 교사들이 교육에 대한 혁명 정부의 비전에 어떤 반대 의견도 표명할 수 없게 되었고, 학생들은 혁명을 적극적으로 지지하지 않는 교사들을 신고할 수 있었다. 이에 경력이 오래된 교사들은 혁명 직후 수정된 역사를 반영한 새로운 교육과정을 가르치는 게 불편했고 결국 학교를 떠났다(Blum, 2011). 특히 여성 교사들의 이탈이 두드러졌는데, 이는 남성 중심의 승진 체계에서 지속적으로 다중적 차별을 겪어야 했기 때문이었다. 예를 들어, 정부는 남성 교수들을 공산당의 고위 리더십 위치로 승진시켰지만 동일하거나 유사한 분야의 여성 교수들은 그러한 정치적 승진에서 배제했다(Smith & Padula, 1996).

쿠바 혁명의 과정에서 1959년부터 1961년까지 3년 동안 약 1만 명의 교사들이 쿠바를 떠났는데(Smith & Padula, p. 85), 그 빈자리를 젊은 여성들이 채우기 시작했다.

그런데 1989년 동유럽 경제의 붕괴, 1991년 소비에트 연합의 몰락으로 쿠바는 심각한 경제난에 빠지게 되었다. 정부의 재정 악화로 더 이상 교사들의 월급을 감당할 수 없게 되자, 카스트로는 쿠바의 교사 수가 너무 많다는 이유로 약 17,000명의 교사를 예비군으로 전환했다. 교사들은 추가 교육을 받기 위해 대학으로 돌아가거나 안식년을 가질 수밖에 없게 되었는데, "평화 시기의 특별 기간(The Special Period in a Time of Peace, 1991~현재)"이라는 사뭇 역설적인 이름으로 불리게 된 이 시기는 마치 극심한 경제 고통기를 예고하는 것처럼 교직의 이탈을 초래했다.

혁명 시대 실시된 전국적인 교육 정책 개선이 모든 계층과 인종 배경을 가진 여성들에게 평등한 교육기회를 제공했던 것은 분명하다(Blum, 2011; MacDonald, 2009; R. Smith, 2016). 적극적이고 지속적인 문해교육의 결과 쿠바의 문맹률은 1% 미만으로 줄어들었고, 농촌 학교 설립과 새로운 고용 창출로 20세기 농촌 공동체를 이끌어내는 데 성공하기도 했다(Leiner, 1981). 특히 기술 분야에서의 훈련을 통해 여성들은 새로운 분야에 진입할 수 있었고, 많은 경우 성차별적 태도를 깨는 데도 성공했던 것으로 보인다(Smith & Padula, 1996). 하지만 여성의 다중 책임은 크게 변하지 않았으며, 인종차별과 배제의 지속적인 형태도 마찬가지였다. 교육과 경제와 같은 정부 후원 시스템에 대해 자유롭게 비판하는 것은 대부분 허용되지 않았으며, 지속적인 불평등을 개선하는 데 참여하기 어렵게 만들었다. 쿠바 혁명 정부의 리더십이 주장한 집단주의 규범에도 불구하고, 이 시기 학교 교육과정에서 주입된 역사적 기억은 여성과 흑인계 남성들의 역사적 참여와 실천을 전면 배제했다. 예를 들어, 정부 주도의 문해 캠페인을 전국적으로 기념하면서도, 그 주축이 되었던 여성들의 헌신은 기록하지도 기억하지도 않는 식이었다. 이러한 실책은 쿠바의 사회적 및 정치적 긴장이 이후에도 지속될 것임을 예고했다.

5. 평화 시기의 특별 기간(El Periodo Especial en los Tiempos de Paz) 이후의 변화들(1991~현재)

1991년 소비에트 연합의 붕괴는 쿠바의 주요 무역망을 소멸시켰다. 경제위기에 직면한 쿠바는 '평화 시기의 특별 기간(Periodo Especial en los Tiempos de Paz)'이라는 시기에 진입했다. 경제적 상생을 추구하던 소비에트 연합이 무너지면서 쿠바 경제는 큰 타격을 입을 수밖에 없었고, 생존에 필수적인 음식, 의료 용품, 그리고 기타 기본 필수품이 부족해지자 시민들은 불법으로 쿠바를 떠나려고 시도하는 등 극단적인 움직임들이 생겨났다(de la Fuente, 2008).

쿠바 정부는 엄청난 경제적 압박과 트라우마를 완화하기 위한 조치로 쿠바 관광을 허용했는데, 이 조치를 통해 국가 경제 운영에 필요한 수입이 생겼지만 물질주의와 개인주의라는 자본주의 가치가 함께 들어오면서 사회적 연대와 집단주의 등의 기존 사회적 가치를 일부 포기해야 했다. 외국인 관광객들 때문에 매춘도 다시 성행하기 시작했고(Ditmore, 2006), 정부는 결국 소규모 사업 소유에 대한 면허를 합법화함으로써 지하경제를 활성화했다. 학생들이 상대적으로 높은 소득이 예상되는 지하경제를 선호하기 시작하면서 공교육의 가치 저평가되기 시작했다. 하지만 지하경제 체제에서 남성들보다 자리를 잡기 어려운 여학생들의 경우, 상징적이고 도덕적인 성취감을 제공하는 공교육 및 대학 학위 취득에 집중하는 현상도 생겼다.

경제위기와 학교교육

평화 시기의 특별기간(1991~현재) 동안 교육부는 교사 교육, 교사 전문 개발, 교육과정 및 교수법 등에서 사회주의 의식에 대한 통합적 관점을 반영하는 교육 시스템을 구축하기 위해 노력했다(Blum, 2011; Breidlid, 2007; Gasperini, 2000; Mendoza et al., 2009). 교사들은 이상적인 시민 가치를 주입하고(Silva Hernandez, 2005; Turner Marti & Cespedes, 2002), 시민 교육 교과서는 학생들이 모방할 쿠바 영웅의 목표 가치를 전면에 드러냈으며(Blum et al., 2017; Rafael et al., 2008; Silva et al., 2011), 교육의 가치는 직업교육 학생들이 모방할 만한 특정 직업과 연결되었다(교사#7, 개인 소통, 2012년 4월 11일; 청소년# 1, 개인 인터뷰, 2011년 11월 3일).

그런데 2019년 유니세프의 MICS-EAGLE 조사에 따르면, 쿠바 젊은이들 중 단지 59%만이 고등학교를 졸업했고, 중졸 여성 중에서는 63%만이 고등학교를 마쳤다(UNICEF-Norad, 2019). 이 숫자들은 젊은이들이 정규 교육을 이어가는 대신 지하경제와 자영업 시장에서 일하기를 선호하고 있음을 보여준다.

쿠바 정부가 자영업을 합법화했을 때, 젊은이들은 이미 지하경제에 발을 담그고 있었다. 학생들이 부모가 집에서 만든 사탕을 학교에 들고 가서 암암리에 판매를 했을 정도로 어린 나이에 이미 물건을 팔아 이윤을 챙기는 일에도 익숙했다(청소년 #3, 개인 소통, 2011년 11월 7일). 그러다 학교 밖 지하경제에 익숙해지면 청소년들은 생존을 위한 이유로 학교를 떠났고, 대학에 진학하는 대신 공교육에서 이탈하여 관광업에서 종사하는 길을 선택했다(Dawley-Carr, 2021; Rosales Vazquez et al., 2017; R. Smith, 2016).

국가 및 사회 경제가 사설 시장 즉 지하경제를 중심으로 유지되기 시작하면서 자본주의 및 물질주의가 쿠바 사회에 만연하기 시작했다. 그런데 특이한 사실은, 쿠바인들이 역설적으로 공산주의의 연대(solidarida)에 기반한 네트워크를 토대로 서로의 생존을 도와가면서 함께 성장했다는 점이다(Powell, 2008). 시민들은 이웃, 가족, 친구들에게 의지하여 고장난 가전제품을 수리하고, 찢어진 의류를 수선하며, 불가능한 예산을 조정하는 등 서로가 서로를 가르치기 시작했다. 시민들은 지하경제에서 더 많은 일을 하기 위해 정비공, 엔지니어, 재봉사, 경제학자가 되어야만 했던 것이다. 그 결과 쿠바 섬 전체에 이중 가치 체계가 발전하게 되었고(Blum, 2011, 2011; Dawley-Carr, 2016; Fernandez, 2000; Henken, 2008), 지하경제라는 비공식 영역이 교육적 공간으로 폭넓게 성장하기 시작했다.

여성교육과 노동 참여

고등학교에 진학하는 이들은 중학교 이후에 강한 성별 분화를 보이는데, 대학진학 트랙의 약 60퍼센트가 여학생인 반면, 직업교육 트랙에서 여학생 비율은 30% 정도밖에 되지 않는다(ONEI, 105, 2019, 2020). 이와 관련 Dominguez(1999)는 가계 경제를 위해 돈을 벌어야 한다는 사회적 압박이 여학생들보다 남학생들에게 크다는 점을 주목했다. Dominguez(2011)는 2010년대 남성 대학생들보다 여성 대학생들이 자신의 경력을 발전시키고, 좋은 전문가가 되며, 졸업하는 데 더 많은 집중과 관심을 보였음을 밝혔고([그림 6] 참고), 그 과정에서 시립대학이 젊은 여성들을 어떤 방식으로 대학으로 유인하여 새로운 직업 경로를 제공해왔는지를 추적했다. Dominguez(2011)는 1990년대에 젊은 여성들이 남성들보다 더 많은 대학교육 기회를 가졌음에도 불구하고 대학 졸업 이후 고용 시장에 유입되지 않는 사례가 많았음도 밝혔는데, 이는 여성들에게 교육과 고용의 연결 고리가 취약했던 사회구조적 현실을 반영한 결과라고 분석했다.

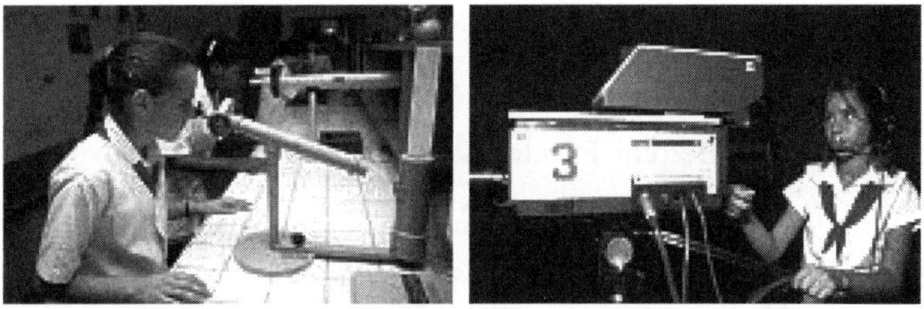

[그림 6] 실험실과 TV 스튜디오에서 이루어진 파이오니어 수업, 2003~2015 (Ríos Szalay, 2003~2015)

한편, 비록 일시적인 현상이긴 하지만 최근 2020~2021년 교사 교육 기관(교대 및 사대)의 경우 여성의 비율은 총 졸업생의 81.9%, 등록생 수의 80%를 차지한 것으로 나타났다(ONEI, 2021). 이는 COVID-19에 대응하기 위한 교사 수급이 절실해지면서 여성들의 교육 분야 진학이 급격하게 증가했기 때문이었다.

평화시기의 특별기간부터 팬데믹에 이르기까지 여성들의 유급 노동력 참여율은 남성보다 20%에서 30% 낮게 유지되었는데(Maqueira

& Torres, 2021), 국가 부문과 비국가 부문(지하경제) 사이에서 특히 중요한 성별 차이가 드러났다. 국가 부문에서 여성은 남성보다 약 9퍼센트 낮은 고용률을 보이는 반면, 비국가 부문에서 여성의 고용률을 50% 이상 낮았다. 여성들의 가족 돌봄에 대한 책임 때문에, 더 높은 소득을 보장받을 수 있는 비국가 부문의 일에 여성들이 접근하기 어려워졌기 때문이었다. 국가 부문의 노동은 보장된 급여, 출산 휴가, 휴가 및 병가, 연금 기여 등 여성이 원하는 보호를 제공하는 등의 혜택이 있긴 했지만(Maqueira & Torres, 2021, p. 119), 여성들은 본질적으로 교육 및 공공 보건처럼 소득 수준이 낮은 분야에서 일할 수밖에 없다는 어려움이 있으며, 특히 흑인계 여성은 소득이 현저하게 낮은 서비스 직책에서 과다하게 대표되는 문제점을 지속적으로 드러내고 있다(Herrera Fuentes, 2021).

쿠바에서 역시 2020년 팬데믹은 성불평등을 더욱 악화시켰다. 팬데믹 기간 동안 의료 전문가의 70퍼센트 이상, 실험실 근로자의 50~80퍼센트가 여성이었으니, 팬데믹이라는 전쟁터에서 여성들이 얼마나 헌신하고 희생했어야만 하는지를 직접적으로 보여준다(Maqueira & Torres, 2022). 팬데믹 기간 동안 여성들은 (1) 자녀 교육에 대한 책임을 지고 (2) 환자 돌봄에 대한 책임을 맡았으며, 동시에 (3) 유급 고용에도 계속 참여할 수밖에 없었다.

특별기간 동안 태어난 대부분의 젊은이들은 트라우마를 경험했다. 그들의 어린 시절은 경제적 궁핍 위에 뿌리내렸고, 삶의 질이 개선될 기미가 보이지 않자 아이를 가지게 될까 두려워하며, 자신의 아이들에게 충분한 삶의 질을 보장할 수 없을 것이라는 두려움도 커지고 있다(Sanchez, 2010, 2011). 자아실현이 불가능해 보이는 현실은 젊은이들에게 '직업 만족'이라는 선택지를 없애 버렸고, 이는 2022년 쿠바-미국 역사상 가장 큰 이민으로 이어졌다. 총 25만 명이 넘는 쿠바인들이 미국으로 이민을 떠났는데(Agustin & Robles, 2022; U.S. Customs and Border Protection, 2023), 이러한 물결에 함께한 수많은 여성들에게 이민은 교육 및 경력 선택의 새로운 기회로 여겨지기도 한다.

6. 맺으며

이 장에서는 쿠바가 식민지 시대부터 오늘날까지 여성교육에 어떻게 접근하고 발전시켜 왔는지를 살펴보았다. 쿠바는 각 시대마다 중요한 사회 규범, 경제적 요인, 정치 변화를 통합하면서 여성들에게 개선된 교육기회를 제공함으로써 쿠바 사회의 역량을 점차적으로 쌓아 올리기 위해 노력했다.

식민시대 가톨릭 교회의 종교적 관점은 어머니로서의 역할에 충실한 도덕적 실체로서의 여성상을 확립했다. 이 시기에는 소수의 엘리트 백인 여성만이 공식적인 교육의 혜택을 누렸다. 식민시기가 진행됨에 따라 쿠바는 아프리카 노예들의 노동력에 기댄 사탕수수 농장의 수입으로 경제 발전을 이루었으며, 독립 이후 주권국으로서의 쿠바는 공공 영역을 확장하고 새로운 공교육 시스템을 발전시키는데 주력했다. 노예제 폐지 이후에도, 여전히 백인 중상층 이상 남학생들만이 초기 공교육의 주요 수혜자였고, 계급, 인종, 성별에 기반한 차별적 정책과 관행은 교육 접근의 장애물로 남아있었다. 대다수의 백인 여성 및 흑인계 여성들은 공식 교육을 받지 못했으며, 생계비보다 적은 임금을 받으면서 일했다. 하지만 공식적인 사립 교육을 받은 많은 상류층 여성들이 여성의 교육권과 보호를 옹호하기 위해 헌신하기 시작했으며, 어머니와 도덕적 권위자로서의 여성의 중요성을 설파하고 여성의 권리를 지지하기 위한 사회 운동의 견인차 역할을 담당했다.

스페인으로부터의 독립 이후, 미국은 잠깐 동안이지만 쿠바를 점령하고 미국의 공립 교육 시스템을 도입하여 학교를 건설했다. 많은 학교에서 여성을 교사로 채용하기 시작하면서, 가사노동, 길거리 판매, 매춘보다 더 높은 지위의 직업 경로를 제공했다. 교직은 또한 여성에게 지속적인 학문적 진보의 기회를 보장했다. 쿠바의 정치, 경제, 사회 영역은 대체로 가부장적인 틀을 유지했지만, 상당수의 여성 단체들은 교육, 노동, 정치 권리에 대해 남성 정치인들을 로비하는 데 성공하여, 쿠바는 당시 서반구에서 가장 진보적인 국가 중 하나로서 자리매김했다. 우연히도 공립학교가 부진한 곳마다 여성 단체들이 앞장서서 여성들을 위한 직업훈련을 실시했고, 사회 클럽을 만들어 도시든 농촌이든 빈곤층 여성들을 위한 직업교육을 위해서도 헌신했다.

하지만 쿠바 지도자들과 연계한 미국의 경제적 지배와 정치적 간섭은 쿠바 시민 사회에 여러모로 해악을 끼쳤다. 미국에 가까운 도시들은 당시 미국에서 불법이었던 도박과 매춘의 중심지로 변질되어 갔다. 1950년대까지 쿠바인의 70%가 문해력을 갖추고 있었음에도 불구하고, 불평등과 차별, 그리고 지역별로 불균등한 투자 등으로 인해 쿠바는 혁명이 아니고서는 변화가 불가능한 상태까지 모든 상황이 악화되었다.

초기 혁명 시대의 교육 정책은 여성의 교육접근성, 질, 기간 및 수준을 향상시켰고, 남성들과 동등한 교육기회를 부여했다. 교육받지 못하고 기술도 없는 여성들을 위해 다양한 교육 프로그램과 정책들이 펼쳐졌으며, 이후 초등학교 수 확대 및 대규모 중등교육 시스템 구축의 결과 여성들이 대학 진학, 졸업률 등에서 남성들을 능가하게 되었다. 여성들은 이전 시기 그들에게 닫혀 있던 새로운 전문 분야에도 진입할 수 있게 되었으며, 정부는 수천 명의 여성을 기술 분야로 끌어들이는 데 성공했다. 특히 교직에서 여성들은 우세를 보였다.

소비에트 연합 붕괴 이후, 쿠바 경제는 투쟁과 변화의 파도를 겪었으며, 이는 여성의 학교교육과 직업 선택에도 영향을 미쳤다. 1959년 혁명 이후 벌써 50년을 넘긴 시점에, 젊은이들은 그 부모들과는 다르게 사회주의적 혁명에 대한 감정적 애착을 느끼지 못했다(Blum, 2011; Dawley-Carr, 2021; Fernandez, 2000; MacDonald, 1985). 부모 세대들이 카스트로를 지지하고 학교 졸업이나 국가 고용 정책을 순순하게 따랐던 데 반해, 젊은 세대들은 학교를 일찍 그만두겠다 선택하고, 고등학교 졸업 후 곧장 지하경제에서 일을 하기 시작하거나, 대학교육을 받으면서 여권을 받아 쿠바를 탈출해서 새로운 삶을 모색하기도 한다. 젊은이들이 시민사회의 책무에서 벗어나기 위해 그렇게 안간힘을 쓰는 이유는, 사회주의적 혁명을 거부하겠다는 의지의 표현이라기보다는 사회적, 경제적 생존을 위한 필연적 선택인 경우가 더 많다(Dawley-Carr, 2021).

대학교육에서 여성들이 강세를 보이는 것도 대학교육이 반드시 높은 급여나 리더십으로 이어지지는 않지만, 여성들이 대학교육을 통해 얻어지는 지식, 기술, 그리고 지위를 가치 있게 여기고 있음을 시사한다. 동시에, 이제는 합법적인 다양한 비국가 고용(지하경제) 옵션이 있음에도 불구하고, 여성들은 대체로 더 낮은 급여를 받는 국가 부문 고용에 주로 남아 있는 경우가 많은데, 이는 양성평등 정책이 다각적으로 실현되고 있음에도 불구하고 여성들의 사회적 경제적 역할이 전통적인 여성 분야에 한해 제한적으로 구현되고 있음을 보여준다. 비국가 고용 기회에 대한 접근 가능성이 현저하게 낮은 점은, 사회적으로 공고하게 구축된 유리천장 및 유리벽의 존재를 증명한다.

쿠바 역사에서 혁명 정부의 정책이 교육, 건강, 고용 전반에서 여성의 권리를 옹호하였음을 간과할 수 없다. 여성 교사를 포함한 교육받은 여성들이 여성들의 교육 성취와 전문성 향상을 위해 지속적으로 노력해 왔음도 주목한다. 쿠바 의회를 대표하는 여성 리더들의 인상적인 숫자에도 불구하고, 1959년 이전과 이후의 여성의 성취와 기여는 쿠바 성공의 공식적인 영웅담이나 사회적 담론 등에 포함되지 않았다(Noriega, 2020; L. M. Smith & Padula, 1996; Stoner, 1991). 학교 역사 교육 과정에서 배제되고 고위 정치적, 정책적 결정 과정에서 제외되어 온 여성 삭제의 역사는 혁명적 개혁이 진공 상태에서 나타나지 않는다는 사실을 다시 한번 상기시킨다. 쿠바의 역사는 쿠바 여성의 참여를 포함한 오랜 조직화, 옹호, 희생의 역사이기도 하다.

현재 쿠바가 직면한 경제적, 사회적 도전을 감안할 때, 여성들이 현재 어떻게 공식적인 교육을 경험하는지, 쿠바 교육개혁에 대해 여성들이 어떤 통찰을 보이고 있는지, 그리고 변화하는 환경에서 공식적 교육이 그들에게 제공하거나 제공하지 않는 가치는 무엇인지를 이해하기 위한 더 많은 연구와 데이터가 필요하다.

참고문헌

〈그림 자료〉

그림 1. Trendencias. (2022, May 27). María Luisa Dolz, magisterio y feminismo desde el siglo XIX. https://fotosdlahabana.com/maria-luisa-dolz-feminismo-siglo-xix/

그림 2. Fernández-Armesto, F. (2021, September 3). 'Cuba: An American history' review: That infernal little Republic Cuba. Retrieved from 'Cuba: An American History' Review: That Infernal Little Republic. *Wall Street Journal*. https://www.wsj.com/articles/cuba-an-american-history-review-that-infernal-little-republic-11630707517

그림 3. Escuela La Paz, La Guira--Interior view of one room school. Cuba, 1908. [Photograph]. The Library of Congress. https://www.loc.gov/item/97508161/.

그림 4. de la Fuente, A. (1995). Race and inquality in Cuba, 1899-1981. *Journal of Contemporary History*, *30*(1), 131-168.

그림 5. Blum, D., & Dawley-Carr, J. R. (n.d.). Teachers wanted. *Cuba Counterpoints*. https:// cubacounterpoints.com/archives/4328.html

그림 6. Ríos Szalay, A. (2003-2015). Pioneer in a television studio, Havana, Cuba. [Photograph]. https://www.loc.gov/item/2022686 983/

그림 6. Ríos Szalay, A. (2003-2015). Pioneer in a lab, Havana, Cuba. [Photograph]. Library of Congress. https://www.loc.gov/item/ 2022686981/

〈학술 자료〉

Abd'Allah-Álvarez Ramírez, S. (2016, January 19). Consuelo Serra. *Directorio de Afrocubanas*. https://directoriodeafrocubanas.com/2016/01/19/consuelo-serra/

Agustin, E., & Robles, F. (2022, December). "Cuba is depopulating": Largest exodus yet threatens country's future. *New York Times*. https://www.nytimes.com/2022/12/10/world/americas/cuba-us-migration.html

Avila Rodriguez, M., Garcia Gutierrez, A., & Perez Parrado, R. (2021). The study of Jose Marti's educative ideas in Cuba between 1990 and 2013. *EduSol*, *21*(75), 83-95.

Baltar Rodriguez, J. F. (2017). Ensenanza e instituciones educativas en Cuba (Siglo XVIII-XIX)/Teaching and educational institutions in Cuba (18th and 19th centuries). In *La administracion de Cuba en los siglos XVIII y XIX/The governing of Cuba in the 18th adn 19th centuries* (pp. 419-438).

Blum, D. (2011). *Cuban youth and revolutionary values: Educating the new socialist citizen*. University of Texas Press.

Blum, D., & Dawley-Carr, J. R. (n.d.). Teachers wanted. *Cuba Counterpoints*. https://cubacounterpoints.com/archives/4328.html

Blum, D., Smith, R., & Dawley-Carr, J. R. (2017). Toward being a "good Cuban": Socialist citizenship education in a globalized context. In *Educating for the 21 century: Perspectives, policies, and practices from around the world*. (pp. 281-301). Springer.

Bodenheimer, R. (2020, September 9). Cuba's government needs to look within as it denounces U.S. racism: Fidel Castro claimed the revolution eliminated racial discrimination but it is alive and well. *Foreign Policy Magazine*.

Breidlid, A. (2007). Education in Cuba—An alternative educational discourse: Lessons to be learned? *Compare*, *37*(5), 617-634.

Brooks, D. (2019, April). Que fue el "Periodo Especial" de Cuba y por que su gobierno teme que vuelvan "los dificiles momentos" para la economia/What was the Special Period in Cuba and why the government fears "difficult moments" for the economy. *BBC World*. https://www.bbc.com/mundo/noticias-america-latina-47941889

Brunson, T. K. (2023). *Black Women, Citizenship, and the Making of Modern Cuba* (1st edition). University of Florida Press.

Callejas Opisso, S., Loyola Vega, O., Diaz Pendas, H., Lopez Civeira, F., & Rodriguez Ben, J. (2011). *Historia de Cuba, nivel medio superior [History of Cuba, middle level]* (2nd ed.). Editorial Pueblo y Educacion.

Carnoy, M., & Samoff, J. (1990). *Education and social transition in the third world.* Princeton University Press.

Castro, F. (1961). *Discursos por el Comandante Fidel Castro [Speeches given by Commandar in Chief Fidel Castro].* Departamento de versiones taquigraficas del gobierno revolucionario cubano [Department of Stenography from the Revolutinoary Government of Cuba]. http://www.cuba.cu/gobierno/discursos/1961/esp/f300661e.html

Chapman, C. E. (1925). The Cuban constitution and congress. *California Law Review*, *14*(1), 22-35. https://doi.org/10.2307/3475352

Childs, M. (1997). “Sewing” civilization: Cuban female education in the context of Africanization, 1800-1860. *The Americas*, *54*(1), 83-107.

Cruz Taura, G. (2008). Revolution and Continuity in the History of Education in Cuba. *Association for the Study of the Cuban Economy*. https://www.ascecuba.org/asce_proceedings/revolution-and-continuity-in-the-history-of-education-in-cuba/

Cuban Ministry of Education. (n.d.-a). *Matricula por especialidad [Enrollment by specialization].* Cuban Ministry of Education. https://www.mined.gob.cu/tecnica-y-profesional/matricula-por-especialidades/

Cuban Ministry of Education. (n.d.-b). Secundaria basica [Middle School]. In *Secundaria basica [Middle school]*. Ministry of Education. https://www. mined.gob.cu/secundaria-basica/secundaria-basica/

Dawley-Carr, J. R. (2016). *Citizenship education in Cuba: Ideals, contradictions, and convivencia*. ProQuest LLC.

Dawley-Carr, J. R. (2021). Cuba’s Citizenship Education Model and Its Current Challenges. *Peabody Journal of Education*, *96*(3), 307-318.

de la Fuente, A. (1995). Race and inquality in Cuba, 1899-1981. *Journal of*

Contemporary History, *30*(1), 131-168.

de la Fuente, A. (2001). *A Nation for All: Race, inequality, and politics in 20th century Cuba*. University of North Carolina Press. https://uncpress.org/book/9780807849224/a-nation-for-all/

de la Fuente, A. (2008). The New Afro-Cuban Cultural Movement and the Debate on Race in Contemporary Cuba. *Journal of Latin American Studies*, *40*(4), 697-720.

de la Fuente, A. de la. (2016). Race and inequality in Cuba, 1899-1981: *Journal of Contemporary History*. https://doi.org/10.1177/002200949503000106

Ditmore, M. H. (2006). *Encyclopedia of prostitution and sex work*. Greenwood Press. http://catdir.loc.gov/catdir/toc/ecip0611/2006010227.html

Dominguez, J. (1978). *Cuba: Order and Revolution*. Belknap Press.

Dominguez, M. I. (1999). Acceso a la educacion y cuestiones de genero en Cuba/Access to educacion and qeustions of gender in Cuba. *Revista Bimestre Cubana*, 1-19.

Dominguez, M. I. (2011). Juventud y educacion en Cuba: Estrategia de inclusion social femenina/Youth and education in Cuba: Strategies of female's social inclusion. *Cuban Studies*, *42*, 3-22.

ECURED. (n.d.). *Congreso nacional de mujeres/(Cuban) Womens Congress*. Enciclopedia Cubana en la Red. Retrieved on September 23, 2023 from https://www.ecured.cu/Congreso_Na cional_de_Mujeres

Espina Prieto, R., & Rodriguez Ruiz, p. (2010). Race and Inequality in Cuba Today. *Socialism and Democracy*, *24*(1), 161-177.

Farber, S. (2006). *The Origins of the Cuban Revolution Reconsidered* (New edition). The University of North Carolina Press.

Fernandez, D. (2000). *Cuba and the politics of passion*. University of Texas Press.

Ferrer, A. (2021). *Cuba: An American history*. Scribner.

Franco Garcia, O. (2017). Los circulos infantiles en Cuba: Una obra de la revolucion/childcare centers: An act of the revolution. *Laplage Em Revista*, *3*(1), 117-126.

Gasperini, L. (2000). The Cuban education system: Lessons and dilemmas. *Country Studies: Education Reform and Management Publication Series*, *1*(50), 1-47.

Gonzalez Cabrera. (1987). Maria Luisa o la tenacidad. *Mujeres*.

Hanna, M. (1902, June). Public education in Cuba. *Atlantic*. https://www.theatlantic.com/magazine/archive/1902/06/public-education-in-cuba/637357/

Henken, T. (2008). *Cuba: A global studies handbook*. ABC-CLIO.

Hunt, F. (1987). *Lessons for life: The schooling of girls and women, 1850-1950*. Basil Blackwell.

Hynson, R. (2015). "Count, capture, and reeducate"; The campaign to rehabilitatee Cuba's female sex workers, 1959-1966. *Journal of the History of Sexuality*, *24*(1), 125-153.

Junta Nacional del Censo. (1945). *Informe general del censo de 1943/General Census report of 1943[*(p. 1373). Fernandez y Cia. https://books.google.com/books?id=6VkTAQAAMAAJ&printsec=frontcover&source=gbs_ge_summary_r&cad=0#v=onepage&q&f=false

Kapcia, A. (2005). Educational revolution and revolutionary morality in Cuba: The 'New Man', youth and the new 'Battle of Ideas.' *Journal of Moral Education*, *34*(4), 399-412. https://doi.org/10.1080/03057240500410129

Leiner, M. (1981). Two decades of educational change in Cuba. *Journal of Reading*, *25*(3), 202-214.

Lopez, K. (2013). *As Chinese-Cuban population dwindles, Traditions Die*. University of North Carolina Press.

MacDonald, T. H. (1985). *Making a new people: Education in revolutionary Cuba*. New Star Books.

MacDonald, T. H. (2009). *The education revolution: Cuba's alternative to neo-liberalism*. Manifesto Press.

Maqueira, A., & Torres, A. (2022). Cuba in the time of COVID-19; Untangling gendered consequences. *Agenda*, *35*(4), 117-128.

Marti, J. (1884). Maestros ambulantes/Traveling teachers. In *Obras completas*.

McCollum, M., & Granados, O. (2022, October). Los exodos masivos que siguieron a la revolucion cubana/The mass exoduses that followed the Cuban Revolution. *Wisconsin Public Radio*. https://www.wpr.org/wpr-reports/uprooted/los-exodos-masivos-que-siguieron-la-revolucion-cubana

Medin, T. (1990). *Cuba: The shaping of revolutionary consciousness* (M. Grenzback, Trans.). Lynne Rienner Pub.

Mendoza, L., Baxter, E., Companioni, B., & Silva, R. (2009). *Practicas cubanas para educar en valores y la convivencia ciudadana*. 1-129.

Moreau-Lebert, M. (2015). Las mujeres en Cuba de la colonia a la contemporaneidad: Antiguos retos y nuevos protagonismos. *Revista Cubana de Ciencias Sociales*, *45*, 35-54.

Noriega, C. (2020, March). *Herstory: 12 Cuban women who changed te course of history* [Remezcla]. https://remezcla.com/lists/culture/cuban-herstory-womens-history-month/

Oquendo Suarez, A., & Hernandez Chavez, C. (1995). La participacion de la mujer en Cuba: Balance y perspectiva/The participation of Cuban women: Balance and perspetive. *Caribbean Studies*, *28*(1), 147-162.

Otheguy, R. (2020). Es de suponer que los maestros sean de la misma clase. *Cuban Studies*, *49*, 174-192.

Perez, L. (1999). *On becoming Cuban | Louis A. Pérez Jr*. University of North Carolina Press. https://uncpress.org/book/9780807858998/on-becoming-cuban/

Perez Navarro, L. (2010, March 10). Nuevo procedimiento para la continuidad de estudios. *Granma.cu*. http://www.granma.cu/cuestion-de-leyes/2010-03-10/nuevo-procedimiento-para-la-continuidad-de-estudios-10-03-2010-18-03-44

Poey Baro, D. (1994). "Race" and anti-racism in Jose Marti's "Mi raza." *Controbutions in Black Studies: A Journal of African and Afro-American Studies*, *12*(6), 1-7.

Powell, K. (2008). Neoliberalism, the special period and solidarity in Cuba. *Critique of Anthropology*, *28*(2), 177-197.

Prensa Latina. (2023, February). Cuba exhibe participación mayoritaria de mujeres en el Parlamento/Cuba shows a majority of women in Parlament. *Prensa Latina*. https://www.juventudrebelde.cu/cuba/2023-02-21/las-mujeres-en-el-parlamento

Rafael, B., Gonzalez, R., & Costales, C. (2008). *Educacion civica, quinto grado [Civic education, fifth Grade]* (3rd ed.). Editorial Pueblo y Educacion.

Rosales Vazquez, S., Esquenazi Borrego, A., & Galeano Zaldivar, L. (2017). La brecha de educacionen Cuba con un enfoque de genero/Education gap in Cuba with a gender approach. *Economia y Desarollo/Economy and Development*, *158*(1), 140-155.

Sanchez, Y. (2010). *Cuba libre. Vivir y escribir en La Habana*. Marea.

Sanchez, Y. (2011). *Havana real: One woman fights to tell the truth about Cuba today* (M. J. Porter, Trans.). Melville House.

Sawyer, M. Q. (2005). *Racial politics in post-revolutionary Cuba*. Cambridge University Press.

Silva Hernandez, R. (2005). *Modelo pedagogico para la formacion ciudadana de los maestros primarios/Pedagogicla model for citizenship formation of primary school teachers*. Universidad de Ciencias Pedagogicas Enrique Jose Varona.

Silva, R., Galvez, C., Maceira, J., Cuza, R., Borges, M., Ballester, C., Ulloa, H., Gonzalez, T., & Rodriguez, E. (2011). *Educacion civica: Secundaria basica [Civic education: Middle school]* (4th ed.). Editorial Pueblo y Educacion.

Smith, L. M., & Padula, A. (1996). *Sex and revolution: Women in socialist*

Cuba. Oxford University Press.

Smith, R. (2016). *Education, citizenship, and Cuban identity*. Palgrave Macmillan US. https://doi.org/10.1057/978-1-137-58306-2

Stoner, K. L. (1991). *From the house to the streets: The Cuban woman's movement for legal reform, 1898-1940*. Duke University Press Books.

Stoner, K. L., & Serrano Perez, L. H. (2000). *Cuban and Cuban-American women, an annotated bibliography*. Rowman and Littlefield Publishers.

Sweig, J. (2009). *Cuba: What everyone needs to know*. Oxford University Press.

Tomich, D. (1991). World slavery and Caribbean capitalism: The Cuban sugar industry, 1760-1868. *Theory and Society*, *30*(3), 297-319.

Turner Marti, L., & Cespedes, B. p. (2002). *Pedagogia de la Ternura/ Pedagogy of Care*. Editorial Pueblo y Educacion.

UNICEF-Norad. (2019). *Educacion en Cuba: Hojas informativas/education in Cuba: Informative report*.

U.S. Customs and Border Protection. (2023). [Nationwide Encounter Data]. U.S. Customs and Border Protection. https://www.cbp.gov/newsroom/stats/nationwide-encounters

Valdes Lopez, M., Albelo Ginmart, R., & Gallo Gonzalez, G. (2000). *Historia de Cuba, noveno grado [History of Cuba, 9th Grade]* (2nd ed.). Editorial Pueblo y Educacion.

World Economic Forum. (2023, February). Here are 4 parliaments that have more women than men. *World Economic Forum*. https://www.weforum.org/agenda/2023/02/parliaments-with-more-women-than-men/

Ⅶ

‘세계의 여성교육: 어제와 오늘’을 마무리하며

김정원(Jeong Won Kim)

IV

이 책은 본격적인 비교연구로 출발하지 않았다. 그러나 여성교육이 변화해 온 과정에 대한 5개국 사례는 각국 역사가 갖는 결정적 차이들에도 불구하고 관련 쟁점들이 세계적으로 편재된 매우 일반적인 것임을 확인시켜 준다.

가장 먼저 확인되는 것은 근대적 학교교육 확대가 성평등 의식과 단선적으로 연결되어 온 것은 아니며 여성들에게 확장되어 온 학교교육은 이 문제와 관련하여 이중적 의미를 지닌다는 점이다. 근대적 학교교육은 성 역할 구분을 더욱 명확히 하는 방향에서 출발하였으며 동시에 그러한 상황 자체를 변화시켜 온 주체 역시 교육받은 여성들이었기 때문이다.

경제적으로 여유가 있었던 가정의 여성들만 접근 가능했던 초기 근대적 학교교육은 여성의 역할을 가정에 제한하는 방향으로 전개되었다. 2장(필자: 김정원)에서 보는 바와 같이 한국에서 근대적 학교교육은 자녀 양육, 가사 관리, 남편 보필 등, 주부로서의 여성상을 정착시키고 확대해 나가는 주요 기제로 작동했다. 교육받은 여성의 전형은 일하는 여성이 아니라 가정을 화목하게 관리하고 자녀를 '과학적 지식'으로 양육하는 주부였다. 민주주의를 '선거를 포함하는 자치의 과정'으로(Wiebe, 2011, p. 14) 규정한다면, 미국은 1789년 초대 대통령 선거를 실시함으로써 세계 어느 국가보다 민주주의를 먼저 시행한 국가라 할 수 있다. 그럼에도 불구하고 이 나라에서 여성이 선거권을 획득한 것은 1920년, 20세기에 들어와서야 가능했으며 여성을 위한 근대적 학교교육의 방향도 한국과 다르지 않았다. 3장(필자: 강미아)에서 보는 것처럼 1830년대 이후 미국에서 확산되고 정착되어 가던 공교육 시스템에 여학생이 포함되는 과정이 매우 조용하게 진행되었던 것도 성 역할 구분 원칙이 분명하게 작동했었기 때문이었다. 여성교육의 초점이 자녀 양육과 남편 보조라는 가정 내 역할에 맞추어져 있었다는 점은 별다른 사회적 논쟁 없이 여학생이 공교육에 포함될 수 있게 했다. 6장(필자: Dawley-Carr)에서 확인되는 것처럼 사회주의 혁명으로 여성이 남성과 동등한 교육기회를 갖게 된 쿠바에서도 일상의 성 역할 구분 문제는 타파되어야 할 사회 문제에 포함되지 않았다. 혁명 후 쿠바에서 가사나 모성과 관련되지 않은 다른 영역 교육에 관심을 가졌던 여성은 사회적 폭력에 직면하기도 했다.

다른 한편으로 여성들에게 열린 학교교육기회는 여성들이 사회에 진출할 수 있는 기회, 여성이 공적으로 목소리를 낼 수 있는 기회 또한 열었다. 학교교육을 기반으로 능력 있는 여성들은 교사가 되기도 하고 학교를 운영하는 주체가 되기도 했다. 어떤 이들은 신문, 잡지 등을 통해, 그리고 전국단위 여성단체를 통해 여성의 목소리를 사회에 적극적으로 대변하기도 했다. 이 과정에서 국가를 불문하고 일상적으로 편재했던 성차별적인 요소들이 조금씩 변화되어 갔다. 여전히 학교 내에서, 특히 대학이나 노동시장에서 성차별적 문화나 구조가 상존하고 있지만 성불평등을 합법화해 왔던 여러 법안들이 수정되고 새로운 법안들이 만들어지기도 했다. 심지어 쿠바에서는 가사를 남녀가 공통으로 분담해야 한다는 것을 법률로 규정하기도 했다. 이러한 일련의 변화 또한 여성에게 열린 근대적 학교교육기회의 영향임을 부정할 수 없다.

그러나 여성을 위한 학교교육의 양적 확대와 여성의 학업적 성취가 여성 문제 해결의 충분조건이 될 수 없다는 사실을 여러 국가 사례들이 보여주고 있다. 4장(필자: 김해순) 독일 사례를 비롯해서 여러 국가 사례에서 확인되는 것처럼 대학 내 여학생 수가 남학생보다 더 많아진 경우에도 여전히 성차별적 임금 구조는 편재해 있으며 사회적 리더 위치에 여성은 소수자로 남아 있다. 현 시점 세계를 움직이는 기본 동력이 되고 있는 하이테크, AI 등을 남성이 지배하고 있는 것도 같은 맥락이라 할 수 있다. 이 책에 포함된 5개 국가 사례들에서 이 문제는 공통적으로 나타난다. UNDES(United Nations Department of Economic and Social Affairs, 2022)에 의하면, 전 세계적으로 과학과 공학 분야 전문가의 19.9%만이 여성들이다. 국가마다 비중에 차이는 있으나 전체적으로 여성들은 과학이나 수학 관련 직업으로부터 멀어지는 환경 하에 있다. 교사나 부모들이 여성에게 적합한 교육이나 직업에 대한 편견을[1] 지니고 있다는 점은 나라마다 공통적으로 나타나는 현상이다. 비록 과학이나 공학 영역에 진출한 여성이라 할지라도 남성 중심 직업 환경과 가정의 돌봄 노동이 여성에게 전가되는 상황 등은 적극적으로 여성이 커리어를 축적해 나가기 어렵게 만든다(p. 5).

이 책에 포함된 한국, 미국, 독일, 튀르키예, 쿠바 등은 세계 여러 국가들과 비교할 때 비교적 여성의 교육기회가 크게 확장된 국가 사례들이다. 상대적으로 보면, 이 중 튀르키예가 여성교육 기반이 아직 약하다. 5장(필자: Mediha & Yolcu)에 따르면, 14세기까지 튀르키예 여성들이 정치, 경제, 군사, 행정 등 사회 각 부문에서 남성과 동등한 지위를 누렸었음에도 이후 변화된 역사로 인해 아직도 많은 여성들이 비정규교육을 통해 직업교육을 받고 바구니 짜기, 재봉 등 여성의 영

1) 라틴어 등의 고전과목들이 여전히 강한 위세를 유지했던 19세기 미국에서 남학교보다 여학교가 자연철학, 천문학, 화학 등 과학교과를 더 많이 가르쳤었다는 점(3장, 필자: 강미아)은 세계적으로 편재된 이러한 의식이 어떤 객관적 사실에 기초한 것이 아니라 사회적으로 형성된 '편견'임을 적극적으로 시사해 준다.

역으로 간주되어 온 직업으로 진출하고 있다. 그러나 이런 튀르키예 마저도 여기에는 다루지 못한 여러 나라들에 비하면 여성교육 기회가 많이 확장된 편이다. UNDES(2022)에 따르면, 인도(India) 같은 국가의 경우에는 도시 지역에 사는 가장 부유한 집안의 청년(20~29세) 여성들의 경우에도 고교교육까지 마치는 경우가 채 60%에 미치지 못한다. 탄자니아는 그 수치가 20%가 채 되지 않는다. 탄자니아의 가난한 농촌 지역 여성들은 후기중등교육을 받는 경우가 거의 없다. 미국에서 STEM 영역에서 일하는 흑인과 히스패닉 여성들은 STEM 영역 직업 평균 수입보다 연 2만 불을 덜 받으며, 백인남성과 비교하면 연 3만 3천불을 덜 받는다(pp. 4-5).

이러한 사실들은 반드시 젠더 문제를 지역, 계층, 인종 등의 문제와 연결시켜 보다 포괄적으로 이해해야 함을 적극적으로 시사해 주고 있다. 어느 나라나 근대적 여성교육이 출발하여 확대되는 과정에서 이런 요인들은 매우 중요하게 작용해 왔다. 남성 중심 사회에서 여성교육은 남성의 경우보다 더욱 계층 편향성이 강했다. 백인남성 중심 사회에서 농촌에 거주하는 유색인 하층여성은 학교교육에서 가장 주변자적 위치에 있었다. 가족 구조가 '한집안' 대가족에서 부부와 그 자녀 중심으로 변화되는 가운데 가족 내 여성의 역할이 육아와 가사라는 가정의 틀 내에 국한 되는 상황 자체가 계층 편향적인 것이었다. 노동계층의 경우에는 여성도 생계를 위한 노동에서 자유로울 수 없었다. 향후 전개될 여성교육 논의들이 여성을 단일 범주로 이해하기보다는 지역, 계층, 인종 문제를 포함하는 보다 폭넓은 주제로 확장되어야 할 필요가 있다는 것은 이 때문이다.

더불어 이제껏 여성교육 논의가 성평등한 학교교육 구현에 초점이 맞추어져 있었다면 이후에는 학교교육이 추구하는 방향성이 모든 이들의 삶에 고르게 실현될 수 있게 하는 사회적 토대 형성에 대한 논의로 확장되어야 한다. 현재 학교교육은 모든 학생들로 하여금 자신의 삶의 목표를 설정하고 그것을 구현해 나갈 방법을 고민하도록 이끌고 있다. 이러한 학교교육 지향점에서 남녀 구분이 없어진지 오래인 국가들이 많다. 예를 들어 한국 국가교육과정에서 추구하는 인간상의 첫 번째 항목은 "전인적 성장을 바탕으로 자아정체성을 확립하고 자신의 진로와 삶을 스스로 개척하는 자기주도적인 사람"이다(교육부, 2022, p. 5). 이 교육과정을 통해 학생들은 남녀 구분 없이 모두 "자신의 진로와 삶을 스스로 개척하는 자기주도적"인 삶에 대해 학습하도록 요구받는다. 그러나 결혼은 많은 여성들로 하여금 '자신'이 아니라 누구의 '어머니' 역할에 보다 집중하게끔 하는 상황은 여전히 유지되고 있다. 여성들에게 임금 노동을 하지 않고 가정에서 자녀와 가사만을 돌보게 되는 것을 최종 희망으로 만들어갔던 초기 여성교육의 지향점은 이제 공식적 학교교육과정에서 찾아보기 어렵다. 그럼에도 불구하고 현실 세계에서는 성별 역할 구분 구도가 강력하게 작동하고 있으며 젠더갈등의 근원도 여기에 있다. 이에 대응하기 위해 이제껏 육아휴직 제도 등 각종 정책들이 진행되어 왔지만 생존을 위해 경제활동에 참여하지 않을 수 없는 불안정한 직종에 종사하는 많은 하층 여성들에게는 이런 정책들이 큰 영향력을 발휘하지 못한다. 이에 모든 이에게 현재 추구되는 학교교육의 방향성이 제대로 구현되기 위해서는 성별 역할 구도뿐만 아니라 사회분배구조 개선 등 전반적인 사회 변화가 함께 진행되어야 한다. 교육받은 이들이 해야 할 일은 바로 이러한 변화를 만들어내는 일이다.

참고 문헌

교육부(2022). *초중등학교 교육과정 총론.* 교육부 고시 제2022-33호.

United Nations Department of Economic and Social Affairs(UNDES). (2022). *PROGRESS ON THE SUSTAINABLE DEVELOPMENT GOALS: The Gender Snapshot 2022*. retrieved from file:///C:/Users/garde/Downloads/GenderSnapshot_2022.pdf.

Wiebe, R. (2011). *미국 민주주의의 문화사.* (이영옥, 박인찬, & 유홍림, 역). 한울아카데미. (원본 출판 1996년).

찾아보기

인명

내용

기타

저자 약력

김정원(Jeong Won Kim)

서울대학교를 졸업하고 동 대학 대학원 교육학과에서 교육사회학 전공으로 석사, 박사 학위를 취득하였으며 현재 한국교육개발원 석좌연구위원이다. 한국교육개발원 부원장, 한국교육사회학회 회장, 한국통일교육학회 회장 등을 역임하였다. 교육불평등, 교육복지, 교사교육, 남북한 교육 비교 등을 주제로 연구를 진행해 왔으며, 최근 발표한 저서나 논문으로는 '우리교육은 불평등하다(2022, 저서)', ''탈북청소년'이라는 범주화에 대한 비판적 검토(2022, 논문)', '교육의 다양성과 공정성 간 갈등'(2021, 논문) 등이 있다.

강미아(Mia Kang)

2007년 미국 오리건대학교에서 교육 리더십 전공으로 석사 학위를, 2011년 위스콘신대학교에서 교육과정 및 교수법 전공으로 박사 학위 취득하였고 현재는 유타밸리대학교에서 교육대학원장을 역임하고 있다. 다문화 교육, 다중언어교육, 세계 교육의 이슈와 동향 등에 대해 비판적 관점으로 분석하고 가르쳐 왔다. '보수는 다문화를 왜 선택했는가(2015, 저서)' 및 'Multicultural Education in South Korea: Language, Ideology, and Culture in Korean Language Arts Education(2015, 저서)'를 집필했으며, 최근에는 결혼 이주 여성 및 난민 지위 여성들의 사회문화적 정체성 관련 연구를 이어가고 있다.

김해순(Hae-Soon Kim)

독일 베를린 자유대학 정치학과에서 학 · 석사 학위를 하고 독일 빌레펠트대학 사회학과에서 박사학위를 취득했으며 현재 유라시아평화통합연구원 원장이다. 독일 프랑크푸르트 괴테대학에서 한국학 학과장 및 부교수로 재직하였다. 미국 스탠포드대학 사회학과에서 객원연구원을 역임했고 독일 베를린 훔볼트대학에서 조교수로 재직했다. '평화의 거울: 유럽연합'(2022)을 포함 총 5권의 단독 저서를 집필하였으며, 공동저서 14권 및 다수의 논문을 저술하였다.

루스 다울리-칼(Ruth Dawley-Carr)

노스이스턴 일리노이 대학교(Northeastern Illinois University)에서 부교수로 재직하면서 중등 사회교육 교사를 양성하고 있다. 현직 교사 대상 멘토링 프로그램에 적극 참여하고 있으며, 중등학교에서 교사들이 논쟁적 이슈를 다루는 방법을 탐색하는 연구를 계속해 왔다. 또한 1990년대 이후 급변하는 정치, 사회, 경제적 환경 속에서 쿠바의 시민사회 규범과 가치가 시민교육 과정 정책 결정 및 실천에 미치는 영향에 대한 연구에 중점을 두고 있다.

메디하 사리(Mediha Sari)

초등학교 교사로 일하다가 이후 튀르키예 추쿠로바 대학교(Cukurova University)에서 교육과학 및 교사교육 전공으로 박사 학위를 취득한 후 2012년부터 추쿠로바 대학교에 재직 중이다. 2023년 마이클 애플 박사의 저서 '민주적 학교, 교사, 텍스트: 교육에서 계층과 젠더의 정치 경제학(Democratic Schools and, Teachers and Texts: A Political Economy of Class and Gender Relations in Education)'을 튀르키예어로 번역하여 출간하였다. 교사교육, 잠재적 교육과정, 여성교육, 민주교육 분야에서 총 60여 편 이상의 연구 논문을 저술하였다.

이제 욜주(Ece Yolcu)

보아지치 대학교(Boğaziçi)에서 외국어교육 전공으로 학사 학위를, 추쿠로바 대학교 교육대학원에서 교육과정 및 교수법으로 석사, 박사 학위를 취득하였다. 현재 추쿠로바 대학교 교육과학과에서 연구조교로 일하고 있다. 교육의 가치, 젠더 이슈, 인격 교육, 교육과정 및 교수법, 사회 정의 및 공정, 여성교육 등에 관심을 갖고 연구해 왔으며 최근 '젠더 평등을 위한 활동: 튀르키예 초등학생들을 위한 교육적 실천', '성역할에 관한 여성 박사 학위 학생들의 경험에 관한 반성적 고찰' 등의 연구 논문을 출간하였다.

세계의 여성교육, 어제와 오늘

2024년 8월 25일 1판 1쇄 인쇄
2024년 8월 30일 1판 1쇄 발행

저 자: 김정원(Jeong Won Kim)
강미아(Mia Kang)
김해순(Hae-Soon Kim)
루스 다울리-칼(Ruth Dawley-Carr)
메디하 사리(Mediha Sari)
이제 욜주(Ece Yolcu)

발행인: 한 정 주
발행처: 교 육 과 학 사

경기도 파주시 광인사길 71
전화 (031)955-6956~8 / 팩스 (031)955-6037
Home-page : www.kyoyookbook.co.kr
E-mail : kyoyookbook@daum.net
등록 : 1970년 5월 18일 제2-73호

정가 24,000원
ISBN 978-89-254-1905-3